Ética

Norbert Bilbeny

Ética

Ariel

Primera edición: mayo 2012
Primera edición en esta presentación: abril de 2025

© Norbert Bilbeny, 2012

Derechos exclusivos de edición en español:
© Editorial Planeta, S. A., 2025
Avda. Diagonal, 662-664, 08034 Barcelona
Editorial Ariel es un sello editorial de Planeta, S. A.
www.ariel.es
www.planetadelibros.com

ISBN: 978-84-344-3868-2
Depósito legal: B. 5.379-2025

Impreso en España

ÍNDICE

PRIMERA PARTE
EL RAZONAMIENTO MORAL

«CREONTE. Y, así ¿te atreviste a desobedecer las leyes?

»ANTÍGONA. Como que no era Zeus quien me las había promulgado; ni tampoco Justicia, la compañera de los dioses infernales, ha impuesto esas leyes a los hombres; ni creí yo que tus decretos tuvieran fuerza para borrar e invalidar las leyes divinas, de manera que un mortal pudiese quebrantarlas. Pues no son de hoy ni de ayer, sino que siempre han estado en vigor y nadie sabe cuándo aparecieron. Por esto no debía yo, por temor al castigo de ningún hombre, violarlas para exponerme a sufrir el castigo de los dioses. Sabía que tenía que morir, ¿cómo no, aunque tú no lo hubieses pregonado? Y si muero antes de tiempo, eso creo yo que gano; pues quien viva, como yo, en medio de tantas desgracias, ¿cómo no lleva ganancia en la muerte? Así que para mí no es pena ninguna el alcanzar muerte violenta; pero lo sería si hubiese tolerado que quedara insepulto el cadáver de mi difunto hermano: eso sí que lo hubiera sentido; esto no me aflige. Y si ahora te parece que soy necia por lo que he hecho, puedo decir que de necia soy acusada por un necio.»

SÓFOCLES, *Antígona*, episodio II

ABREVIATURAS

Anthropologie: Antropología en sentido pragmático.
Et. Nic.:   Ética nicomáquea.
Grundlegung: Fundamentación de la metafísica de las costumbres.
K.p.V.:   Crítica de la razón práctica.
K.r.V.-A: Crítica de la razón pura (1.ª edición).
K.r.V.-B: Crítica de la razón pura (2.ª edición).
K.U.:   Crítica del juicio.
Religion: La religión dentro de los límites de la mera razón.
Tugendlehre: La metafísica de las costumbres. Segunda parte: Doctrina de la virtud.

Se citan generalmente las obras de Kant por la edición de la Academia de Berlín: tomo y páginas. Las obras de otros autores se citan por la edición referida en la Bibliografía: título, entero o abreviado, y páginas.

La remisión a otras partes del libro se realiza indicando, entre paréntesis, el número del capítulo y el número del apartado. Por ejemplo (IV, 3).

NOTA A LA EDICIÓN

Esta obra es una ampliación de mi *Aproximación a la Ética,* publicada en su primera edición también por Ariel, en 1992. Al cabo de veinte años he considerado que el contenido y el enfoque del texto original siguen siendo vigentes. Una Ética de la razón «razonable», basada en los dos grandes clásicos occidentales en la materia: Kant y Aristóteles, por este orden. Pero que había que añadir elementos no presentes en aquella edición, en especial los ligados a la importancia de la sensibilidad y del proceso de comunicación en la ética. De modo que ha aumentado la extensión del libro y ha caído del título original el término «Aproximación». Se queda, desnuda, pero afirmativa —o al revés—, la *Ética* sola.

N. B., primavera de 2012

NOTA PRELIMINAR

Todavía existe un lugar en nuestro conocimiento y nuestra acción para la razón práctica. Es decir, para la ética. Éste es un libro de aproximación a la ética a través de lo que han dicho los grandes filósofos sobre la razón práctica. Especialmente, como no podría ser de otro modo, de Aristóteles y Kant. Ello no obsta para que surjan, a lo largo de este texto, otras voces en contrapunto: desde Platón hasta MacIntyre, desde Moore hasta Apel o Rawls. Ni impide, tampoco, que se vayan poniendo de relieve las profundas diferencias entre la concepción de Aristóteles y la de Kant. La filosofía moral vive de este gran debate teórico, pero sobre todo de la necesidad práctica de tener, a menudo, que decidirnos sobre algo sin más apoyo que nuestra mera capacidad de juzgar y nuestra maravillosa facultad de razonar. Razonamos por qué nos hemos guiado por un tipo de norma o juicio, y no más bien por otros. Esta facultad es la *razón práctica*.

Nuestra intención no ha sido elaborar un texto con carácter de manual: eso es, y en sus límites, definitivo. No se agota en él todo el espectro de cuestiones básicas relativas a la ética. Hemos elegido la cuestión primera y fundamental: la de la razón práctica. Conociendo sus posibilidades y sus límites podremos ya acometer una respuesta a las preguntas esenciales de la ética: *¿qué* es lo bueno o correcto?, *¿cómo* es ello posible?, *¿por qué* debo decidirme por lo bueno o correcto? En el primer capítulo abordaremos la singularidad de una conducta de este tipo. Hecha esta apreciación general, nos introducimos, en el segundo capítulo, en el carácter individual y racional de la conducta moral. En el tercero nos fijamos en el concepto de razón práctica y en las críticas que ha ido suscitando. En el cuarto capítulo analizamos la estructura de la normatividad moral y su esencial sentido obligante. Por último, presentamos los diferentes enfoques de la idea de bueno a la que apuntan todas y cada una de las reglas de la moralidad.

En este examen de la razón práctica se implican algunos conceptos que aquí no hemos podido desarrollar. Éstos son, principalmente, el de la libertad y socialidad que se exigen como condiciones o presupuestos de la acción moral. También las ideas de felicidad y justicia en que han venido históricamente a cuajar nuestras nociones de lo bueno o correcto. Los problemas relativos al lenguaje de la moral han tenido asimismo que ser desplazados. En la Bibliografía, al final de este volumen, se hace cumplida referencia de las más destacadas obras dedicadas a estas cuestiones con las que tiene que cerrarse una introducción a la ética. Pero antes habremos tenido que aproximarnos a ella a través de lo que es, en definitiva, su fundamentación. Esta obra pretende sólo y nada menos que esto, y lo hace siguiendo aquel camino que muestra que la moralidad es el ejercicio de la razón práctica.

Alguien puede pensar que esta identificación de lo moral con lo *racional* está demasiado reñida con todo género de satisfacción que no sea la gratificación mental. Si se nos permite la licencia contestaríamos a ello con un símil. Cuando nuestro cuerpo está enfermo o viejo necesita el concurso de una cocina sencilla y natural. Si está joven y sano puede permitirse la ingesta de platos recios y elaborados. Al contrario de lo que parece, la ética que apela a la razón es como esta última clase de dieta. No actúa ni discurre «a la baja», plegándose a las necesidades de la naturaleza o a los intereses más dominantes en la cultura. Confía en la facultad humana de pensar por cuenta propia y justificar por uno mismo los principios según los que se piensa. Discurre y opera «en alto», a diferencia de la ética que apela a la sensibilidad o a los intereses más ordinarios, es decir, a todo lo supuestamente natural. De seguir nuestras inclinaciones y apetencias egoístas no hubiese sido posible un comportamiento tan ejemplar como el del presidente Salvador Allende en sus últimos momentos; tan bello como el que relata en su obra Horacio (*iudex honestum praetulit utili*, Odas, IV, 9); o tan incuestionable en su valor como el de cada uno de nosotros cuando renunciamos al fraude o a la mentira, a pesar de que se pierda algo con ello.

Por otra parte, alguien puede también pensar que, aunque como tarea de la razón, la ética no satisface ningún fin en este mundo. Desde luego no hay nada que la ética ni ninguna otra disciplina filosófica pueda responder a la pregunta sobre qué ventaja obtengo por ser moral o qué puedo esperar, a más largo plazo, con ello. Sin embargo, sí hay un *sentido* para la razón práctica en el mundo. Una ética de la razón ofrece los principios universales mínimos para fomentar la corresponsabilidad en los asuntos que conciernen a la «situación humana». Asimismo, ante la situación de crisis y la desesperanza en un futuro perfecto, el rendimiento último de la razón práctica en nuestros actos es la salvaguarda de los límites esenciales del ser humano, es decir, de la dignidad o «condición humana».

En la confianza de que la moral sigue siendo posible y en el empeño de poder llegar a dar cuenta de su fundamento racional, vaya a continuación nuestra aproximación a la ética y disponga el lector de la palabra final.

N. B.
Departamento de Filosofía Teorética y Práctica
Universidad de Barcelona

Primera parte

EL RAZONAMIENTO MORAL

Capítulo I

LA ACCIÓN MORAL

1. El objeto de la ética

El término «ética» es todavía para Aristóteles un adjetivo (*éthikós*). Por ejemplo, al hablar de las virtudes «éticas». Lo que hoy llamamos «ética», en sustantivo, pertenecía en el mismo autor a los prolegómenos de la *Politiká*, como parte dedicada al estudio de los principios de la *praxis*. Pero sus discípulos y luego Epicuro hablan ya de una *Ethiká* o ciencia de lo que es costumbre (*éthos*).

Los escritores latinos, con Cicerón, transforman aquel adjetivo en *moralis*, de la raíz *mos* (en plural *mores),* que significa asimismo «costumbre». Con la filosofía escolástica recobra su sustantividad como *Morale* o indistintamente *Ethica*. En las lenguas modernas los nombres de Moral y Ética, en su uso filosófico, referirán generalmente lo que es investigación sobre usos y costumbres. Para Kant la ética es «metafísica de las costumbres». En Hegel es estudio de la *Sittlichkeit* o moralidad identificada con las propias costumbres (*Sitten*). Todavía la sociología de la moral se querrá, en el siglo xx, *science des moeurs* o ciencia de las costumbres. Sin embargo, la filosofía moral del siglo xxi ya no se propone el estudio de los hábitos humanos, objeto reservado con más propiedad a las ciencias sociales.

En cuanto a su origen etimológico, la «ética», para empezar, presenta tres ascendientes nominales. Puede, por un lado, provenir del nombre *éthos* (con épsilon al inicio), que significa, tal como hemos dicho, «hábito» o «costumbre». Éste es el sentido más generalizado de lo ético para los griegos. Puede, por otra parte, derivarse del sustantivo *êthos* (con eta o «e» larga al principio), que significa dos cosas a la vez. Así, quiere decir «lugar habitual» donde se vive, y, asimismo, «carácter habitual» de la persona. El ascendiente más arcaico de la palabra «ética» coincide con este primer significado de lo ético o *moral* como expresivo de la *morada* del hombre (Rousseau, *Disc.*, 126; Heidegger, *Carta*, 187). El más nuevo se apoya, sin embargo, en la acepción de *êthos* como *carácter* del individuo agente. Ése es el sentido principal de lo ético para Aristóteles y el que a lo largo de la historia de la ética se entrelaza más a menudo con su acepción general de hábito o costumbre.

Tanto Aristóteles como Kant recogen esta relación del carácter con los hábitos. Podemos hacer del primero una «segunda naturaleza» si nos *acostumbramos*, respectivamente, a obrar de forma virtuosa y a actuar por respeto a la ley moral. Incluso, para el Estagirita, esta relación se presenta en una íntima circularidad: el carácter se adquiere con el hábito, para iniciar el cual hay que tener, sin embargo, bastante de lo primero. Para salir de la confusión, Aristóteles mismo recurre a la distinción entre *êthos*, o carácter producido por la cultura personal en una «forma de vida», y *éxis* o carácter anímico, «manera de ser» previa a la adquisición del carácter en aquel sentido.

La etimología es menos sesgada para el término «moral». En el vocablo latino *mos* y su plural *mores* prevalece el significado de «costumbre», que la filosofía escolástica refuerza, a su vez, sobre el de «carácter». Para los antiguos romanos la invocación a la costumbre heredada de los antepasados poseía más fuerza constrictiva que el recurso a la *lex.* «¿De qué sirven las leyes, vanas sin un cambio de costumbres?», escribe Horacio (*Odas*, III, 24). Por lo pronto y siempre hay que obedecer al *mos maiorum,* la costumbre de los predecesores que enseña a todos a actuar con resolución y sin arbitrariedades. Familia, ejército y estado se mantuvieron en pie durante siglos gracias al código normativo de los *mores.* La educación, dice Catón el Viejo, ha de encargarse de perpetuarlos para conservar en todos los órdenes del Imperio el sentido del deber y de la disciplina. Esta interpretación de lo moral como lo que es «costumbre» es, asimismo, el que ha prevalecido prácticamente hasta hoy.

Entonces, ¿es lo mismo decir hoy «ética» que «moral»? En un sentido popular, sí, pero en un plano intelectual no es lo mismo. La *moral* se refiere, con cierta vaguedad, al tipo de conducta reglada por costumbres o por normas internas al sujeto. De manera más descriptiva, pero igualmente abarcadora, puede decirse que la moral corresponde a aquel conjunto de actos y actitudes de una persona, o de un grupo de personas humanas, que éstas juzgan apropiados respecto a seres, humanos o no, con los que mantienen un vínculo, o que son objeto de su consideración como tales seres.

Por «apropiados» ha de entenderse aquí «buenos» —es lo más común—, pero también «correctos», «justos», «lícitos», «válidos», y otros conceptos similares, según cada situación o cultura. Por otra parte, podemos hablar tanto de la moral referida al individuo como al grupo, o a la sociedad, incluso. Del mismo modo que los seres implicados en el juicio de lo que es «apropiado» no son sólo los humanos, sino el resto de seres vivos y hasta de otra naturaleza (pongamos el medio ambiente, o seres artificiales). El círculo de lo moral no está, pues, limitado. En la Grecia clásica se reservaba sólo para los humanos varones y ciudadanos, no a los esclavos ni a los extranjeros. Y en este círculo de la moralidad cabe cualquier ser con el que tengamos una relación relevante (cuanto mayor el vínculo, mayor la significación moral de esta relación), o que por lo menos sea un ser de nuestra consideración. Alguien o algo es objeto de la moral en cuanto es «considerado». Y es sujeto de ella en cuanto es capaz de «consideración», es decir, de tratar a los seres, incluido a sí mismo, con atención y cuidado. Lo cual significa el tratarles en calidad de tales seres y no bajo un interés distinto, por ejemplo por su utilidad, belleza u otro rasgo particular.

Pero de la anterior descripción (que no «definición»: algo absurdo en todo el ámbito de la ética) cabe destacar también que la moralidad comprende básicamente *actos* y *actitudes*. Veámoslo con un poco de detalle. En la realidad existen hechos y acciones, dos formas distintas de «actividad». Pues bien: los actos a que nos referimos son una clase de hechos y de acciones. Participan de una y otra cosa. En primer lugar, los actos son *hechos* en tanto son una forma de hacer (*facere*, en latín), esto es, de realizar una cosa: sea en sentido material o inmaterial (esto último, «hacer el bien», por ejemplo). Véase, pues, que los hechos no son, sin más, cosas que suceden, como los fenómenos de la naturaleza o los acontecimientos mecánicos (pasar las hojas de este libro). Lo sugiere la propia palabra: los hechos requieren un hacer, el «realizar» una cosa, dándola a existir o poniéndola en obra.

Los actos pertenecen, pues, a los hechos. Si bien hay que añadir que no todos los hechos son actos. Los actos pertenecen a aquellos hechos que propiamente llamamos *acciones*. Los actos son, decimos ahora, una forma de actuar *(agere)*. Que es una manera de hacer, pero especial. Actuar revela una «conducta». Esto es, que al hacer, el simple realizar una cosa, se le ha añadido un nuevo sentido: el sentido propositivo. Por lo tanto, las acciones no son cosas que «suceden» ni que simplemente se «hacen»; no son fenómenos, sucesos, pero tampoco trabajos, producciones de algo. Son hechos, pero aquellos que corresponden a la manera humana de hacer. Así, decía Aristóteles que los animales no humanos «producen», pero no «actúan», propiamente. Pues toda acción se guía por un «fin» o propósito, decíamos; se expresa, además, por un tipo u otro de «discurso», y presupone un sujeto «agente», un ser dotado de entendimiento y voluntad.

En resumen, los actos son hechos y son acciones. Pero hay que matizar también que no todas las acciones son actos. Éstos son una clase particular de acciones, aquellas en las que se destaca, siguiendo las tres características mencionadas: *a)* el propósito o «intencionalidad»; *b)* la expresión y justificación de la acción, que posee más carácter público e «importancia», en suma, que otras, y *c)* el carácter de «autor» del sujeto de la acción. Un acto, así, es prácticamente un «hecho moral»: la acción que alguien ha decidido hacer. No es el simple hecho *(factum)*, ni la acción, sin más, como «ejecución» de una cosa *(actus)*. Es la acción que expresa la determinación de alguien por hacerla *(actio)*. Algo, esto último, que ni tan sólo pide siempre «ejecución», pues en la moral contamos también con los actos hechos por omisión. La «no acción», por ejemplo, de quien se resiste a la orden de moverse. O que calla, cuando se le inquiere que denuncie a un inocente.

La moral engloba también actitudes, no sólo actos. Pero no actitudes como posturas del cuerpo, sino de la voluntad, las cuales ya no son visibles. Si unas son maneras de moverse en el espacio, estas últimas lo hacen sólo en y por la conducta. Las actitudes, sin embargo, no son actos. Como ellos, tienen un significado moral: expresan un tipo u otro de propósito. Pero a diferencia de ellos no suelen ni pueden ser visibles; ni en ningún caso se presentan como evidencias. Las conocemos de modo indirecto, a través de «signos» que hay que interpretar. En primer lugar, nos referimos a las *conductas* que nos sugieren, por ejemplo, el tipo de motivación con que actuamos, nuestra posición respecto a otros, o el talante y el compromiso con que afrontamos la acción. En segundo lugar, las actitudes pueden desprenderse también de aquellos *gestos* (la mirada, el tono de voz, los ademanes, el rubor) que revelan grados de interés o voluntariedad, cierta disposición de ánimo o el carácter más o menos decidido de nuestra acción. Y, por último, pueden ser deducidas también de las *declaraciones* de palabra, cuando expresamos, por ejemplo, deseos, juicios de repulsa o adhesiones a formas de conducta.

Así, aunque la actitud no se ve, se deja entrever por la interpretación de ciertos signos de la acción, y descubrimos que es casi un acto. Lo cual no se puede decir de la mera intención. Podemos concluir, pues, que las actitudes son tendencias de la voluntad que se manifiestan antes o durante la realización de un acto.

FENÓMENOS DE «METAMORAL»

La ética cuenta de antemano con la existencia de la moral. Ésta es ante todo una forma de comportamiento social. Su origen se hunde en los orígenes de la humanidad. La moral «está» en la sociedad y en parte la constituye, «hace» a la sociedad. Para determinadas visiones, «es» la sociedad. Por eso la ética da por descontado que los sujetos a los que se dirige o estudia, directa o indirectamente, conocen lo que es la moral o por lo menos reúnen las características que indican que participan, de un modo u otro, de esta forma de comportamiento social que es la moral.

Pero no siempre es así. Los fenómenos de «metamoral», es decir, los que aún relacionados con ella nos sitúan o parecen situarnos mucho «más allá» de ella, nos advierten de que la ética puede estar tratando a veces de personas «enajenadas» de la moral, con una extraña presencia o ausencia de ésta en su conducta. Hablar de la moral con ellas, o sobre ellas, sería pues como intentar hablar de la política entre solitarios consumados o del sabor de la comida entre quienes no perciben los gustos o comen siempre un único plato. ¿Cómo, también, se podría tratar de la ciencia entre quienes prefieren no saber o de la estética entre quienes carecen de sensibilidad? Sería absurdo, igual que tomarse en serio la ética cuando la moral está ausente o aparenta un extrañamiento de sí misma. Éste es un hecho que ya sorprendió a Platón (*Gorgias*, 525a4, *República*, 491e) y Aristóteles (*Et. Nic.*, 1109b14-20) al observar a aquellos ciudadanos que se comportan con *akrateia*, la falta de gobierno de sí mismos, aun pudiendo y querer regirse a sí mismos. ¿Cómo, pues, actúa alguien contra su mejor juicio? Lo consideraron poco menos que imposible. El *akratés* es juicioso y, sin embargo, no tiene fuerza para obrar así. Por lo menos eso no tenía explicación racional. El filósofo contemporáneo Richard Hare, en su *Freedom and Reason*, considera, en cambio, que es un hecho «problemático», no imposible. Y Tugendhat, por su parte, lo toma ya como un hecho que puede poner en zozobra a la ética (*Lecciones de Ética*, I).

Estamos, en este y otros casos, ante los que pueden ser llamados «fenómenos metamorales». Un grupo de ellos es de carácter cualitativo. Como el comportamiento de la «inmoralidad» consciente y querida como tal. El o la inmoralista manifiestan la voluntad de oponerse a una determinada moral o incluso a la moral como conducta. Pero eso indica, primero, que la moral es algo que le preocupa al inmoralista, y, segundo, que llevar la contraria a la moral se hace ya (y no puede dejar de hacerse) desde cierta moral, la «moral contraria», como la del pretendido inmoralismo, que a pesar de todo tiene sus creencias y sus hábitos propios. Los inmoralistas rinden a su manera un homenaje a la moral. Por otra parte, otro fenómeno metamoral de orden cualitativo es el inverso, en cierta manera, al anterior: el «moralismo». Es decir, la reafirmación, de entrada, en la propia moral, por si no hubiera suficiente con afirmarla, y el sobredimensionamiento de la importancia de la moral, sea la de uno mismo o en general. Por lo demás, determinadas concepciones de la moral, las más reacias a abrirse y evolucionar, nos colocan fácilmente en esta tesitura. Su daño a la moral es claro; no hay aquí ningún «homenaje» indirecto a ella, porque hacen que se identifique la moral con el escrúpulo o el fanatismo. También con la hipocresía y la doble moral (predicar unos valores y seguir los contrarios). En suma, el moralismo es la moral de «tener una moral»,

24

singularmente «nuestra» moral, y que la moral está «por encima de todo lo demás». En el ámbito de la teoría, también hay, lo mismo que «inmoralistas», «moralistas», aunque muchos más en número.

Otros fenómenos de metamoral son de carácter, por así decir, cuantitativo. Tienen que ver con el grado mayor o menor de moralidad que se tiene, con independencia, también, de la moral elegida y de su contenido. El primero a destacar es el fenómeno de la «moral alta». «Tener moral», y ya no se diga tener «mucha moral», como el deportista o quien desafía al fracaso o al cansancio, es en esencia algo anímico y un modo de hablar generalmente con poco que ver con la moral como contenido. Pero sí está relacionado con ella en tanto expresa una manera de ser y un estado de ánimo por sí mismos con *valor* moral. Pues tal expresión suele traducir una motivación, una disposición e incluso un talante (*êthos*) del sujeto. Además, la moral, en sentido ético, requiere siempre de este fenómeno metamoral de naturaleza anímica que es «tener moral». Por lo cual, este estado nos *predispone* también a ella. Justo ocurre lo contrario con otro fenómeno a destacar, el de tener una «baja moral», o estar «faltos de moral». En una palabra, es el estado de «desmoralización», que ni tiene apenas valor moral ni nos predispone a esta clase de conducta. El desmoralizado no le ve ya «sentido» a la moral o le cuesta verlo. Por eso tanto la moral como la ética, entendida ésta como reflexión sobre la moral, tienen entre sus tareas una cierta labor de «moralización»: el suscitar un interés y una motivación para la moral. Sin ellos, ni ésta ni la ética no tendrían razón de existir.

Aunque es muy posible que para una y otra el fenómeno metamoral que más amenaza su razón de ser sea, para seguir hablando en términos cuantitativos, el de la *ausencia,* sin más, de moralidad. Una de estas formas de la *amoralidad* es la «apraxia»: una incompetencia, aun cuando se conozca qué y cómo actuar, para tomar decisiones y pasar a la acción (*praxis*). La indiferencia, la pasividad, la inhibición, forman parte de este fenómeno. Es, sin embargo, una conducta modificable, bajo el influjo, por ejemplo, de una motivación suficiente, de un cambio de parecer por reflexión personal o de la propia necesidad de actuar.

Lo que apenas es posible cambiar es la «apatía moral», un fenómeno de radical ausencia de la moralidad. Es la forma de amoralidad que pone contra las cuerdas la existencia y el sentido mismo de la vida moral. Presenta por lo general dos aspectos. Uno es la «alogia», la falta de *lógos* o más concretamente de juicio moral. El sujeto puede pensar, discernir, pero no lo pone en práctica, especialmente en la vida social. Y «no piensa» ahí porque rehúse hacerlo, lo cual ya sería pensar. Sino porque el uso reflexivo y social del pensamiento está ausente en su vida. No es estúpido, ni un ignorante, suele ser inteligente. Pero no piensa; su inteligencia es ágil y operativa en otros campos, excepto en el de la reflexión personal y su implicación social. Para empezar, «reflexión» sobre sus actos, las consecuencias de éstos, y sobre la existencia de los demás individuos. El punto de vista y los sentimientos de éstos no son tenidos en cuenta. La psiquiatría, en el siglo XIX, les llamaba «idiotas morales» (*moral idiocy*). Para ellos, en efecto, el otro es un simple dato. Hacerle daño no les causa ninguna contradicción ni malestar interior. Desacostumbrados a pensar, no perciben la dualidad que habita en uno mismo, tema ya tratado por Platón, Epicteto, san Agustín, Abelardo, Spinoza, Kant y Ricoeur en la ética occidental. Pero los amorales no son enfermos; sólo individuos que no usan su capacidad de pensamiento. Hannah Arendt, en *Eichmann en Jerusalén* formuló su teoría de la «banalidad del mal» tras observar su proliferación en el régimen nazi.

El otro aspecto de la apatía moral, y ligado al anterior, es la falta, en algunos sujetos, de sensibilidad para con los demás, su «anestesia» moral (an-estesia, literalmente falta de sensibilidad). Puede ser efecto de la «alogia» recién mencionada, pero también encontrarse entre sus causas, o simplemente estar asociada a ella. La falta de sensibilidad impide tener presente y reconocer al otro, y también a uno mismo, por incapacidad para imaginarse cómo nos ve aquél. Una sociedad guiada por el interés económico, y dominada por la técnica como un fin en sí mismo, produce individuos insensibles a la opinión, al dolor o a las necesidades ajenas. Pero esta oclusión de los sentidos, el cierre de la sensibilidad, es una amenaza para sí misma como sociedad. El otro también está ausente. Los lazos se diluyen. Y en una sociedad anestesiada, la ética tampoco está presente. Pues si el pensamiento «descubre» los valores, es la sensibilidad la que los «percibe» en su pleno sentido y la que nos «motiva» a ellos. El cierre de la sensibilidad es otra amenaza para la ética.

Puede decirse que hay muchas «morales» y no menos éticas o «filosofías morales», pero una sola *ética* o conducta consistente en una forma razonadora —capaz de dar cuenta de sí misma— de ser moral. Mientras que la moral tiende a ser particular, por la concreción de sus objetos, la ética tiende a ser universal, por la abstracción de sus principios. De acuerdo con esto podemos establecer también, aunque por modo negativo, que algo es «moral» cuando se opone a lo «inmoral», o contrario a ciertas normas y costumbres, y a lo «amoral», o falto de ellas. De la misma manera, algo es «ético» cuando es contrario a cualquier conducta que carece de razón o principios, a la que llamamos «injusta» o «sin ley» y en todo caso *no razonada*. «Principios» no son mandamientos ajenos ni obsesiones propias: son las maneras más íntimas de la persona que pueden ser razonadas.

Puede abrigarse la sospecha de que esta distinción entre moral y ética aleja a ésta sustancialmente de la primera, y por ende de la vida. Se distingue, pero no diverge de ella. Al considerar lo ético, según apuntó Aristóteles, como ligado peculiarmente al «carácter» (*êthos*) del agente, la ciencia que lo estudia cae dentro de la «filosofía del hombre», al decir del mismo autor, y no es ajena a la pretensión de transformar, en la práctica, su propio objeto de estudio. En una palabra, la ética, para este filósofo, está justificada en su preocupación por obtener un determinado carácter al compás de una cierta clase de vida. Al fin y al cabo no se nos juzga «buenos» o «malos» por nuestra forma de argumentar o por nuestras meras emociones, sino en exclusiva por nuestras actividades: por lo que hacemos deliberadamente con nuestra vida (*Et. Nic.*, 1106 a). Son los argumentos quienes deben servir a los hechos, y no al revés, porque éstos son más convincentes que aquéllos (*ib.*, 1172 b). La ética, pues, no puede perderse en una reflexión interminable que no alcance nunca a nuestra clase de vida.

Píndaro, al decir «¡Llega a ser quien eres!» (*Píticas*, II, 72), y en otro vértice histórico la épica existencialista de la «autenticidad», expresan intensamente el valor del carácter, luego del despliegue de la vida en el conocimiento ético del hombre. Los *moralistas*, por otra parte, han identificado este conocimiento con el de todo el carácter: así, Teofrasto, en la Antigüedad, y su émulo La Bruyère en sus respectivos *Caracteres*. Cumple, en este lugar, recordar el contrapunto filosófico de Kant en torno a la relación entre el carácter y la ética. «Temperamento» es aquello que la naturaleza hace del hombre, mientras que «carácter» (*Charakter*) es lo que el hombre *hace de sí mismo* mediante una voluntad sometida a la ley moral (*Anthropologie*, Ak. VII, 291). No hay «valor» alguno para el primero; a lo sumo puede dársele «precio». El carácter, en cambio, ganado poco a poco con el respeto a la ley moral, y que no es obra de la herencia ni de la imitación, constituye para Kant la «originalidad de la índole moral» del hombre (*ib.*, 293). Sin una acción, pues, por razones o principios prácticos —sin un comportamiento *ético*— no adquiriríamos un carácter, atributo de todo «hombre de principios» (*Mann von Grundsätzen*) (*ib.*, 295). Incluso por naturaleza, al margen ahora del respeto a la ley moral, puede cada individuo de la especie humana poseer carácter. Pues la especie se señala a sí misma unos fines, con lo que cada miembro se va dotando al mismo tiempo de racionalidad y, por ésta, de carácter moral (*ib.*, 321).

La ética es la *moral reflexionada*. En el doble sentido del enunciado: es la reflexión que se hace la moral misma, y la reflexión que se hace *sobre* la moral. O también, respectivamente: «moral reflexiva» y «reflexión sobre la moral». En el primer caso hablamos de la *Ética común*, en que la ética es hecha sinónimo de la *responsabilidad moral*. Así decimos de alguien que actuó «sin ética» o que un banco se ha propuesto unos «servicios éticos». La ética, en este sentido, es dar cuenta y razón (*lógon didonai*, para la ética de los antiguos griegos) de lo que se hace —se entiende que en la moral—, diciendo por qué hacemos lo que hacemos y asumiendo nuestra responsabilidad sobre lo hecho. En el segundo caso se trata de la *Ética filosófica*, en que se identifica en cambio con la *teoría moral*, y en el ámbito universitario con la *Filosofía moral*.

La ética filosófica se subdivide en teórica y práctica. Las partes esenciales de la primera son: la «ética descriptiva», que describe y reflexiona sobre la moralidad y sus rasgos generales; la «ética fundamental», que trata de los fundamentos y modos de enfoque teórico de aquélla; la «ética normativa», dedicada a estudiar las normas y los principios prácticos de la moralidad; y la «ética metanormativa», que analiza el lenguaje, la lógica y otros aspectos relacionados con estas normas. Se la llama también «metaética» o «ética analítica». Por otra parte, la ética filosófica de carácter práctico es la llamada «ética práctica» o «ética aplicada», con sus cada vez más diversas y especializadas ramas resultantes de aplicar la ética teórica a los ámbitos de la bioesfera (Bioética, Ecoética, Gen-Ética, Ética de los animales), de la sociosfera (Infoética, Ética empresarial, del derecho, de las profesiones, Ética intercultural) y de la tecnosfera (Ética de la tecnología, de la ciencia, las comunicaciones, la ingeniería). Todas estas modalidades de la ética práctica ponen de manifiesto el impacto de los cambios culturales (tecnología, ciencia, nuevos valores y derechos) sobre la ética en general, y la necesidad de darles respuesta desde ella, que acrecienta, así, su sentido práctico. Sin embargo, no son «éticas distintas», sino distintas aplicaciones de la misma ética. Ni se precisa, como se dice a veces, que cada una de estas modalidades aplicadas se constituya en un saber de «expertos», con sus principios y protocolos, que lo alejaría del original sentido reflexivo y a la vez práctico de la ética.

Objeto de la ética

Hemos hablado antes de la tendencia de la ética a la universalidad, en atención a sus principios. Sin embargo, la naturaleza de los objetos de la filosofía moral (principios, reglas, ideales o ideas prácticas) hacen de ésta un discurso o conocimiento problemático, cuya certeza al menos va a ser estrictamente *práctica*. La ética no pone su objeto, como la matemática, ni lo describe sobre un hecho, como la física. Ni siquiera puede ser demostrativa de sus teoremas. De hecho, sus objetos presentan múltiples «diferencias y desviaciones», como bien dice Aristóteles (*Et. Nic.*, 1094 b), y es por eso que sólo puede limitarse a *reflexionar* sobre ellos, contentándose con ser argumentativa, no demostrativa, de todo su decir sobre los mismos. Aristóteles concluye que la filosofía moral no pertenece al saber teórico, sino al saber práctico (*phrónesis*), en el que es esencial la madurez en la experiencia de las «acciones de la vida», por una parte, y el poseer una razón práctica y deliberadora (*lógos praktikós*) para versar sobre ellas (*ib.*, 1095 a). Kant suscribe este planteamiento: la ética se circunscribe al uso de la razón práctica (*praktische Vernunft*) (*K.p.V*, Ak. V, Prólogo) y pertenece, en último término, a una «teoría de la sabiduría» (*ib.*, 163).

El objeto de la ética es para Aristóteles la *praxis*; para Kant es la voluntad (*Wille*). Para ambos es, pues, la acción en tanto que sometida a la *razón*: la «voluntad» kantiana se asimila, en la moral, a la razón práctica. Por eso, y precisando más, el objeto de la ética no es tanto la acción cuanto lo que *guía* la acción. La ética, dice Kant, no puede ordenar más que las «máximas» o reglas de la acción, no la acción misma. Deja, así, una abertura al libre arbitrio de cada uno para el cuándo y el cómo de la observancia de la ley moral (*Tugendlehre*, Ak. VI, 390). Conviene añadir que la ética no sólo, como filosofía moral, tiene por objeto lo que guía la acción, sino también la no-acción. Se refiere a las reglas que aplicamos en nuestra *acción*, bien sea hacia los demás, generalmente, bien sea hacia nosotros mismos, e incluso hacia los animales y la naturaleza en su totalidad. Pero asimismo puede deliberar sobre las máximas que han conducido a una *no acción* u omisión de conducta. Pues hay un «no hacer» moral (la desobediencia civil justa) y un «no hacer» inmoral (desobediencia civil injusta).

En cualquier caso, la ética no tiene por misión fijar un conjunto de objetivos prácticos, considerar su realizabilidad o prever los resultados de una asignación de fines prácticos. Su tarea es averiguar las condiciones de posibilidad de estos mismos objetivos prácticos, que, por lo demás, le ofrecerá esta o aquella «moral». Es decir, debe estudiar las reglas que guían la acción y probar su fundamento. Tras ello podrá decir si una regla tiene «validez» o no para el comportamiento moral. A la ética no le importa saber si una prescripción moral es mejor que otra, sino si reúne la legitimidad para que se pretenda de esta forma. En esta operación poco tienen que decir las ciencias físicas y las ciencias sociales; o no tienen, al menos, la última palabra. Los elementos que ellas nos prestan pertenecen a la esfera de los hechos. Pero ya hemos dicho que la filosofía moral no discute tanto sobre ellos como sobre las normas que los guían. La ética se limita a deliberar sobre lo que sólo puede ser materia de la reflexión, y a tanto no alcanza, con todo su saber, la ciencia que versa sobre la acción en cuanto hecho empírico.

En síntesis, la ética se propone el estudio de un cierto tipo de acción humana normativa a la que llamamos acción moral y al objeto de averiguar la validez de sus preceptos y principios. Sin duda aquí «normativa» no debe aceptarse en el sentido de meramente reglada o reglamentada: de esa clase de acción se ocupan ya, por ejemplo, las ciencias jurídicas o la psicología social. La acción normativa que atañe a la filosofía moral es aquella cuyos principios y preceptos (1) constituyen los únicos *móviles* de esta acción y (2) son libremente obedecidos por el sujeto agente. Pues ésta es la clase de acción normativa que merece en exclusiva el calificativo de *moral*.

El discurso, o modo de razonar y expresarse de la ética, tiene niveles distintos de formulación. Por ejemplo acerca de la felicidad puedo decir: «Quiero ser feliz». O algo más genérico: «Todos quieren la felicidad». Cambio también de nivel si digo: «El fin de toda persona es la felicidad». En este caso me he adentrado en el terreno de lo normativo, ya no describo. Pero si digo: «El fin de la felicidad lo descubrimos por la razón y la experiencia», entro en el nivel de los principios de las normas. Y si aún afirmo: «Todo enunciado sobre la felicidad es contrastable científicamente», en que el discurso se refiere a sí mismo, el nivel teórico es aún mayor.

Pero en cualquiera de estos casos se nos puede preguntar: ¿cuál es la base para decirlo? ¿qué sentido tiene nuestra afirmación? Se presenta, entonces, el problema de la fundamentación de la ética. Hay que «fundamentar», darle una razón a lo que nos proponemos hacer o pedir que otros hagan, o simplemente a lo que decimos que está bien o está mal en términos morales. De manera que la fundamentación u oferta de sentido puede referirse no sólo al discurso de la ética filosófica, sino al de la ética común. Fundamentar, por ejemplo, la afirmación popular de que «hay que hacer el bien» y la de que «el bien es el fin de todas las cosas» (Aristóteles), o enunciados de parecido nivel teórico. El mismo Aristóteles, en su *Ética nicomáquea*, quiere dar razón, «fundamentar», sobre ambos niveles de la ética, el común y el filosófico.

«Fundamento» viene del latín *fundus,* fondo. La ética debe tenerlo. Pero por fundamento pueden entenderse varias cosas. Para los filósofos empiristas el fundamento viene a ser el primer elemento del conocimiento sensible. Así hablaríamos de las «bases», los «orígenes» o las «raíces» de la ética: fundamentos contrastables. Para los racionalistas, en cambio, se trata del primer elemento del conocimiento conceptual, con lo cual el fundamento de la ética se hallaría en sus «principios», «fuentes», «evidencias» o conceptos correlativos. Pero la fundamentación de la ética no se agota con el descubrimiento y la explicitación de un tipo determinado de fundamento o «fondo» para aquélla. Ni mucho menos con el darse por satisfecho con ello. En ambos casos se corre el peligro de una fundamentación «fundamentalista», incompatible con el carácter reflexivo, no dogmático, de la ética.

Contra este riesgo hay que recordar el carácter abierto de la fundamentación, que consiste en un *proceso de razonamiento*, apelando a hechos y mediante argumentos, de las *condiciones de posibilidad* para que un enunciado pueda ser considerado *válido* como precepto o pauta moral, y que la acción conforme a él pueda ser tenida así por *buena* o *correcta*. Por «condiciones de posibilidad» cabe entender aquí tanto aquellos factores que hacen al enunciado inteligible, universalizable y plausible, como aquellos que permiten que sea comunicable, vinculante de la acción, y capaz de aplicación práctica. En la ética no hablamos, pues, de preceptos o pautas «objetivos», ni «verdaderos», sino «válidos» o en términos afines a éste.

Al proceso de fundamentación ha de guiarle, por consiguiente, una voluntad de *dar razón* (*lógon didonai,* en la ética socrática) del fondo posible, el «fundamento», del conocimiento moral y del discurso mismo de la ética; no el querer mostrar o demostrar hechos ni verdades últimas, incontrovertibles. Éste es un empeño ajeno al carácter reflexivo de la ética y a la naturaleza social, y por lo tanto cambiante, de la moralidad. «Dar razón» es un proceso de examen y explicación. No es, ya se ha dicho, un proceso de muestra ni de demostración, como si la ética se apoyara en una trama de enunciados sobre lo fáctico o de carácter científico.

Aunque tampoco se trata, en el polo opuesto, de un proceso de «justificación», en el que fundamentar consiste en presentar un relato de orden mitológico, religioso o histórico (un *ius*), de «valor originario» indiscutible para la moral.

2. La acción moral

RAÍCES NATURALES DE LA ÉTICA

La psicofisiología nos ayuda a descubrir lo siguiente. Desde el punto de vista del *individuo* y de su organismo, la moral satisface algunas de nuestras necesidades naturales. Del mismo modo que el cerebro humano necesita oxígeno y minerales para sobrevivir, también precisa de estímulos y compensaciones que provienen de la cultura y que lo mantienen igualmente en vida y activo. Sin ellos, el cerebro rinde y dura menos. El centro coordinador de esta actividad cerebral y de otras funciones del organismo se encuentra en la hipófisis, una pequeña glándula de secreción interna alojada en la base del cráneo, bajo el encéfalo.

Así, gracias a la hipófisis, no mayor que una alubia, se producen las emociones y el equilibrio interno necesario entre ellas, así como con el resto del sistema anímico. Las emociones y los estímulos afectivos son, en parte, una de las causas directas o indirectas de la moral. Como en parte, también, son ellos mismas efecto o consecuencia de ésta. Pues de la conducta moral, con sus creencias y motivaciones, hábitos y costumbres más o menos adaptativas, y también con sus expectativas y logros, tanto personales como sociales, le llegan al núcleo emocional del cerebro una parte sustancial de sus estímulos. Además, la conducta por valores es recompensada en el hipotálamo por medio de la secreción de sustancias opiáceas, como las endorfinas, que actúan a modo de morfina interna. Hay, pues, una química no sólo del actuar según valores y normas morales, sino del interés por hacer que éstos existan. Así, en los campos de concentración nazis, no eran los más jóvenes y atléticos quienes más sobrevivían, sino los que tenían más valores para vivir y convivir. En la vida diaria sucede lo mismo: la ética impregna en ella una trascendencia que nos permite ver y esperar más allá del entorno y de las apariencias. Una celda de prisión no es la misma para el luchador por la libertad que para el desengañado de todo.

Los valores, un proyecto de vida ética, estar conforme con uno mismo y en armonía con los demás, lo que incluye el cumplimiento de distintas normas morales, todo ello contribuye pues a la salud y la felicidad. Del mismo modo que éstas actuarán, a la recíproca, de aliciente para la propia vida ética. Ningún código de normas morales ni teoría ética sobre las mismas logran la aceptación que se proponen si no se percatan de esta íntima relación de la ética con los ejes fundamentales de la vida moral, que son, pues, la relación del individuo con el *mundo de la vida*, con la *esfera comunitaria* y con su propio *mundo interior*. El primero hace que la ética se inscriba en la búsqueda del «bienestar». El segundo, en la de la «justicia». Y el tercero, en la consecución de la «felicidad». Cualquiera que sean nuestros valores, incluso los de género religioso, se encontrarán en uno o más puntos de estas tres distintas coordenadas.

Heidegger, para citar a un pensador contemporáneo, se refiere a ellas cuando distingue las tres maneras de *darse* el mundo para el *Dasein* o existencia del ser humano: el mundo como *Umwelt* o mundo circundante (objetivo); como *Mitwelt* o mundo compartido (intersubjetivo); y como *Selbstwelt* o mundo personal (subjetivo) (*Ser y tiempo*, § 25-26). Hay, por consiguiente, según este filósofo de la existencia, tres modos básicos de *relacionarse* el sujeto con la realidad, todos ellos constituidos por un sentimiento básico de «cuidado» existencial *(Sorge)* hacia aquélla. Así, el «ocuparse» *(besorgen)* de las cosas; el preocuparse *(fürsorgen)* por los demás; y el inquietarse *(sich bekümmern)* por nuestro propio ser (*ibíd.*, § 39-41). Dichos modos de relación vienen a resumir en clave existencial los tres ejes fundamentales de la vida moral a los que nos referíamos antes.

Es así que la ética no puede ni necesita esperar un premio, tener la esperanza de una retribución mayor más allá de ella misma, porque es por sí misma compensatoria, por los estados de acorde personal y colectivo que nos procura. Lo cual, hay que añadir, no es ni debe ser el motivo ni la razón de la acción moral, que se buscaría sólo por dicha compensación. La causa de la ética es la ética misma. Pero ello no obsta para recordar esos valores añadidos de la ética y reconocer incluso su aportación al valor que le damos a ésta. Al fin y al cabo la ética existe para nosotros, no al revés. Si bien nosotros tampoco existiríamos sin ella: contribuye a «hacernos».

Desde el punto de vista, ahora, de la *especie,* la moral, como ya señaló Darwin en *El origen del hombre,* se apoya en un instinto social y satisface, entre otras estrategias sociales, la necesidad de adaptación al medio para sobrevivir y reproducirse. Tiene, por consiguiente, una raíz natural, aunque presenta a lo largo de la historia variantes muy distintas y aparentemente alejadas de este origen biológico. De ello nos ilustran ciencias actuales como la genética, las neurociencias (existe una «neuroética»), la antropología física, la etología animal en general y la primatología. La moral humana es vista por ellas en sentido evolutivo como un conjunto de reglas de interacción social para el equilibrio y la resolución de conflictos entre grupos o individuos. El conflicto surge cuando éstos se disputan las aptitudes y los recursos necesarios para la vida y su continuidad. Pues los grupos e individuos interactúan con la expectativa común de incrementar cada uno sus recursos y aptitudes, y a su vez la de evitar perderlos. Es decir, actúan bajo la presión del binomio coste-beneficio.

La interacción a que nos referimos puede producirse en un cuadro de búsqueda del *equilibrio* entre sujetos, por ejemplo cuando la naturaleza asienta en la simbiosis o intercombinación de las ventajas y recursos de aquéllos (teoría de la simbiogénesis). O bien —con toda su escala intermedia— puede darse en un cuadro de abierta *competencia* por tales factores de vida, cuando el mundo natural depende, en cambio, de la adaptación y de la lucha por la supervivencia (teoría de la selección natural). En otras palabras, las estrategias sociales y sus reglas de interacción, a las que pertenecen las reglas morales, se producen todas en términos de coste y beneficio para la vida, pero se distinguen entre sí, hasta alcanzar un contraste absoluto, por la forma en que esta simple ley se distribuye entre los sujetos de la acción. Dicho en sentido amplio, coste y beneficio pueden estar repartidos o bien a partes iguales, o bien aumentar este último, o bien aumentar el primero. En resumen, las posibilidades de interacción social, y con ellas de comprender el origen de las reglas morales, son las siguientes:

A) Del individuo hacia otro: 1) Estrategia de *aceptación*: hace que éste gane, sin él perder nada («tolerancia», en términos morales); 2) estrategia de *rechazo*: que el otro pierda, sin uno ganar nada («intolerancia»).

B) Entre individuos en relación bilateral: 1) Estrategia de *transmisión*: uno pierde para que otro se beneficie (en ética: «altruismo»); 2) de *provecho propio*: al contrario, uno gana a costa de que otro pierda («egoísmo»).

C) Del individuo respecto al grupo: 1) Estrategia de *ajustamiento*: uno debe sacrificarse para que el conjunto permanezca igual (la «rectitud» moral); 2) de *desajustamiento* o estrategias de la distinción: uno gana o cree ganar sin que se perjudique ni gane el grupo (moral del «honor»).

D) Entre grupos o individuos: 1) Estrategia del *mutualismo*: todos ganan aptitudes o recursos sin perder a cambio («cooperación», solidaridad); 2) del *conflicto*: unos y otros sacrifican sus haberes sin beneficio claro («guerra»).

Cuando defendemos la primera opción de cada uno de estos planos decimos que la conducta es «ética». La otra es lo contrario, y son obstáculos para la evolución. Aunque, aparte de las mencionadas, hay otras dos estrategias de interacción, situadas en los vértices del esquema seguido. Ambas son de «suma cero», pero decimos que son «éticas», también: 1) Estrategia de *competencia:* es la ocasión en que todos pierden y ganan a la vez (el «compromiso» y sus fórmulas); 2) estrategia del *equilibrio:* en que nadie pierde nada, pero sin que se incremente la ganancia, como sí ocurre con el mutualismo mencionado (ahora: «igualdad»).

Cualquier concepción o filosofía de la moral puede ser inscrita en alguna o varias de estas estrategias evolutivas. Ello es así por descontado en la llamada «ética evolucionista» y en el «naturalismo ético» contemporáneo que defiende la base biológica de la moralidad. No obstante, es controvertido afirmar que la moral es un hecho biológico. Las ciencias naturales nos ayudan a explicar las condiciones, los motivos y las decisiones del obrar moral en sus caracteres naturales. Pero no nos permiten explicar los no naturales o pertenecientes a la personalidad del individuo y a la cultura. De otro modo, no entenderíamos por qué hay razones y motivos de la moralidad ligados sólo en parte a la biología del comportamiento, o ajenos totalmente a ella, como pretenden las éticas de carácter trascendentalista.

De hecho, a veces elegimos contra todo pronóstico natural, o elegimos unos valores naturales en lugar de otros, sin que haya una explicación natural de ello. Y el hecho mismo de elegir es algo que nos separa radicalmente del resto de animales, ya que ellos actúan sólo por instinto, mientras que nosotros lo hacemos también a través de procesos de decisión. Es tan aventurado decir que la moral es un hecho, en suma, natural, como que sea sólo un hecho de pura cultura o personalidad. En ambos casos estamos ante una explicación «reduccionista» —incompleta y simplificadora— de la moralidad.

COMPORTAMIENTO Y CONDUCTA

Hemos dicho más arriba que la acción moral es la única que se mueve exclusivamente por la libertad y el respeto a sus normas. Pero no hace falta recordar los muchos otros y tanto más frecuentes móviles de la acción humana. Para empezar está el resto de los fines normativos, como los preceptos del derecho y en general todos los asociados con reglamentaciones sociales y de grupo. Determinan asimismo nuestra acción las necesidades fisiológicas y las pulsiones instintivas, las demandas culturales de seguridad, afecto y autoafirmación, y tendencias intelectuales como la curiosidad, el goce estético o el altruismo. Freud resume toda esta gama de móviles del obrar afirmando que el hombre actúa sólo por «placer» o por «provecho».

Pero la biología y la psicología no cierran la lista abierta por ellas. A la satisfacción individual y el interés egoísta hay que añadir otro motivo de la acción, contradictorio con el egoísmo e incapaz de conocer lo que es «satisfacción» en un sentido ordinario. Éste es la disposición a *vivir de acuerdo con uno mismo,* que consiste en buscar la consecuencia entre lo que se piensa de acuerdo con unos principios y lo que se hace de acuerdo con lo que se piensa. Que se da en el ser humano esta aspiración de modo constante es patente en el testimonio de la historia y en la evidencia de que existen personas que aprueban el «vivir explícitamente consigo mismo», al decir de Hannah Arendt. Todas las demás acciones podemos decir que atañen, sin más, al *comportamiento* humano. Pero esta que acabamos de referir, a la que pertenece sobremanera la moral, se corresponde con la *conducta* humana en particular. Vale esta distinción *in termini* para recordar que hay un tipo de acción humana normativa que se distingue altamente de otros tipos de acción por normas o meramente, como diría Kant, por «inclinación» (*Neigung*). La acción moral tiene su razón de ser y puede ser conocida en y a partir, respectivamente, de esta distinción en el obrar humano de lo que merece ser llamado una *conducta.*

Merleau-Ponty nos describe este modo propio de actuar en su análisis de la consciencia intencional o «propiamente humana». El hombre posee una primera naturaleza física. Pero aquello que lo distingue de los otros seres no es aun su capacidad para crear una «segunda naturaleza» cultural, pues también los animales comparten con él formas agregadas de vida social y económica. Lo que define al hombre es su capacidad de «superar las estructuras creadas para crear otras nuevas» (*Structure,* 189), es decir, de saltar con la consciencia a un tercer orden de realidad donde se inscriben, por ejemplo, los útiles para hacer herramientas, los signos para fijar vocablos o el acto revolucionario para cambiar una institución. Ésta es la capacidad para poner, mediante la consciencia intencional, lo posible más allá de lo necesario, lo abierto por encima de lo cerrado. Los objetos culturales humanos no serían lo que son (v.g.: los principios o fines morales) si la actividad que los ha hecho aparecer «no tuviese también el sentido de negarlos y superarlos» (*ib.*, 190). La acción humana, como demuestra la misma acción moral, no es pues mecánicamente pura: la consciencia la pone siempre en situación de sobrepasar el límite de la naturaleza y aun de la cultura en ella. Toda reflexión ética así nos lo manifiesta. El tipo de reglas, su obediencia y sanción que propugna la conducta moral no encaja exactamente con ninguna disposición natural. Ni es extraño que aquélla discrepe, a veces, del contenido de las *pautas* (usos, normas externas, costumbres) que suelen regir el comportamiento humano. El tipo de obediencia y sanción, al menos, que caracteriza a la acción moral es muy distinto al tipo que acompaña a estas pautas habituales del comportamiento. En éste es externo, mientras que en aquélla la obligación y la sanción son siempre y únicamente interiores al agente.

Merced a este acceso a un tercer orden de nuestra naturaleza se han hecho realidad los diversos sistemas de creencias morales y la personalidad ética capaz, por su uso de razón, de dar cuenta, en todo sistema moral o al margen de ellos, de los principios por los que obra. Merleau-Ponty refiere esta capacidad del hombre para transformar radicalmente los móviles del «comportamiento» en móviles de la «conducta» como característica de la humanidad. No se le puede oponer aquí la antropología de Kant cuando éste afirma que la «capacidad moral» (*moralische Anlage*) es una característica natural de la especie humana, junto con la «capacidad técnica» (la cultura, en sentido amplio) y la «capacidad pragmática» o de civilizarse en unas formas maduras de vida y convivencia (*Anthropologie*, Ak. VII, 321-325). La capacidad moral es para Kant la capacidad natural que tiene el hombre y sólo él de «obrar respecto de sí y de los demás con arreglo al principio de la libertad bajo leyes» (*ib.*, 322). Ésta es superior a las otras dos, pues refleja con mayor fidelidad la característica general, también natural, de la especie humana para señalarse unos fines. Precisamente el primero de estos fines es el de procurar, en cuanto especie en la naturaleza, un *progreso moral* (*ib.*, 329).

La tarea de la moralización es, como la de la civilización, una suerte de educación de la voluntad. Pero la ética exige una educación en la disciplina (*Disciplin*), mientras que la civilidad se limita a una educación en la instrucción (*Belehrung*) (*ib.*, 323). La prueba para este filósofo de que la capacidad moral y su disciplina no está en vano entre los atributos naturales de la especie humana es que ésta delata

—aun en los juicios adversos al «progreso moral», como el de Rousseau— un «innato requerimiento de la razón» a trabajar más en favor de nuestra natural disposición al bien que de nuestra, asimismo, natural propensión al mal (*ib.*, 332-333).

MORAL COMO HECHO DE RAZÓN

Decimos que la acción moral, en el tipo de conducta descrito, da lugar a determinados «hechos» morales, que interesan, en su génesis y manifestación externa, tanto más al psicólogo y al sociólogo que al filósofo moral. Sin embargo, tratar de averiguar su naturaleza es insoslayable para éste. A tal respecto, algunos autores subsumen los hechos morales en el conjunto de fenómenos naturales (D'Holbach, Skinner) o sociales (Marx, Durkheim). Otros los consideran efecto o resultado de una causa que trasciende cualquier hecho: humana (el Espíritu Objetivo, para Hegel) o divina (la Ley de Dios, para la Escolástica).

Los estoicos, Kant, o Toulmin, para citar algunos, pensarán, en cambio, que el hecho moral sólo se explica por su derivación, en último término, de la humana capacidad de razonar. La psicología (p. ej., Piaget) y la sociología moral (Lévy-Bruhl) han estado a menudo de acuerdo en que los hechos morales tienen una especificidad propia. Pero no hasta el punto de convenir, como mostraremos ahora, que son un «hecho de razón», determinación que escapa, en efecto, a la ciencia descriptiva. Un hilo constante, pues, en la historia de la ética se permite explicar que el origen de actos como la adopción, a sabiendas, de un niño minusválido, o salvar el honor de un amigo, aunque ello perjudique nuestro éxito, se encuentran, sin más vuelta de hoja, en nuestra facultad de pensar según principios elegidos por nosotros mismos.

El *Prometeo* de Esquilo, la *Antígona* de Sófocles o el *Sócrates* de Jenofonte revelan, desde la Antigüedad, este carácter autodeterminativo de la moral. Detengámonos en el ejemplo histórico de Sócrates según testimonio de Platón. En *Critón*, un diálogo de juventud y grande en su sencillez, los discípulos, con voluntad heroica, van a buscar a su maestro para liberarle de la condena fatal. Pero Sócrates rechaza la huida, no tanto por temor o fidelidad a los hombres que lo condenaron a muerte, cuanto por respeto a las leyes de la ciudad en que se basó la condena: «Lo que hay que poner por encima de todo no es vivir, sino el bien vivir», replica el filósofo, entendiendo por esto hacer lo «justo y moral» (48 b). Sócrates apela mediante la razón a unos principios que justifican su renuncia. De su conducta ante el decidido Critón podemos inferir el seguimiento de algunos principios. *Formales*: decidir por razonamiento antes que por sentimiento; pronunciarse individualmente y no bajo presión de los demás; pensar que lo importante no es el provecho, sino la justicia de la acción. *Materiales*: fidelidad a la propia comunidad; respeto a la promesa dada; resolución de evitar perjuicios a terceros.

La ética de Kant es un claro exponente de esta naturaleza racional, autofundamentadora de la moralidad. El filósofo declara imposible una justificación deductiva de la ley moral, en tanto que no está referida a un hecho físico, al revés de lo que ocurre con las leyes del entendimiento teórico (*K.p.V.*, Ak. V, 42 ss.). La moralidad es, en fin, un «hecho de la razón pura práctica» (*Faktum der reinen praktischen Vernunft*) del cual somos conscientes, *a priori* de la experiencia, de que es apodícticamente cierto (*ib.*). Por lo tanto, la acción moral se reduce a un hecho incuestionable, que es su último fundamento. Éste es el hecho indudable, en nuestra consciencia, y sin esperar a su confirmación en la experiencia sensible, de que nuestra voluntad se determina, en la ética, por la razón y sólo por ella. Entiéndase que al apoyar el hecho moral en la razón no está uno meramente «decidiéndose» por ella, como quieren algunos pensadores (p. ej., Hans Albert), puesto que la razón ya estaría presupuesta, en este caso, en tal decisión. El racionalismo decisionista compete más bien a la «obediencia» moral que a su estricta fundamentación, como, en réplica, ha observado Karl-Otto Apel (*Estudios*, 204).

Por otra parte, hay quien objeta a Kant una conversión, *malgré lui*, de la pregunta por la fundamentación de la ley moral en la pregunta por su concreta facticidad (Ilting, *Rehabilitierung*, II), con lo que estaría cayendo, según tal opinión, en una nueva forma de «naturalismo». Sin embargo, Kant no está realizando ningún «reconocimiento de hecho» como fundamento de la moral. Hay que conocer con precisión lo que es «hecho» para la ética de este autor. El hecho moral no lo muestra totalmente la experiencia, sino nuestra consciencia de obrar por leyes, es decir, nuestra razón *pura* (previa a la experiencia) en su uso *práctico*. Es, pues, un «hecho *de razón*», lo que en modo alguno da pie a que se considere tal concepción «naturalista».

Los datos de una moral (*praktische Data*) constituyen un hecho (*Faktum*, dice Kant) que es más bien un *factum rationis*, o hecho al margen de los datos de una experiencia sensible. Los hechos que se forjan con ésta caen dentro del conocimiento teorético y de cada uno de ellos hacemos una mera *quaestio facti*. Los hechos, en cambio, que se polarizan en la moral se sitúan en el conocimiento práctico —para el que no cabe ninguna referencia sensible a la realidad—, y de cada uno de ellos hacemos una especie de *quaestio iuris*, hecho jurídico que no tiene por qué ser traducción de algo experimentable por los sentidos. Este es el carácter, en definitiva, de *ius* que presenta todo hecho moral: ser un *Faktum* como «legalidad» antes que un *factum* como hecho empírico o «facticidad» (Cortina, «Estudio preliminar», 24). La idea de un «hecho de razón» no podrá encontrar una analogía mejor que en la idea de *ius*. En el derecho las reglas de la razón se asientan, inconmovibles, frente a los hechos de la experiencia para ponerlos bajo su jurisdicción. Esta especie de hecho *jurídico* viene a ser, como «hecho de razón», todo hecho moral. Si yo actúo bajo la regla o máxima de decir la verdad, este hecho no constituye el conjunto de datos sensibles que, de suyo, manifiesta, sino el *hecho* (pues la consciencia de mi obrar no es nada imaginario o enteléquico) que esto significa, en su fundamento, *de razón*. Puesto que es la regla o *ius* —nada que sea, así, sensible— lo que da lugar a él (Delbos, *Philosophie*, 251; Rousset, *Doctrine*, 526). Ésta es la manera peculiar de ser del hecho moral, que es *ius* o hecho jurídico más bien que *factum* o hecho natural: dejémoslo, en adelante, en el kantiano decir de «*Faktum*».

Kant reconoce con esta calificación ante todo que la moral se autodetermina a sí misma, sin que deba, como el conocimiento por él llamado teorético, referirse a la información de los sentidos. Pero ha querido además expresar, y de ahí el empeño en identificar lo ético con una *legalidad*, algo que pertenece ya a la pretensión de toda su filosofía transcendental en general: que la in-forme naturaleza sea sometible a *forma* en y por nuestras facultades. En este caso, por el uso de la razón pura en su sentido práctico y moral. Ciertamente el «hecho de razón» que representa este uso lleva a pensar en su relación última, no con la naturaleza, como ya hemos dicho, sino con la libertad. Pues, para Kant, un hecho o bien pertenece al concepto de la primera o bien al de la segunda. Y si los hechos naturales demuestran su realidad en los objetos de los sentidos, los morales, o relativos a la libertad, la demuestran específicamente con la causalidad que en el mundo abre la razón, y sólo con este tipo de causalidad. Existen hechos morales porque la razón está en su causa. Los hechos relativos, pues, a la libertad, adquieren realidad sólo a partir de esta causa. Más todavía: la libertad misma es el único objeto de las «ideas de la razón pura» —es decir, sin referencia sensible— que es asimismo un *hecho* (*K.U.*, Ak. V, 469). La razón, en suma, hace que la moral sea un *hecho* manifiesto, y ahí está la ley moral que postula este efecto (mi deber, por ejemplo, de rehusar una acción fraudulenta) para testimoniar el carácter *racional* de tal tipo de hecho (*ib.*, 475).

IRREDUCTIBILIDAD DEL HECHO MORAL

El hecho moral no es, por lo dicho, ni un hecho físico que pueda ser objeto privativo, por ejemplo, de la etología o de la neurobiología, ni un hecho psíquico o «cultural» que lo fuera de la psicología o de la antropología. Es un hecho de razón que es posible por la libertad y sólo por ella. Desde luego que lo hace con notas propias del estudio de todas aquellas ciencias, pero no se confunde con el objeto de ninguna de ellas. Como tal hecho es aquel que mejor nos indica la transición de un comportamiento animal a una conducta humana, o de una lucha por el «territorio» —para decirlo en cierta clave— a una preparación para la «morada», justo lo que se proponen reconquistar los héroes de la tragedia griega, como Orestes y Electra.

Esta preparación consiste en el seguimiento de unas normas de libre asentimiento, y este hecho no puede ser objeto propio más que de la ética, que estudia tales reglas y su fundamento. Cuando este fundamento reside en principios sacados de la experiencia es muy evidente la proximidad del objeto de la ética a los de una ciencia física o social. A veces se quiere incluso identificarlo con ellos, como ocurre en el psicologismo moral —la ética como psicología— que defendieron los primeros utilitaristas ingleses y en el siglo XX principalmente Ayer y el Círculo de Viena (Patzig, *Hechos*). Pero si el fundamento consiste en principios *a priori* de la experiencia, como los propuestos por la razón, según admiten los sistemas éticos de la racionalidad, entonces no cabe confusión ni coincidencia alguna entre el objeto propio de la ética y el de otras disciplinas de análisis de la conducta.

Tradicionalmente, hasta la Ilustración, existía una subalternancia de la ética a la religión y en particular a la teología (Aranguren, *Ética*). Pero en nuestra época existe la tendencia a supeditarla básicamente a la psicología (Chomsky, *Conocimiento*), sobre el supuesto de que nuestra voluntad se determina por principios naturales de esta índole: el prejuicio, el deseo, la autocensura y otro orden de fenómenos psicológicos. No obstante, las ciencias de la conducta, a las que desde luego no atañe dilucidar conceptos morales como *ley*, *deber* o *libertad*, ni siquiera hacen mención de otro género de conceptos como «conciencia», «voluntad» o «deseo». Sin más, son ideas devueltas por los científicos a la filosofía, pues resultan inasibles para ellos. Con lo que la ética ve confirmada la tesis de que tiene una esfera específica de objetos, como conocimiento *práctico* que es, y no teórico-experimental, de la conducta humana. Su misión no es describir los actos humanos o dar con su origen natural, sino la determinación de sus normas y principios por parte del agente, para saber estrictamente de la validez de éstos —de su legalidad—, no de su facticidad.

Según Kant, compete a la ética únicamente «dar de un modo completo los principios de la posibilidad, de la extensión y de los límites de la razón práctica» (*K.p.Y.*, Ak. V, 8). Para ello no es preciso apelar a la naturaleza física o psíquica del sujeto de esta razón, por más que su despliegue afecte en muchos aspectos al desarrollo moral. Es evidente que nuestra razón no existiría sin formar parte antes de una facultad general de entendimiento que responde, en fin, a nuestro aparato psíquico. Pero el uso verdadero de aquélla no tendría lugar —como capacidad que es de pensar *según principios*— sin tener que ahogar muchas veces, y mediante éstos, la espontaneidad psíquica (emociones, pasiones) que fácilmente nubla al entendimiento. En este sentido decimos que la naturaleza no puede constituir el referente último de la moral y que la ética no debe reducirse a la psicología (*ib.*, nota) ni a ninguna otra ciencia.

3. La conciencia moral

Hemos definido el hecho moral como hecho de razón. Sin embargo, la moralidad no es puramente razón. Por ella me determino, por ejemplo, a eludir el cumplimiento del servicio militar. Pero tiene que entrar en funcionamiento otra instancia de mi capacidad de entendimiento que dé o no el íntimo consentimiento a esta regla de acción que me he dado. Eso es la conciencia moral (*syneídesis*; *conscientia*), como factor igualmente indispensable de una conducta moral.

«Haz lo que dicte tu conciencia» es el siguiente paso a dar después de «actúa de acuerdo con tu razón». Expresiones habituales como «cláusula de conciencia» u «objeción de conciencia» recuerdan el recurso último que se ve precisada a hacer la razón práctica hacia este fondo íntimo de nuestra reflexión. Así hablamos también de la «voz» o «llamada» de la conciencia. Es una llamada *interior*, un *decir callando* que se hace el hombre para sí, a fin de dilucidar si lo que ha pensado hacer va a merecer su propia y definitiva aprobación. Heidegger dice también que es la llamada (*Ruf*) al cuidado (*Sorge*) de nuestra propia existencia (*Ser y tiempo*, I, 6). Sea como fuere, no se ha discutido apenas que en la conciencia está la piedra de toque del edificio moral que tiene su base en la razón.

Varios son los tipos literarios que encarnan el poder de este elemento en la acción moral. A Edipo le hace arrancarse los ojos; a Judas Iscariote colgarse de un árbol; a Raskolnikov librarse a los tribunales; a Woyzeck ahogarse en el oscuro lago: todos, atormentados por la culpa. Cuando el sujeto no ha cumplido con su *deber de conciencia* aparece este hondo sentimiento de culpa o «cargo de conciencia» (*angor conscientiae*) (*vid*. V, 3). Cuando, en cambio, lo ha cumplido, siente en su interior una «tranquilidad de conciencia» que es su máximo contento (*Nihil me praeter conscientiam meam delectavit*). Desde el punto de vista de una valoración subjetiva, lo mejor que le puede ocurrir al agente moral es haber actuado libremente conforme a su conciencia, y lo peor es haber obrado con la misma libertad, pero en contra de su conciencia. Porque admitimos ésta siempre como «nuestra propia voz», más estimada que la de cualquier autoridad humana o divina. Los mismos jueces, obligados como nadie a juzgar con imparcialidad, tienen, además que respetar las leyes, actuar «según su conciencia» (*Ley de Enjuiciamiento Criminal*, artículo 741) para poseer un convencimiento razonado sobre sus sentencias. Esta voz interior manifiesta al máximo, lo mismo que la razón, la capacidad de reflexión del sujeto y su poder para sustraerse de las presiones de la naturaleza y de la cultura —p. e., una pasión o una superstición—, aunque la conciencia y la razón sean, en parte, el reflejo de ambas realidades en nuestro interior.

Algunos autores empiristas (Shaftesbury, Hutcheson) han identificado la conciencia moral con un mero sexto sentido o inapelable «sentido moral», lejos de la noción, más generalizada, de que es antes una reacción espontánea de la mente. Con todo, no se discute que su función es *judicial* para un sujeto que es, a la vez, acusado y juez: la conciencia es nuestro «juez interior», dice Kant. En suma, es una voz que se pronuncia sobre actos pasados o que advierte sobre la sanción de actos futuros (Tomás de Aquino, *Summa*, I, q. 79, a. 13). Ante ella nos encontramos frente al más alto tribunal moral, y todavía con más razón cuando el hombre, liberado de toda tutela moral, ya no se siente bajo la mirada de Dios o el apoyo de sus padres. Está radicalmente solo frente a ese tribunal de sí mismo que es su conciencia moral. Ella es el *único* poder que le hará sentirse, en adelante, una persona inocente o un reo de culpa.

Pero hay que insistir en que es un poder o tribunal *interior*. Cuando Sócrates (Platón, *Apología*, 31c) explica a sus amigos por qué ha desistido de participar en la política, lo hace apelando a una especie de genio (*daimon*) que le habla siempre como una «cierta voz» (*phonê*) interior. Ésta le advierte, al menos, de lo que *no* debe hacer. Para un estoico como Zenón esta «voz» procede de nuestra propia naturaleza: es la *oikeiosis* o autopercepción común por naturaleza a todos los humanos. Según Agustín de Hipona, la fe en un autor moral supremo no impide que podamos creer en la autocertidumbre y digamos que *in interiore homine habitat veritas* (*De vera*, XXXIX, 73). Lo mismo que para la ética medieval, si bien distingue entre *conscientia* y *synderesis*. Este término —derivado del griego *synthéresis*— designa el hábito natural de reconocer los primeros principios del obrar: hacer el bien, no el mal. En buena medida se corresponde, pues, con la *oikeiosis* estoica. Pero *conscientia* es ya el acto inmediato y precursor de toda acción moral por el que aplicamos con autocerteza aquellos primeros principios (Tomás de Aquino, *Summa*, I-II, q. 19, a. 5).

Por otra parte, desde san Agustín (*Confesiones*), y luego con su institucionalización por el IV Concilio de Letrán (1215), la confesión de los pecados da al «examen de conciencia» una importancia capital (Nohl, *Introd.*, III). Los *remords de conscience* de que hablará Descartes (*Passions*) como factor vivo de la moral no son sino el fruto conocido de esta tradición, que hace del arrepentimiento o «dolor de contrición» —consecutivo a dicho «examen»— la condición necesaria para el «propósito de enmienda» o reedificación moral del cristiano.

Adquisición de la conciencia moral

Frente a las teorías sobre el carácter *innato* de la conciencia moral —como estas que acabamos de repasar— destacan aquellas, fundamentalmente empiristas, que estiman su carácter *adquirido*. En cualquiera de ambas opciones se suele discutir, asimismo, si la conciencia tiene más una condición «personal» que «impersonal», o viceversa. Un teórico liberal de la educación pensará probablemente lo primero; un psicólogo conductista, lo segundo.

Pero es muy difícil afirmar que la conciencia es totalmente personal o enteramente impersonal. Pensar, con el absolutista, que desde el primer momento ella es como el «amo y señor» de la experiencia moral nos hace caer en el más absurdo solipsismo. Pensar, con el relativista, que es una mera «caja de resonancia» del medio nos lleva a la contradicción de esta idea con los datos de aquella experiencia. Asimilamos lo mejor de ambos puntos de vista cuando decimos que la conciencia moral se refiere, como veremos más adelante, a un tipo de conocimiento —por lo tanto, que está *condicionada* por el uso y aprendizaje de unas leyes—, pero que no está *determinada*, o no lo está inmediatamente, por los objetos de este conocimiento. Adquirimos la conciencia por un proceso de socialización de la especie y de educación del individuo. No se puede decir, como bien han advertido pensadores sociales (v.g., Durkheim, Lévy-Bruhl, Skinner), que la conciencia moral no depende de nuestro conocimiento de la realidad. Pero sí cabe y hay que decir que en cualquier estadio de su «filogénesis» y «ontogénesis» (Rubio Carracedo, *El hombre,* IV) la conciencia moral no depende tanto del contenido de este conocimiento cuanto de las leyes y de los hábitos de *reflexión* que con él nos hemos ido formando, incluso para contradecirlo o ignorarlo: recuérdese lo dicho acerca de Merleau-Ponty (I, 2).

Es conocida la contraposición de Freud a este supuesto de una intencionalidad o libertad de nuestra conciencia. El «super-yo» (*über-Ich*), en nuestro aparato psíquico, actúa como censor implacable sobre la otra parte del yo. Su actividad viene a consistir en un *ideal del yo* en donde entran las normas e ideales de conducta y lo que solemos llamar «conciencia moral». Sin embargo, estos modelos no los pone el yo mismo, sino éste «a imagen del super-yo de los padres» (Freud, *Introd.,* II), cuando el niño debe renunciar a la satisfacción de sus pulsiones eróticas. La conciencia moral sería, pues, el resultado de interiorizar el código cultural paterno, siendo así nada menos que el «representante de la tradición» (*ib.*). Fromm, en *Ética y psicoanálisis,* intentará hacer ver que su maestro se refería sólo a un tipo de conciencia «autoritaria»; pero el caso es que Freud consigue alertarnos de que incluso en lo más elevado del yo, en la conciencia moral, se deja sentir la huella de lo inconsciente que marca toda nuestra personalidad.

Al psicoanálisis y a todas las concepciones deterministas de la conciencia moral puede objetarse que no reconocen la autonomía de conciencia con que, de hecho, nos movemos en el terreno moral. Sin ella, para empezar, no podríamos exigirle a nadie una responsabilidad, total o parcial, sobre sus actos voluntarios. A excepción, claro está, que convengamos que la responsabilidad es tan sólo una ficción utilitaria (Nietzsche, *El crepúsculo*). No es contradictorio concebir que la conciencia sea una facultad adquirida y a la vez autónoma en su funcionamiento. Así lo avalan las tesis del psicólogo Lawrence Kohlberg sobre el desarrollo de la conciencia moral en el individuo. Este autor sostiene una tesis constructivista —en parte, influida por Piaget— acerca de este desarrollo y del aprendizaje en general. La conciencia moral —tomada como *moral judgement*— se forma a través de sucesivas adaptaciones del conocimiento a las fases del aprendizaje social. Cada nueva etapa representa asimismo una nueva estructura del conocimiento que reequilibra la suma de momentos anteriores (Kohlberg, «The Claim...»). En su obra *Psicología del desarrollo moral* describe al menos seis de estos momentos (*moral stages*) en la evolución de la conciencia moral. En la primera etapa lo justo o correcto es la obediencia de las normas paternas, y el motivo o razón para actuar de este modo es evitar el castigo de los padres. En la segunda etapa del desarrollo moral lo justo surge como aquello que coincide con el propio interés o el del grupo al que uno pertenece; por lo tanto, la razón para practicarlo es la satisfacción del interés propio en un mundo en que aparece ya el intercambio entre individuos. A continuación se va uno abriendo a la comprensión de sus semejantes. Identificamos aquí lo correcto con la realización, por nuestra parte, de un determinado cometido, pero sobre todo según lo que los demás esperan de nosotros mientras actuamos. El motivo para obrar de este modo se desglosa, pues, en el imperativo de aprobarse a uno mismo y en el de ser aprobado por el resto del grupo. En este estadio de la conciencia moral nos planteamos por primera vez la llamada «regla de oro» de la conducta social (No quieras para los demás lo que no quieras para ti). Es decir, somos capaces de adoptar el punto de vista de los demás.

En una cuarta etapa del desarrollo se identifica lo justo con el cumplimiento de los deberes que nos impone el grupo. Pero nos obligamos a ello porque aceptamos, más o menos libremente, que obedecer lo justo mantiene el funcionamiento del grupo del que, a fin de cuentas, formamos parte. En un momento posterior admitimos que la conducta correcta se corresponde con el apoyo de los valores, derechos y pactos legales de una sociedad global, aunque ello suponga una colisión con los esquemas morales e intereses de nuestro propio grupo. El principal móvil de nuestra acción por lo justo no es tanto, ahora, el sentirnos obligados hacia él, cuanto el vernos directamente interesados en él, hasta ser capaces de recomendar su cumplimiento y de justificarlo después. En esta etapa se desarrolla la idea del contrato social, como fórmula esencial del libre acuerdo común para la convivencia política. A todo esto el individuo está en condiciones de ejecutar una acción que ya no es de sometimiento, cual veíamos en las dos primeras etapas, ni de pura convencionalidad, como en las dos siguientes. Con esta última el agente empieza a actuar por sus propios principios, sin tener que esperar una normativa preestablecida. En este nivel, ya de «posconvencionalidad», la conciencia moral alcanza su madurez al entrar en un sexto y último estadio. Lo correcto es, finalmente, lo que coincide con unos principios éticos universales que cada uno es capaz de razonar por sí mismo. Nos sentimos entonces obligados a hacer lo justo porque, como personas racionales que somos —capaces de pensar según principios—, admitimos antes la condición de *universalidad* que la de particularidad de los principios. Y porque a esa admisión añadimos inmediatamente el sentido de compromiso *personal* —de «asentimiento», como es propio de una conciencia moral— con estos principios antes asumidos (*Psicología*, I; Hersh, *El crecimiento moral*, 53 ss.).

Todas estas etapas son evolutivas, pues cada una, en un aprendizaje del conocimiento, supera constructivamente a la anterior. La conciencia moral forma parte, de este modo, de un *proceso cognitivo* en que el inconsciente, tan valorado por el psicoanálisis, no tiene función alguna al final de este proceso. Kohlberg mismo cree contribuir con esta teoría al refuerzo de las filosofías morales de tipo universalista que se enfrentan al extendido relativismo cultural de nuestra época. De paso nos invita a interpretar las diferencias estructurales entre concepciones morales como diferencias entre etapas del desarrollo de la conciencia moral. Habermas ha correspondido a ello admitiendo para su *ética discursiva* la teoría de Kohlberg sobre el proceso de la conciencia moral en tanto que paralelo al curso del aprendizaje social (Habermas, *Conciencia*, 141 ss.).

EL HECHO ORIGINARIO DE LA CONCIENCIA MORAL

Contrasta, después del conocimiento de las teorías de Freud y de Kohlberg (no muy lejana ésta a la de Piaget en *El criterio moral*), la tesis de Kant que identifica la conciencia moral con una *predisposición innata* del individuo. «Consciencia» (*Bewusstsein*) es, en general, aquella actividad del conocimiento por la cual se nos hacen claras sus representaciones. Por lo mismo, poseemos un tipo de conciencia moral (*Gewissen*) que ni es «adquirida» ni podemos ser obligados a hacerlo. Actuar «según la propia conciencia» no puede, pues, ser un deber: nuestro único deber en torno a ella es *cultivarla*. Es decir: «agudizar la atención dada a la voz del juez interior y poner todos los medios para escucharlo» (Kant, *Tugendlehre*, Ak. VI, 401).

Veamos con mayor detalle esta concepción de la conciencia moral como ineludible y permanente «voz del juez interior». Para empezar, todo individuo con conocimiento y reflexión se representa la actividad de su conciencia moral al modo de un *debate* entre dos personas en su interior. Tras este «debate de la conciencia» el hombre se verá obligado a actuar como si fuera por orden de otra persona que no es exactamente él mismo: su *juez interior*. La misión de éste es poner fin a la contradicción entre las dos personas aludidas —procesado y acusador— del debate en cuestión. La conciencia, pues, se representa a sí misma como doble y bajo el símil de un «tribunal interior» (*ib.*, 438).

Sería absurdo, en cambio, representarse uno mismo como acusado y juez en la misma persona. En el tribunal interior que de hecho es nuestra conciencia moral aparecen separados ambos personajes. De un lado nos vemos como acusado; de otro como juez acusador, figura en la que se mezcla la representación de nuestra persona real, como sujeto de razón, con la representación de una persona ideal: Zeus o Dios *pantocrátor*. De manera que Kant describe la escena de la conciencia moral en términos de: «Ese doble de sí mismo que, por una parte, ha de tenerse en pie temblando ante la barra de un tribunal, que, sin embargo, le esté confiado a él mismo; pero, por otra, tiene por autoridad congénita en sus manos la función de juzgar» (*ib.*, 439). Después de la vista de la causa, la sentencia de este juez será condenatoria o absolutoria. En el primer caso la pena es la *culpa*, y el hecho por el que nos hacemos merecedores de ella es el haber seguido una máxima de la acción sin estar ciertos de ella. En el segundo caso todo su efecto benefactor es darnos una *tranquilidad de conciencia,* estado que merece el agente moral siempre y cuando haya adoptado una máxima de acción con total certeza de ella. Eso es no una alegría o una conciencia feliz, sino aquel estado de pacificación, tras el trance del debate de la conciencia, que hace al hombre sentirse en paz consigo mismo, sin nada que reprocharse, en una suerte, pues, de «felicidad negativa» (*ib.*, 440).

Si «obrar en conciencia» no nos aporta satisfacción positiva es para recordarnos que todavía es insuficiente para certificar que nuestra acción ha sido o va a ser moral. Poseer conciencia moral es, desde luego, condición necesaria para obrar de este modo. Será «suficiente», si se quiere, sólo para saber que *no* hemos obrado mal; mas no para reconocer que *sí* hemos actuado bien. Por eso no nos reporta ninguna felicidad especial. La condición suficiente para que una acción sea moral es «obrar por motivos morales», es decir, por puro respeto a la ley moral. Y esa condición no la posee la conciencia, sino la razón práctica. He aquí por qué tratamos de la conciencia moral después de haber introducido la moral como hecho de razón.

Sin embargo, si la conciencia puede estar *cierta* del seguimiento o adopción de una regla o máxima, la razón práctica paga su privilegio de ser el factor de suficiencia para la moral al precio de no poder conocer nunca si verdaderamente ha tomado su máxima por puro respeto a la ley moral (*ib.*, 392). El hombre no puede jamás estar cierto de haber obrado por «motivos morales», a pesar de que haya podido obrar —como debe— queriendo voluntariamente cumplir con ellos. Kant introduce aquí una especie de *sospecha freudiana* sobre los aparentes móviles de nuestro comportamiento, pues podría ser, como deja sospechar muy bien el conocimiento empírico del hombre, que lo que hacíamos pensando que era nuestra pura obligación no fuera más que el impulso de un móvil secreto para nosotros mismos, como, por ejemplo, el temor o la búsqueda de aprobación.

Con todo, el argumento de Kant en aras de esa incertidumbre invencible de la razón práctica se justifica en su doctrina antropológica del sujeto como ser «fenoménico» y «nouménico» o inteligible a la vez. Por una parte, la razón dice a este último lo que debe hacer, pero no «cuándo» y «cómo» debe hacerlo, pues esto pertenece al sujeto fenoménico de la acción, y éste no es el que compete a la ética. Kant reconoce con ello que hay un margen reservado al libre albedrío de cada uno en la observancia, fundamentalmente racional, de la ley moral. Mas, de otra parte, lo que importa aquí es señalar que el mismo esquema del sujeto ofrecido por la filosofía transcendental es lo que nos hace imposible obtener el conocimiento del móvil o motivo último de nuestra máxima de acción. Pues la *actitud interior* (*Gesinnung*) que acompaña indefectiblemente a su elección —y que nosotros podemos pensar, en principio, que es el puro respeto a la ley— no es nada que pertenezca al mundo de los fenómenos: es un hecho suprasensible amagado en el sujeto nouménico o «en-sí» que portamos todos. Luego no hay conocimiento sensible de este nuestro interior, de nuestras verdaderas intenciones, y la razón práctica ha de resignarse a ello (II, 1). Por eso tampoco le es dado a nadie, lo mismo que ninguna «alegría» para su conciencia, ningún «orgullo» ni, en suma, felicidad positiva para su razón práctica, pues ésta desconoce siempre el motivo de su actuación y si ha habido o no «pureza de actitud» en ella. De lo que no cabe tener duda —en caso contrario, sería imposible en sí misma la actuación moral— es, si no de la *actitud interior*, de la *legalidad* al menos que puede y debe acompañar, asimismo, al seguimiento de una máxima moral. Puedo estar seguro de ella sólo cuando la regla adoptada por mí cumple, por la razón, las condiciones de una ley. Pero, en fin, de eso ya se tratará más adelante (IV, 3).

Podemos ya preguntarnos cuál es la función de la conciencia, que hasta ahora hemos visto cómo actuaba. Esa función, por lo dicho también, no consiste ni en descubrir qué debemos hacer ni en desvelar la actitud interior del que obra por deber. Conciencia moral es, según Kant, «la facultad moral de juzgar que se juzga a sí misma» (*Religion*, Ak. VI, 185). Es decir, que su función propia es *juzgar*, y de hacerlo en un juicio *reflexivo*. Pero ¿qué cosa juzga la conciencia moral? Juzga la clase de *consentimiento* (*das Fürwahrhalten*) que damos a las máximas de acción que nos hemos propuesto seguir. Y decimos que ese mismo juicio es «reflexivo» porque al hacer esta operación juzga sobre aquello —las máximas de la razón— que es también producto de un juicio. La función propia de la conciencia moral no es, así, la «verdad» o validez de las normas, menester propio del entendimiento que se presta a comparar el enunciado de una máxima y su *objeto*. Está, en cambio, en identificar el tipo de asentimiento o «veracidad» existente en el momento de dar una norma por verdadera o válida, función que cumple la conciencia moral al comparar el enunciado de las máximas con el *sujeto* mismo que se propone seguirlas.

De aquella objetiva «verdad» no hay en el hombre un saber tan inmediato y seguro como de esta íntima «veracidad». Gracias, pues, a la conciencia, el sujeto moral puede *estar seguro* de hacer lo que su razón le dicta que ha de hacer. Con motivo de la íntima certidumbre con que se resuelve (pues no de otro modo puede exigírsele a un juicio que se juzga a sí mismo), dícese de la conciencia moral que el hombre «la *tiene* originariamente en sí» y que es, además, un «hecho ineludible» (*eine unausbleibliche Tatsache*) (*Tugendlehre*, Ak. VI, 400). Pero esta predisposición a la conciencia moral que tiene toda persona sólo es la ley moral —que le da la ocasión de actuar con veracidad consigo misma—, no la naturaleza física, quien se la revela a ella. Por consiguiente, es «hecho ineludible» en todo ser que sea a la vez *racional*. No «producimos», en definitiva, la conciencia moral, sino que ésta es inherente a nuestro ser racional. Es así que no podemos jamás dejar de oírla, y que cuando pretendemos huir de ella nos sigue como nuestra propia sombra (*ib.*, 438).

En la hora, por otra parte, de juzgar nuestra clase de asentimiento a la ley moral, es absurdo hablar de que la conciencia moral pueda «equivocarse». La exigencia de certeza absoluta es un postulado de la conciencia. Debe decir *sí* o *no* yo tengo por válida para mí una norma moral, no si tal o cual regla es válida o no. Aquí, en este juicio subjetivo, no cabe hablar de la posibilidad de error (*Religion*, *loc. cit.*). «Tener» conciencia moral equivale, así, a estar totalmente cierto de obrar moralmente. En contraste, el inquisidor, el torturador, por ejemplo, nunca están absolutamente seguros: ni siquiera de *no* haber obrado de una manera inmoral. «No tener» conciencia moral, «violar» esta conciencia, equivalen, por consiguiente, a hacer algo a sabiendas del riesgo de estar haciendo algo malo. Pues en la moral compete no sólo saber si una acción es buena, como tarea de la razón, sino estar cierto, además —y no poseer sobre ello una mera «opinión», como quiere el *probabilismo* ético—, de que hay que hacerla o no hacerla, como función propia que es de la conciencia moral. Esto último constituye nuestra única *seguridad moral* inmediata, «... y más no se puede pedir a un hombre» (*ib.*, 189).

Al ser la conciencia moral *un hecho ineludible* en el sujeto racional tampoco puede decirse de ella que sea algo «deseable» ni mucho menos un *deber* el poseerla. En primer lugar, porque la facultad de juzgar es inherente a nuestro ser racional; en segundo término —y tal como también se ha dicho—, porque no hay ocasión en que la razón práctica forme su juicio (adopte, por ejemplo, una máxima de justicia) sin que *a la vez* motive que la conciencia moral emita el suyo. Que ésta diga, en fin, si da o no su consentimiento —si tiene o no por cierta— a la máxima que se ha juzgado antes justa. De ser considerada la conciencia un «deber» caeríamos en el paralogismo de tener que suponer antes *otra* conciencia que considerase que aquélla es un deber (*Tugendlehre*, Ak. VI, 401). Concebir que tener conciencia moral es un deber ya implica, pues, por presuposición, el reconocer que existe tal conciencia. Lo único que podemos y debemos hacer con ella es *cultivarla*.

MORAL Y CONOCIMIENTO

Si la conciencia moral es una predisposición innata parece que nos queda todavía preguntarnos qué tipo de *conocimiento* es el suyo

(Tugendhat, *Problemas*, 99 ss.), con lo que empezaremos a responder a la cuestión sobre la actividad del conocimiento en la moral (III, 1).

Recuérdese el papel determinante —aunque no *suficiente*, que pertenece a la razón práctica— atribuido por Kant a la conciencia moral: debatir sobre la máxima de nuestra acción en el fuero más interno. Cuando parece que la norma que vamos a tomar no es muy convincente, o entra en colisión con otra norma de rango similar, entonces el «tribunal interior» de la conciencia es nuestra última instancia de apelación. Pero la esperada seguridad con que emite su fallo no la libra de incurrir, si no, como se ha dicho ya, en un *error*, al menos en una falta de certidumbre interior. Para estar cierta completamente de sí misma la conciencia deberá, pues, hacer uso de un tipo de ciencia que explicaremos a continuación. Y en este uso progresivo va a consistir precisamente el mencionado *cultivo* de la conciencia.

Situémonos en el momento en que afirmábamos que la conciencia moral tiene por función juzgar sobre la clase de nuestro *consentimiento* a las reglas por las que nos proponemos actuar. Pues bien, este consentimiento, lo mismo que cualquier otro objeto práctico, puede ser juzgado en dos sentidos: bien tal como *es* (al igual que el juez al relatar unos hechos), bien tal como *debería ser* (en analogía al juez que recuerda lo que establece la ley). También la conciencia moral puede actuar en ambos sentidos, mas sólo uno de ellos es el válido: el segundo, es decir, cuando juzga nuestro consentimiento tal como *tiene que ser*, y no tal como de hecho es. Para ello nuestra aprobación de las máximas tendrá que ser asimismo fruto de la *convicción* (*Überzeugung*), jamás de la persuasión o del autoengaño. Por lo tanto, una convicción como la exigida, para que nuestro consentimiento moral sea el que tiene que ser, ni puede ser la nacida de una opinión ni puede pender de una creencia: ha de ser fruto de una ciencia o *saber* (*K.r.V.-B*, Ak. III, 531 ss.). La conciencia moral debe juzgar el consentimiento moral de unas reglas tal como debe ser, y esto es: estando convencida de ello con plena *certeza* (*Gewissheit*). Como tal conciencia no es un deber, pero tiene el deber, así, de dar por bueno sólo aquel consentimiento que proviene del saber, luego de la certeza de cómo hay que actuar. Pues «... no podemos arriesgarnos a realizar una acción con la mera opinión de que está *permitida*, sino que hemos de saberlo» (*ib.*, 533).

Lo único que en la conciencia moral tiene carácter debido es su propio objeto: el consentimiento. Con lo cual ella misma (*Gewissen*) no deja de ser conciencia de algo o un tipo de conocimiento, como corresponde a la «consciencia» (*Bewusstsein*) en general. Si bien, claro está, no se reduce a ésta, porque su objeto tan sólo tiene un carácter *debido*, no «de hecho». Los objetos, en cambio, de una «consciencia» en general, no se presentan nunca con este carácter de deber incondicionado. El carácter *debido*, sobre la certeza, del consentimiento moral, es lo que permite a la conciencia ética formular su principio supremo: el agente moral ha de estar completamente seguro de lo que le está permitido hacer. Éste es un principio indemostrable, por ser un juicio inmediatamente cierto, como se reconoce en la sentencia de Plinio, *Quod dubitas, ne feceris*, en los autores estoicos en general, y en la afirmación misma de Kant, al eco popular, de que «no se debe intentar nada a riesgo de que sea injusto» (*Religion*, Ak. VI, 185). El llamado «cultivo» de la conciencia moral no es más que la aplicación continuada de este principio en nuestro juzgar sobre el consentimiento moral.

Vemos, pues, que en tanto que identificada con un juicio cierto la conciencia moral no se cierra al conocimiento, si bien hay que recalcar que se refiere siempre al conocimiento *práctico*: de lo que la razón práctica dispone hacer mediante el dictado de una máxima del obrar. En este sentido decíamos, en páginas anteriores, que la conciencia moral no está determinada inmediatamente por ningún conocimiento *teórico*. Podría pensarse, con todo, que una ética practicista o de la razón práctica como la de Kant subestima este valor del conocimiento en general. Más aún si se compara con la ética cognitivista de un Sócrates o un Spinoza, para quienes conocer el bien y practicarlo es lo mismo. Ciertamente, para Kant, como para Aristóteles, la realización moral es una tarea fijada en los principios racionales de la *praxis*, no de la *theoria*. No basta conocer el bien para hacerlo; hay que tener la *voluntad* racional de hacerlo. Pero tanto para uno como para otro, la conciencia moral (*Gewissen*) y la prudencia (*phrónesis*), respectivamente, en su decisivo papel en la ejecución de la razón práctica, nos atestiguan del valor del conocimiento en ella. Ya que ni es posible una prudencia sin juicio inteligente (*eusýnesis*) sobre los medios de la acción, ni lo es una conciencia moral sin un saber cierto (*Gewissheit*) de sus objetos prácticos. No en vano va a poner Kant el *autoconocimiento moral* (*moralische Selbsterkenntniss*) como principio de la sabiduría humana y primer mandato (el oracular, pues, *Nosce te ipsum*, «conócete a tí mismo») de todos los deberes para con uno mismo (*Tugendlehre*, Ak. VI, 441). De eso, que es asunto sobre todo de su conciencia moral, no puede prescindir en modo alguno la persona. Pues, como dijera Kant al cerrar estas páginas sobre la conciencia moral: «Sólo el descenso a los infiernos que es el conocimiento de sí mismo abre la vía de la apoteosis.»

4. El principio de la elección moral

Elección y deliberación

Toda acción moral proviene del juicio de la razón práctica y, por extensión de ésta, de la conciencia moral, para legislar y dar su consentimiento, respectivamente, a unas determinadas máximas o reglas de acción. Antes de que veamos qué clase de máximas son las que la razón debe legislar en la moral (IV, 3-4), hay que notar, sin embargo, que la adopción o seguimiento de cualquier tipo de máxima moral, al margen de cuál sea su fundamento o legitimidad, entraña en el sujeto la operación cognoscitiva de decidirse por aquella máxima o regla de acción.

Si lo que dispone a la moralidad son las *reglas* de la acción —pues al control de la acción misma la ética ya no alcanza—, lo que dispone inmediatamente a las reglas es nuestra *decisión*. Nos referimos a una decisión moral, es decir, que implica la adopción de unas reglas; no a una decisión en sentido psicológico, como mero acto mental de «decidir». Decisión moral es el acto por el que una facultad del conocimiento resuelve determinar la facultad de la voluntad. Para Kant esa facultad es la razón práctica, y esta determinación dada son las reglas que se basan en este uso de la razón. Para los utilitaristas, la primera puede ser bien la sensibilidad, bien la razón experimental, mientras que la segunda corresponderá a máximas conformes a una u otra facultad. En todo caso, y tras la intervención de una facultad del conocimiento, la decisión es lo que precede inmediatamente al seguimiento de una regla o máxima de la acción. Aunque para Kant, en particular, no se puede decir que la moral sea fruto de una «decisión», pues lo que depende de la razón es obligado por necesidad, no es impropio introducir este término en una ética de la razón práctica, como la suya, que se justifica en última instancia por la libertad del individuo. Si me he obligado racionalmente a hacer el bien —sin concesiones a una gratuita «decisión» subjetiva—, es porque antes me he *decidido*, en mi libertad, por el uso de la razón que me obligará sin remilgos: y decimos por el *uso*, ya que por su existencia como facultad no cabe, lógicamente, decidirnos. Podría no haberlo hecho, y en mi libertad, igualmente, optar por una ética de los sentimientos o del interés egoísta que no me obligarían de tanta necesidad.

Aun la ética más contraria a un «decisionismo» moral debe admitir pues, si postula la libertad, el instante de decisión en el seguimiento de las normas morales: ya como momento de tránsito entre la formulación de éstas por la razón y su aplicación por la voluntad, ya como instante en que optamos por el uso de la misma razón. Con este reconocimiento nos situamos de lleno ante la raíz misma de la decisión moral que es la capacidad de *elección*. Decidir es elegir en tanto que presupone siempre —al menos en la moral— escoger entre varias posibilidades de determinación de la voluntad. En una decisión de fe como la de Abraham al inmolar a su propio hijo no se cumple la elección que, por otra parte, acompaña a la decisión de Judith de dar muerte a Holofernes, a fin de liberar a su pueblo. La distancia que media entre ambos actos es la *deliberación* que una elección implica siempre. Una decisión por acto de fe se puede decir que la excluye por definición. Una decisión moral la exige siempre y por cuanto la elección, que está en su raíz, conlleva este modo de razonar —la deliberación— sobre las diversas posibilidades de determinación de la voluntad.

Cabe remontarse a Aristóteles para encontrar la más clara y resuelta defensa del principio de elección, y su deliberación acompañante, en el comportamiento moral. El filósofo tenía ante sí el problema de ciertas clases de acciones que, con ser voluntarias, libremente «decididas», no son fruto de ninguna elección: v.g., nadie elige un trabajo desagradable, pero decide voluntariamente aceptarlo. Con la respuesta a ello entramos en una de las aportaciones esenciales de su ética. El hecho de la elección (*proaíresis*) pertenece a la praxis. Fuera del ámbito de la acción no tiene sentido hablar de ella: así en el conocimiento científico, por ejemplo. Toda elección es voluntaria, pero no toda acción voluntaria es una elección. Ésta pertenece a la voluntad (*boulé*), pero no es lo mismo que ella (*Et. Nic.*, 1111 b). En la voluntad caben actos no elegidos, como los promovidos por el impulso, el deseo o la mera opinión de las cosas. Los que en ella son propiamente de elección son aquellos que se acompañan de la razón (*lógos*) y de la reflexión (*diánoia*).

La elección de nuestra conducta es consecutiva, por consiguiente, a la deliberación o *boúleusis*, una especie de investigación sobre lo que está de la mano del hombre hacer, porque está en su poder (*dýnamis*) y puede extenderlo hasta la acción. Escuchado su fallo, la elección consistirá en la decisión por un acto determinado (*ib.*, 1112 a-1113 a). La elección, en suma, es el principio (*arkhê*) de la acción; no hay otro. Pero ella tiene también sus propios principios, que hemos avanzado al citar el acto discursivo de la deliberación. Sin embargo, no es sólo el razonamiento que participa de ésta lo único que alienta a la elección. El apetito (*órexis*) que está presente en todo ser vivo, constituye, con el discurrir de la razón, el principio dual de la elección (*ib.*, 1139 a). Por eso podemos concluir que su causa es tanto una «inteligencia deseante» (*orektikós noús*) como un «deseo inteligente» (*órexis dianoetikê*) (*ib.*, 1139 b). A lo que añade Aristóteles: «... y tal principio es el hombre». El sujeto ético es aquel que *elige*, y que al hacerlo respeta simultáneamente su naturaleza y su razón. Las cosas buenas se hacen por elección, mas a causa de estos principios de la elección y sólo de ellos. No por hacer lo justo se nos llama justos, sino cuando al elegir lo justo lo hacemos únicamente por mor de los principios de esa elección: es decir, una acción es justa sólo cuando se hace *a causa* de lo justo (*ib.*, 1144 a). He aquí, pues, la importancia de la elección y del obrar conforme con la propia causa de la elección. Ésta es una reflexión que retomará Kant en su noción del *respeto* (*Achtung*) de la voluntad hacia la ley moral como único motivo aceptable —rehusando el del mero «acuerdo» de la acción con aquella ley— para una acción verdaderamente moral (IV, 2).

Con todo, hay una importante diferencia entre Kant y Aristóteles en lo que concierne a la materia o asunto de la elección. Según el último, en la elección hemos de deliberar acerca de la realizabilidad de nuestra acción, dando por supuesto que sobre los principios mismos (*órexis*, *lógos*) no se delibera. Para Kant la elección no remite a una disputa sobre medios o fines de la acción: ni siquiera sobre la acción misma. El tipo kantiano es el de una elección *originaria* entre un principio de determinación sensible o un principio de determinación racional de la voluntad. La deliberación se realizará, antes que acerca de una máxima u otra de la voluntad, acerca del principio, de experiencia o de razón, sobre el que la voluntad va a establecer en adelante cualquiera de sus máximas. Es, por lo tanto, justamente en torno a los «principios de la acción», como diría Aristóteles, sobre lo que procede deliberar y decidirse. La decisión moral será, pues, la que resulte de deliberar *siguiendo con el uso de la razón* hasta llegar a la determinación de la voluntad.

No sólo por estos dos filósofos, sino por otros varios autores, se ha reconocido que la elección es el corazón de la vida moral. El ser mismo de la persona depende, para el estoico Epicteto, del acto de elegir, con lo que lo bueno y lo malo se repliegan a una estricta «actitud de la voluntad» (*Enq.*, I). Kierkegaard, por otra parte, es el verdadero apologista de la elección en una vida compuesta siempre de *alternativas*; lo que ocurre es que cada una de las formas de vida resultantes dependen de fórmulas de compromiso —de la elección como *salto* de una alternativa a otra— impuestas por fe, más que por un acto de deliberación racional. Más modernamente, Sartre (*L'existentialisme*) recupera el sentido ético de la elección (*choix*) por la que decidimos día a día nuestra existencia. Y en esta absoluta libertad comprometemos en cada acto a la humanidad entera (V, 3).

Pautas para la toma de decisiones

No basta, antes de decidir, con elegir lo que se va a hacer y elegirlo bien. El proceso que conduce a una toma de decisión tiene sus pasos y protocolos éticos, algo tan importante como el contenido de la decisión, la conducta que se elige, y que el mismo proceso determina. Ante, por ejemplo, una incertidumbre, una disyuntiva o un conflicto de valores, el primer tramo del proceso de decisión comprende el *análisis* de la situación, con los siguientes pasos: 1) Formular el problema; 2) identificar y examinar sus aspectos morales; 3) considerar el propio punto de vista al respecto; 4) considerar el punto de vista de otros implicados.

El tramo subsiguiente es de *evaluación*: 5) contrastar el punto de vista resultante con las normas y principios éticos relevantes para el caso; 6) adaptar nuestro punto de vista a alguna de estas normas o principios; 7) si no es adaptable, reconsiderar el punto de vista inicial (véase 3). A lo que sigue un tramo de *juicio* o discernimiento: 8) considerar el punto de vista adaptado en relación, ahora, con las previsibles consecuencias de aplicarlo; 9) si las consecuencias son admisibles, proceder ya según dicho punto de vista; 10) si no lo son, reiniciar el proceso desde el punto 6, ya que puede que no hayamos escogido bien nuestra norma o principio de acción.

Y una anotación precautoria final: en cualquier proceder, hay que considerar el propio acuerdo o conformidad personal con la decisión a tomar. En la ética, el sujeto y su conciencia cuentan. Y si no hay tal conformidad, es decir, si no estamos resueltos a hacer lo que hemos pensado bien hacer: reiniciar el proceso de decisión desde el punto 3, el momento en que habíamos introducido nuestro punto de vista. Puede que éste no fuera tan aceptable ni tan nuestro como parecía.

Por otra parte, el proceso de decisión puede darse entre dos o más individuos, y aun, por añadidura, entre personas o grupos que por su cultura, origen étnico o religión mantienen normas o principios morales diferentes y hasta opuestos entre sí. ¿Cómo solventar, en un contexto de pluralidad similar, cada uno de los pasos anteriores, especialmente aquellos que se refieren a la adopción del punto de vista y a la selección de una determinada pauta en la que apoyarlo? Las tomas de decisión son a menudo transpersonales e interculturales, especialmente, esto último, en sociedades de carácter pluralista. Por lo cual habría que intercalar en el anterior proceso de decisión, particularmente tras los puntos 5 y 6, el siguiente protocolo de deliberación pluralista:

1) En un primer momento de la deliberación, el de la *búsqueda de acuerdo*, nos encontramos deliberando sobre nuestros intereses. Presuponemos que existe un conflicto entre éstos, pero deseamos, a la vez, el acuerdo, más que o en lugar del desacuerdo. Y, mientras, se da un nivel por lo menos mínimo o imprescindible de tolerancia entre unos y otros, para proseguir la deliberación.

Si hay, en efecto, acuerdo, se articula una forma u otra de compromiso, que de paso amplia el nivel de tolerancia del que partíamos. Si hay, en cambio, desacuerdo, podemos dar por terminada la deliberación, o pasar al siguiente momento.

2) Éste es el momento del *mantenimiento del desacuerdo*. En él deliberamos sobre nuestra posición o actitud en la defensa de los respectivos intereses. Ahora, pues, se presentan dos po-

sibilidades. La inhibición de proseguir el debate, manteniendo un desacuerdo, por así decir, pasivo. O continuar defendiendo los propios intereses, reiterando esa actitud o posición.

Si es el primer caso, no habrá mejorado en nada el nivel de tolerancia del que partíamos en la deliberación. Pero, en contrapartida, pensamos que siempre se puede volver a la búsqueda de acuerdo, aquello que se pretendía en el momento anterior (1). Por ahí puede retomarse sin mayores problemas la deliberación iniciada. Si es el segundo caso, el de un desacuerdo activo, se presenta una alternativa que supone entrar ya en un tercer momento de la deliberación.

3)   Los interlocutores deliberan sobre la situación conjunta creada por el mantenimiento del desacuerdo. Debe, pues, ser el momento de la *conclusión del desacuerdo*. El respeto al otro, el cuidado con que se mantiene la deliberación, juegan aquí un papel determinante. Así, si el desacuerdo es irrespetuoso, o simplemente se renuncia a la voluntad de seguir deliberando, se muestra el fracaso de las habilidades y las virtudes propias de la deliberación, que parecen ya no dar más de sí. Lo negativo, sin embargo, del desacuerdo irrespetuoso no es tanto el no entendimiento como el riesgo de intolerancia entre las partes, en las que a menudo, en una situación parecida, ya no se razona ni se quiere «ver» las razones del otro.

Pero si el desacuerdo es, en cambio, respetuoso, y al menos no se renuncia a seguir deliberando sobre y a pesar de las diferencias, queda abierta la posibilidad de recuperar el acuerdo que se buscaba al principio. El desacuerdo entre las personas o los grupos no es ningún fracaso de la deliberación, en tanto, como vemos, haya respeto al otro y la no renuncia —inherente a este respeto— de la voluntad de entenderse. La deliberación puede continuar. Y aunque no haya, mientras tanto, acuerdo, algo importante ha mejorado en todo este proceso: la tolerancia ha dado un paso adelante. Puede ayudar para el acuerdo. En conclusión, existe la posibilidad de cambiar de actitud y volver a buscar el acuerdo cuando el desacuerdo entre los interlocutores es, por lo menos, respetuoso.

Y otra enseñanza: la tolerancia se complementa, y se completa, con el respeto mutuo, tanto en ocasiones de acuerdo como de desacuerdo.

Antes decíamos que para Aristóteles toda acción que se elige es una acción voluntaria. Se acompaña, en efecto, de una «deliberación», por la que consigue tener un principio racional; pero al pertenecer a los actos voluntarios comparte asimismo, en su causa, un principio de voluntad. La elección es, pues, fruto de la deliberación y de la volición: no la concebimos sin pensamiento, pero tampoco sin voluntad para sostenerla.

Sin embargo, no es lo mismo esta *boulé* o voluntad posibilitante de una acción moral que el mero deseo (*epithymía*). El querer de la voluntad es tan diferente del deseo que incluso llega a prescindir de él: así, en la acción de un altruista o de un voluntario civil. A ello habría que añadir que tampoco la voluntad ha de confundirse con una «preferencia». A menudo una acción por motivos morales —por ejemplo, ayudar a un duro adversario nuestro en caso de peligro de éste— se realiza bajo reglas que contradicen nuestras preferencias subjetivas (por ejemplo, la inclinación a despreocuparnos en absoluto de nuestro antipático enemigo). Querer de voluntad nace de una actitud interior o intención en el individuo, y si logra zafarse de sus contrarios, la preferencia y el deseo, consigue convertirse en una causa de autodeterminación de la persona. Ciertamente puede la voluntad a veces estar unida al deseo, como cuando nos sacrificamos por alguien al que deseamos todo bien. Pero la voluntad corre a su lado con otra clase de motivos para hacerlo. Así lo han admitido los filósofos de la razón práctica, que la distinguen del deseo y de la inclinación. Voluntad, para una ética de la razón, es una idea que remite dialécticamente a otra, y ésta es la idea de la propia razón, no la del deseo o la inclinación. Por donde, desde esta perspectiva ética, la ambigüedad, si no la contradicción, de expresiones tales como «preferencia racional» o «egoísmo racional», surgidas del fondo de una ética que asimila, en cambio, como quiere el empirismo, el querer al desear.

Aristóteles establece el principio dinámico de la acción moral en la elección, y ésta, por lo dicho, se liga a la voluntad. Igualmente va a asociar Kant la moralidad con la voluntad, que, como Aristóteles, halla su correspondiente en la razón. De la mano de ellos quisiéramos hacer una mención del llamado «voluntarismo» ético. Dentro de él caben todas las doctrinas filosóficas que han adjudicado un puesto clave a esta facultad en el desarrollo de la conducta moral. No es todavía Aristóteles un voluntarista ético, por el cuadro de la metafísica finalista en el que se inscribe su filosofía moral. Las morales de la voluntad pertenecen, incluso hasta Kant, a la tradición cristiana. Ésta, desde san Agustín, subraya la función de la *voluntas* en el hombre, el cual tiene en sí mismo a su peor enemigo. Con todo, puede decirse que a partir de ella se articulan dos grandes corrientes del voluntarismo, según se aproximen más o menos a la facultad de raciocinio como correlato de la voluntad, visión que ya se anticipa en Aristóteles.

Dentro del voluntarismo *racionalista*, Descartes y Kant ocupan un lugar fundamental. Para el primero (*Meditaciones*, IV) existe una desproporción constitutiva entre las facultades del hombre. La voluntad es infinita, mientras que el entendimiento es finito: por eso el error es sólo fruto de una voluntad apresurada que engaña a los cánones de nuestro juicio. Para que la acción, en el terreno de la moral, no sea un mero subterfugio de la pasión, lo que se debe es someterla a este juicio, de modo que siempre que hablemos de la voluntad sobreentendamos su carácter racional. El resto cae siempre en el radio de las pasiones. También para Kant la lucha de las facultades se entabla entre la pasión y la razón (*Anthropologie*, Ak. VII, § 80-85). Lo grave de la pasión (*Leidenschaft*) es que, al igual que la razón práctica, actúa bajo máximas en las que el sujeto cree, lo que la distingue de la más inocente «emoción».

La pasión rivaliza, pues, con la razón en el dominio de la voluntad. Sus reglas más conocidas y temibles, para los que no admiten que el hombre sea un mero medio de las pasiones de otro hombre, son los afanes de riqueza, de poder y de honores, que pueden llegar a encastillarse sobre nuestra voluntad. Por eso: «Las pasiones son cánceres de la razón pura práctica y, la mayor parte de las veces, incurables» (*ib.*, 266). Es una voluntad racional, no dominada por las inclinaciones, lo único que puede hacer cesar este apetito incesante y no menos hábil —disfrazado a veces hasta de *moral*— que es la pasión. Y en ello está la tarea del sujeto moral, cuya voluntad no se deja dirigir más que por la reflexión. A esta clase de querer moral —una voluntad *autónoma*, por racional— llama Kant una «buena voluntad», condición suficiente, en suma, de toda la moralidad (V, 1).

Como contrarréplica de esta voluntad sujeta a razón hallamos las doctrinas éticas de la estirpe, por así decir, del *Fausto* de Goethe, símbolo de una voluntad de acción que aspira al infinito, pero que en su correr tiene que pactar con el diablo y destrozar todo lo humano que sale a su paso (Margarita, Helena). Estamos, pues, ante el voluntarismo *irracionalista*, cuya formulación se encuentra básicamente en Schopenhauer —quien, precavidamente, concluye en una moral de «renuncia» a la voluntad— y en su seguidor Nietzsche, quien decididamente postula un «superhombre» con ilimitada «voluntad de poder» (*Wille zur Macht*). Ahora aquel voluntarismo universalista que veíamos en Kant —válido, con su fundamento en la razón, para todos— ha derivado hacia su antípoda particularista, donde priva la ley del instinto individual.

Capítulo II

EL RAZONAMIENTO MORAL

1. El sustrato individual

El individuo y la moral

Empecemos con algún ejemplo. Cuando atravesamos el pasillo de un hotel y nos abandonamos a la curiosidad de espiar a través de una puerta entreabierta, súbitamente nos sentimos en falta y el rubor enciende nuestro rostro si alguien, a su vez, descubre nuestra acción. Cuando hemos expuesto nuestra seguridad, incluso nuestra vida, para salvar la vida de otro, sin que en ello mediara interés alguno, nos sentimos, por lo contrario, conformes en nuestro interior y objeto, por lo demás, de la ajena admiración. Pero no es sólo la conciencia, en ambos casos, quien, respectivamente, se acusa o se sosiega a sí misma. Es toda nuestra *persona*, de reflexión y de sentimiento, de vida interior y de autopercepción física, la que, sorprendida en una prueba de la moralidad, se ha puesto en movimiento.

Es desde luego inconcebible un acto de la elección y el juicio interior que ello nos merece —una *razón práctica* y una *conciencia*— sin pensar a la vez que ambos pertenecen a un individuo como propietario único y agente irrepetible. Si admitimos que en toda acción moral hay un sujeto agente que pone la ley y da su consentimiento, habremos de admitir —sin que ello necesite ser demostrado— que cada acto de esta clase lleva incorporada la figura de su autor individual como sustrato único y total. El fundamento de la acción moral es indisociable del sujeto individual que la protagoniza, como la base del tallo de una planta lo es de sus raíces. Aunque sea un hecho de razón, la moralidad no tiene una existencia fantasmagórica, sino posible, justamente, desde un soporte físico particular y un dinamismo constitutivo propio —un individuo— que tiene, además, la facultad de razonar.

Por lo tanto, a pesar de que se subraye el carácter social, igualmente evidente, del sujeto de la moral, no se puede negar un protagonismo último de los rasgos individuales en este sujeto: de la conciencia y de la razón, de la sensibilidad, y en suma del *êthos* o «carácter», siempre. Mejor aún: cuanto más definido es éste y más cultivada o exigente es la conciencia moral, tanto más se manifiesta la autonomía de lo individual con relación a lo social en el sujeto. No hay una estricta dependencia entre el fundamento de una acción debida —más todavía si la vinculamos a un hecho de razón— y los estímulos o avisos que recibe el sujeto de esta acción provenientes de la sociedad. La *experiencia* misma nos lo confirma, más allá de lo que la razón nos dice.

Tradicionalmente el sociologismo moral, sobre la tesis de que el agente obra por determinación social, ha negado, en sus múltiples versiones, esta preponderancia de la raíz individual en el desarrollo moral. Pero asimismo queda puesta en entredicho en la ética contemporánea por la llamada «ética analítica» o filosofía del análisis del lenguaje moral. La moralidad, según ella —desde Moore hasta nuestros días— es un factor de *lenguaje*, por eso la ética debe prescindir de observaciones tan ajenas a su objeto como una «conciencia», un «carácter», o, en definitiva, un sustrato *individual* en el discurso moral. El hecho es que, pese a lo dispuesto por los determinismos —físico, social, lingüístico—, el individuo sigue estando en el vértice de la vida moral como su único promotor y perceptor. Por algo es *in-dividuum*, pues no hay en la cultura otra parte más indivisible que el sujeto individual, en la que se traza y se experimenta este tipo de conducta hecha a copia de decisiones personales irrepetibles.

Incluso en las sociedades más primitivas, donde la costumbre es la ley, se concede un carácter individual a la obediencia de lo acostumbrado. Cuando ésta se rompe, no es todo el grupo el que se acusa y penaliza, sino que la responsabilidad y la sanción recaen sólo en el individuo que cometió la falta. En vano Lafcadio, en *Las cavas del Vaticano*, huye de esta responsabilidad y se solaza en el «acto gratuito». Como tantos otros personajes de Gide —y de Ibsen y Dostoievsky—, al final de su libre carrera el inmoralista se encuentra frente a su responsabilidad individual, compromiso inevitable de su misma libertad.

El pensamiento occidental no toma verdadera conciencia del sustrato individual del sujeto legislador hasta propiamente la generación de Descartes. Pero ya antes había existido un Montaigne, y, sobre todo, el cambio de mentalidad en la idea del hombre que tiene lugar entre los años 1400 y 1500. En la política ésta fue la era de las naciones; en la cultura lo fue de los individuos. El desarrollo de las ciencias y las artes, y con él del talento o *virtù* de sus protagonistas, hizo desaparecer la vetusta clasificación medieval de los hombres entre *clerici* y *laici*, expertos y legos en el conocimiento del milenario latín.

Las «humanidades» rompen con este esquema, en el fondo *de clase* —pues el letrado tenía que ser, antes, o noble o eclesiástico—, y ordenan los espíritus humanos, no según su potestad y su origen de cuna, sino según su propia instrucción o *civilitas*, como empieza a reconocer Erasmo. El cultivo de sus facultades y de sus maneras de conducta, la «cultura», permite al hombre concebirse como individuo libre, es decir, por algo más que su origen de casta o clase, de nacionalidad y de confesión. Con ella nace, en fin, el *uomo universale*, teorizado por Pico della Mirandola (*Discurso*) y encarnado en tantos y tan diversos personajes del *Quattrocento*.

EL INDIVIDUALISMO EN LA ÉTICA

Muchos de estos hombres del Renacimiento, como Alberti, Aretino y Cellini, tenían en tan alta estima su propia individualidad, ganada en exclusiva con su talento, que se disputaban entre sí el título de la *divinità*. Pero para que este hombre que disputa a Dios sus atributos tenga su expresión en la filosofía moral tendrán que haber transcurrido antes varios siglos de secularización del pensamiento europeo. La izquierda hegeliana, singularmente con Max Stirner, representa el primer frente abierto en la filosofía práctica hacia el valor supremo de la individualidad. Si todavía para Hegel lo que cuenta en la ética es el hombre universal, en Stirner lo que vale (*El Único y su propiedad*) es decididamente la «propia persona», el «yo» entendido explícitamente como yo único. En él se inscriben tantas relaciones como se quiera —psicológicas, naturales, sociales—, pero no deja de ser el fundamento único de toda relación: el individuo así tomado es, pues, «el Único» (*der Einzige*). No hay unión social posible si no tiene por condición reconocer esta *unicidad* de lo individual hasta entonces «universal».

Stirner dice: «¿Qué es bueno, qué es malo? Yo mismo soy Mi causa y Yo no soy ni bueno ni malo. Ambas cosas carecen de sentido para Mí» (*ib.*, *27*). Y eso mismo, no mucho más tarde, es lo que va a dar su impronta al individualismo aristocratizante de la ética de Nietzsche, expuesto en *Más allá del bien y del mal*. No en vano toma éste como aproximaciones de su idea del «superhombre» (*Übermensch*) a algunos ambiciosos personajes del Renacimiento italiano y de la Roma republicana. Pues en lugar —«más allá»— de una asimilación de los valores recibidos, el individuo de futuro, legislador y soberano, debe ajustarlos a su medida tras un proceso de «inversión» (*Umwertung*) de los valores decadentes. El fondo desde donde toma impulso esta operación de destrucción y creación a la vez es la «voluntad de poder» ya aludida (*ib.*, § 61, 211). Sólo de este modo *transvalorador* va a ser posible hacer del hombre un «espíritu libre», un superhombre, que, por lo demás, recoge todas sus notas del prototipo —fuerte, independiente, dominador— del individuo aristocrático (*ib.*, § 44). He aquí una moral de la autonomía y de la imperatividad, al igual que Kant; pero a diferencia de éste, de una autonomía que no se fija en la razón, sino en el instinto, y de un imperativo de la voluntad que no es de signo universalista, sino celosamente individualista (Reboul, *Nietzsche*).

Sartre no diverge demasiado de esta concepción de la ética, si bien el punto de apoyo es ahora una filosofía de la consciencia, identificada con la libertad. La relación con los valores es asimismo «creacionista». Éstos no preexisten a nuestro elegir, sino que los pone el sujeto —y los impone por el resto de la humanidad— en el acto mismo de su elección consciente (*El ser y la nada*, II, 1, 3; *El existencialismo*). Por otra parte, el teatro de Sartre extiende dramáticamente el individualismo ético hasta el escenario de lo cotidiano. En *Huis clos* se desarrolla la idea avanzada en *El ser y la nada* («La mirada», III, 1, 4) de que es imposible una relación auténtica con los demás. La interrelación humana es un círculo en el que cada uno priva de su ser al otro al contemplarlo como objeto: «El infierno —dice Garcin— son los otros». La cuestión es que todos estos autores del individualismo ético pretenden desmentir no sólo los postulados del sociologismo moral, sino la tesis que hace coextensivos el individuo moral y el sujeto psicológico. Ésta es una creencia generalmente utilitarista y acompaña siempre a la moral hedonista. Sin embargo, en los autores referidos el yo actuante de la ética es un sujeto categorizador sobrepuesto a las supuestas demandas naturales del yo psicológico. Se concibe a sí mismo libre de una predeterminación por los factores de la herencia y del ambiente cultural. Es él mismo, categóricamente, el autor de su legislación.

Kant participa en buena medida de esta concepción del sujeto moral, pero éste es categórico no sólo por estar distanciado del mundo empírico, sino también de los supuestos ontológicos («yo único»; «voluntad de poder»; «ser-para-sí») que mediatizan, según veíamos, al individualismo moral. El sujeto de la ética es, pues, *trascendental*, en tanto que legisla según reglas *a priori* de los objetos de la experiencia y, asimismo, de las categorías metafísicas con que se determinarían estos objetos. No obstante, hay, ligado con eso, un peculiar final en la reflexión kantiana sobre el individuo moral, y es que éste es *incognoscible* para sí mismo. Veamos lo que conduce a ello y sus consecuencias para la moralidad.

Desde el punto de vista de su forma, es decir, de nuestra manera de representarlo, el yo tiene que ser pensado necesariamente como doble. En cuanto *sujeto* del mismo pensar es el yo «pura apercepción», pues no hay en él otra cosa que el yo que *reflexiona*. En tanto que *objeto* de la percepción no es otra cosa, por lo contrario, que un resultado del *sentido interior*. La primera forma del yo es siempre idéntica a sí misma; la segunda, en cambio, nunca es la misma. Tenemos tantas y tan dispares nociones de este yo de la percepción como maneras en que se nos «aparece» a la sensibilidad, si no a través del espacio, que es imposible en este caso, al menos a través del tiempo (*Anthropologie*, Ak. VII, 134 *n*, 141-142). Recuérdese aquí que el llamado «sentido interno» forma parte, según Kant, del conjunto de la facultad de las representaciones sensibles de objetos presentes y que este sentido tiene sólo por objeto nuestro yo (*ib.*, § 7, 15). Pues bien, se deduce de aquí que el sentido interno conoce y sólo puede conocer un *yo fenoménico* —el que aparece a nuestra sensibilidad— y lo hace a través del tiempo que conforma a toda la sensibilidad.

Por fuerza en un yo de esta condición «... todo está en un continuo fluir y no hay nada permanente», como ya reconocía la primera *Crítica* (*K.r.V.-A*, Ak. IV, 239). Luego no nos ofrece ninguna garantía de que sea una cosa que exista en sí misma y que nos permita relacionarla con un yo idéntico o «auténtico» (*Kr.V.-B*, Ak. III, 339). Nos hemos de conformar con el conocimiento del primer tipo, el sensible, de representación del yo; no del segundo, o —por decirlo de una vez— del yo *nouménico*. La razón es que no tenemos órgano alguno para su captación y que ante él se ha de declarar inservible la sensibilidad. El corolario no se hace esperar: ignoramos tal como somos («No *me conozco tal como soy*, sino sólo como me manifiesto a mí mismo») (*ib.*, 123). Lo único que sabemos de nosotros fuera del testimonio de los sentidos, es decir, por vía trascendental, es que somos *seres libres*. Y eso justamente lo conocemos tras observarnos como individuos capaces de *moralidad*. El sujeto de la moral no sabe, pues, qué clase de sujeto *es*, pero lo más íntimo que sabe de sí, su libertad, lo sabe gracias a su moralidad.

Ya avanzábamos en líneas anteriores (I, 3) las consecuencias, para esta moralidad, de la singular concepción del conocimiento de sí mismo en el sistema de la filosofía trascendental, según la cual el yo nouménico o idéntico será siempre un enigma para el sujeto. La más importante es el desconocimiento, asimismo, de la auténtica *intención* con que vamos a actuar o acabamos de hacerlo. Ésta pertenece al yo que «es», no al que se nos «aparece», y de la misma forma que aquél nos resulta incognoscible, la intención o actitud interior en una conducta moral nos resulta igualmente inalcanzable por los sentidos. La experiencia nos puede decir si la acción coincide con la ley moral, pero no si su intención —su fundamento de determinación— estaba en el respeto de esta ley. Pues no hay manera de comprobar empíricamente «esa disposición del espíritu del que obra por el deber puro» (*Grundlegung*, Ak. IV, 406). Decíamos, pues, que podemos saber de la *legalidad* de nuestra acción (si se adapta, o no, a una máxima universal o ley), pero nunca de su verdadera *intencionalidad*.

Al modo de una sospecha freudiana sobre el fondo inconsciente de nuestro obrar, la razón se reserva, así, la posibilidad de pensar que en su uso práctico no actúa, aun persuadida de lo contrario, por respeto a sí misma, sino como instrumento o disfraz del deseo o del interés egoísta. Así lo recoge Kant en varias de sus obras (*K.r.V.-B*, Ak. III, 373 *n*; *Grundlegung*, Ak. IV, 406-407; *Tugendlehre*, Ak. VI, 392, 446-447), donde reiteradamente se avisa de que sobre una acción ejecutada *de acuerdo* con la ley moral no está de nuestra mano decir —no entra en las facultades de nuestro conocimiento— si ha sido una acción ejecutada a la vez *por respeto* a esta ley, es decir, si ha sido verdaderamente *moral* en su fundamento.

Esta conclusión remueve columnas capitales de la tradición moral. Una es la teoría de la imputación (*imputatio*) de «mérito» o «culpa» (Kant, *Die Metaphysik der Sitten*, Ak. VI, 227-228). Hay esta última siempre que nuestra conciencia, y sólo ella, nos apercibe de que hemos actuado sin pleno consentimiento interior. Pero del mérito ya no es posible postular nada: al desconocer los móviles interiores de nuestra acción, se hace absurdo hablar en cualquier ocasión de actos «meritorios», como si este interior fuera realmente cognoscible para nosotros. Con decir que su regla o máxima era *moral*, se habrá dicho todo lo mejor que se puede decir de una acción. Al desaparecer las ideas de intención cierta y de mérito cierto, se desmorona, según vemos, buena parte del concepto tradicional de *imputabilidad* —sobre el que descansa también el de «ejemplaridad» de una acción o persona—, basado en el supuesto acrítico de que nuestro yo nouménico constituye un dato fenoménico. Y ello es así hasta el punto que, en adelante, no se podrá mantener que alguien ha sido juzgado «con plena justicia», pues se desconocerá, al fin y al cabo, la auténtica intención del acto juzgado (*K.r.V.-B, loc. cit.*).

Por lo demás, la otra conmoción provocada por la «sospecha freudiana» mantenida por Kant es, en consecuencia con lo anterior, la pérdida también de la noción de «orgullo» para la ética: si no hay «mérito» ni, con él, «ejemplaridad» ciertos, tampoco, lógicamente, hay lugar para sentirnos orgullosos de nuestra acción. Todo lo más que podemos obtener como premio de una acción moral es una tranquilidad de conciencia. Es ahora la teoría tradicional de la recompensa moral (*remuneratio*) la que se ve afectada por la filosofía crítica, pues hasta la habitual satisfacción psicológica por haber obrado bien —el orgullo— ha desaparecido del espacio propio de la ética (*Tugendlehre*, Ak. VI, 465466). El único «premio» que vale para ésta es aquella reconciliación con nosotros mismos o paz de la conciencia.

Parece que esta singular concepción del individuo moral en Kant, incapaz de autoconocimiento y autorretribución, esté por lo menos en disonancia con todo el desarrollo hasta aquí seguido del individuo como sujeto de razón «perfecta». Sin embargo, tal concepto es justamente la consecuencia de pensar para la ética un sujeto en sintonía con esta suprema disposición racional. Esto es: de pensarlo con independencia de su psicología empírica, por una parte, y, por otro lado, de cualquier doctrina especulativa sobre el yo de la reflexión y de la razón que prestara a éste, siempre indebidamente, los atributos del yo de la experiencia o se inspirara en ellos.

2. La personalidad moral

Del individuo a la persona

Hay autores que afirman el valor del sustrato individual de la moralidad sin caer en cualquiera de las formas del individualismo ético, sea en clave psicológica, sea en cifra ontológica, como hemos visto. Aunque no comparten un ideario común, y a veces sea más lo que les separa que lo que les une, pueden ser llamados en general «personalistas». No hay, con todo, *un* personalismo ético. Es el único nexo común de estos autores tener una concepción de la conducta moral a partir de las facultades individuales de entendimiento y conciencia: pero de un individuo que, asimismo, reúne la condición de *persona* o se predica como tal. Conforme con esto, la ética no se rige por leyes «impersonales», pero tampoco se identifica o confunde con un postulado de la sola individualidad.

Habría que distinguir, pues, dos modos sustanciales para la defensa del sustrato individual en la ética. La visión individualista, extrema o moderada, concibe el sujeto como átomo indivisible (individuo) en el conjunto social, al que en buena medida se opone desde su misma definición diferencial. El moderno contractualismo político deriva de esta concepción (Macpherson, *La teoría*). La visión personalista toma igualmente al individuo como una realidad singular e insustituible, pero no tanto por contraste u oposición frente a lo colectivo cuanto por su definición a través de notas afirmativas que no presuponen un objeto contrario. Desde esta perspectiva se han desarrollado múltiples concepciones de la política en un sentido, ahora, de lo comunitario. La sociedad, así, es una comunidad, por extensión y a semejanza de la *unidad positiva* de la persona; no de la unidad «negativa» del individuo, de la que sólo surgiría la sociedad como un agregado de meros individuos.

Sin embargo, ¿cuál es la condición que distinguiría a la persona del individuo? Para referirse a ella la ética griega utilizaba el concepto común de «hombre». A plena luz del día y con una antorcha en su mano, Diógenes el cínico esperaba encontrar nada menos que «un hombre»; Aristóteles describe toda su filosofía práctica como una «filosofía del hombre». *Persona*, al igual que *prósopon* para los griegos, quería decir «máscara de actor» para los romanos y poco a poco vino a significar el papel que uno desempeña o «personaje». Hay, pues, en la Antigüedad, esta primera acepción de persona como lo que se sobrepone a la pura individualidad. Pero pronto el cristianismo, una religión que se quiere, a diferencia de las anteriores, *personal*, va a dar una definición de persona como justamente aquello que no se puede poner ni quitar en el hombre. Desde Agustín de Hipona hasta Tomás de Aquino la nota distintiva de la persona es el *ser ella misma*, no el tomar, como el personaje, un ser prestado, de *representación*. Persona es, en esta segunda y hasta hoy prevaleciente acepción, lo que se sub-pone o debe darse por supuesto en todo humano individuo. En una clásica definición que quiere realzar eso que está en la base (*hipóstasis*) y no en la superficie del individuo, dice Boecio que la persona es *naturae rationalis individua substantia* (*Liber de persona*, III): una sustancia individual de naturaleza racional.

De cualquier forma, antes de Kant y del viraje formalista de la ética, en vistas a una «autonomía» del sujeto moral, el concepto de persona conservará un sello metafísico heredado de la antropología griega y de la teología cristiana. Después de Kant y de la apertura de la filosofía a las nuevas ciencias del hombre los términos han quedado fijados más o menos del modo siguiente. El «individuo» responde a una realidad humana determinada y definible negativamente: uno es uno en tanto que no es los otros. La «persona» es la misma realidad, pero definible positivamente: uno es uno en tanto es algo en y por sí mismo. Por eso, a diferencia de aquél, la persona es una realidad autodeterminante y sin embargo nunca determinada. Su carácter fundamental está en esta capacidad de trascenderse continuamente, en su apertura, mientras que el individuo es un ser de clausura, sujeto a unos límites de la psicología y de la física (Mead, *Espíritu*, 167-168; Lévi-Strauss, *El pensamiento salvaje*, VII).

Decíamos que la moral es un hecho de razón, no un hecho natural o mecánico. De forma correspondiente, la realidad individual en la que se inserta, sin ninguna duda, la moralidad, es una realidad *constitutivamente personal* que trasciende, al tiempo que transforma, los límites dados de la individualidad. Max Scheler escribe, en gráfica expresión: «Comparado con el animal, que dice siempre *sí* a la realidad, incluso cuando la teme y rehúye, el hombre *es* el *ser que sabe decir no*, el *asceta de la vida*, el eterno *protestante* contra toda *mera* realidad» (*El puesto del hombre en el cosmos*, III). Parecidamente, Hamlet dice a Horacio (act. III), en un instante de percepción de su propio desequilibrio: «Bienaventurados aquellos cuya sangre y cuya razón se mezclan tan bien que no son una zampoña en la que el dedo de la Fortuna pueda tocar la nota que le plazca. Dadme un hombre que no sea esclavo de las pasiones y lo guardaré en lo más íntimo de mi corazón». En ambas citas se hace un alegato a la personalidad; a lo que representa, no una naturaleza prototípica en el hombre, sino la irrupción de una cultura en éste y que lo convierte en algo más que individuo.

Zubiri ha resumido lúcidamente esta condición del hombre en cuanto «realidad personal». Gracias a nuestro sistema nervioso hiperformalizado poseemos la habitud de inteligir o hacernos cargo de los estímulos como «realidades», lo que no ocurre con la mera habitud de sentirlos («El hombre, realidad personal», 18). Con el hábito intelectivo, radical y específico del hombre, es posible adquirir una *sustantividad* diferente de la sustantividad animal. Según ésta, las cosas vienen, con el sentir, prefijadas en un «medio». Según aquélla, y gracias al inteligir, que da a los estímulos carácter de realidades, vendrán ya formando parte de un «mundo». Cuenta pues el hombre con una sustantividad en la que se unen, esencial y estructuralmente, lo físico y lo psíquico en una «corporeidad anímica», que es una unidad formal, no sustancial, como pensaban los metafísicos. Pero en virtud del mismo hábito intelectivo el hombre adquiere, además, una *operatividad* igualmente distinta de la del animal. Pues las actividades que acompañan a una sustantividad como la descrita no pueden estar más que determinadas por la razón, antes que por el contenido de las cosas con las que asimilamos los estímulos. Esa condición que tiene la operatividad del hombre es lo que llamamos su «libertad». Puede decirse, pues, que la sustantividad humana está, en este orden *operativo*, «constitutivamente abierta» respecto de sí misma y de las cosas (*ib.*, 21).

A la hora, en conclusión, de definir lo que es persona, deberemos tener en cuenta primariamente el carácter de la «sustantividad» humana; sólo secundariamente el carácter de su «operatividad». Desde esta última perspectiva, la de sus actos, el hombre es un *animal de realidades*, que intelige y decide libremente. Mas esto es insuficiente aún para definirlo. Hay que subrayar aquí aquella primera dimensión, la de su realidad sustantiva, para ver definitivamente en el hombre una *realidad personal*. Esto es, una unidad donde coactúan las leyes de la física y de la reflexión ante un horizonte de realidades que su propio juego irá haciendo *abierto* (*ib.*, 29). Desde ahí no hay más que un paso hasta reconocer que la realidad moral es *constitutivamente personal*, no un «ideal» ni una forzosidad impuesta. De manera que la moralidad es antes, al parecer de Zubiri, una *estructura* de nosotros mismos que un particular *contenido*: el hombre, antes de ser honesto o deshonesto, es constitutivamente *moral* (*Sobre el hombre*, 348 ss.).

EL PERSONALISMO ÉTICO

El desarrollo de un «personalismo» ético tiene lugar en plena *Kulturkrisis*, período de crisis de los valores comprendido entre la primera y la segunda guerra mundial. Ante el embrutecimiento humano alentado por las ideologías, el personalismo se presenta como reposición del núcleo vivo y singular, anterior a toda ideología, de la realidad política y moral. En Alemania aparecen las obras de Scheler, Spranger y, con menor difusión, de Landsberg. En Francia, con antecedentes en la filosofía de Renouvier, destacan las de Maritain, Mounier y, posteriormente, de Paul Ricoeur, entre otros.

Sin duda, el portavoz más significado de esta amplia corriente personalista fue Emmanuel Mounier, por sus lazos directos con la encrucijada política de los años treinta y cuarenta del siglo XX. El supuesto de partida es la pertenencia de la persona no a una «naturaleza humana», sino a una «condición humana», cuya realidad no reviste el determinismo de aquélla. Con todo, hay que distinguir después un doble estatuto de la persona: el ontológico y el histórico. El primero reconoce su realidad humana; el segundo ratifica los presupuestos cristianos del personalismo de Mounier: la subordinación de la persona al mundo social no es total. Si el hombre busca, como debe, el bien común, éste no es más que una plataforma hacia otro Bien total.

La persona, a diferencia del «individuo», no se define, pues, con un *ser parte* indivisible de la sociedad. Es bastante más que eso. Así la describe el autor, dando cuenta de que ella es como la realización de posibilidades del individuo que está en su raíz: «Una persona es un ser espiritual constituido como tal por una forma de subsistencia y de independencia en su ser; mantiene esta subsistencia mediante su adhesión a una jerarquía de valores libremente adoptados, asimilados y vividos en un compromiso responsable y en una constante conversión; unifica así toda su actividad en la libertad y desarrollo, por añadidura, a impulsos de actos creadores, de la singularidad de su vocación» (*Manifiesto*, 59). Toda esa complejidad de notas acerca de la persona se resume en un postulado *humanista*, al afirmar que tiene como característica última la «presencia misma del hombre» (*ib.*, 60). Ésta es la razón para afirmar que la idea de persona no es susceptible de una definición más rigurosa que la dada anteriormente. Pero es a la vez el motivo para que nos fijemos, en cambio, en los dos actos fundamentales con que se nos revela la realidad de la persona. Así, ésta, lejos de encerrarse en la experiencia de una sustancia, física o mental, se corresponde con la experiencia progresiva de «una vida, la vida personal». Por otra parte, en este acto de conocimiento va unido en nosotros un acto de fe: la afirmación del «valor absoluto» de la persona. Según éste, no puede ella ser tomada como mera «parte» de un todo ni simple «medio» para conseguir un fin.

¿Cuál es, entonces, el modo de relación en uno mismo entre el individuo y la persona recién descrita? El individuo oscila entre su parte activa y su elemento pasivo. La primera tiende a la «avaricia» mental de sí misma; el segundo, por lo contrario, a la pura «dispersión» de uno en lo físico. La persona rehúye cualquiera de estos dos signos para adoptar el de la «concentración»: constantemente elige, y ésa es una manera de evitar, a la vez, el ensimismamiento y el abandono pasivo que absorben al individuo. El ser humano, en suma, va a experimentar constantemente una tensión dinámica entre estos dos polos de su ser esquematizados en la «persona» y el «individuo». Entre ambos existe una íntima involucración que hace, para empezar, que no sea posible la primera sin el segundo. Más aún, el primer deber humano es tan elemental como crear las condiciones individuales suficientes para poder llegar a ser persona. La vida de ésta no es de ningún modo una separación de dichos elementos, pues justamente decíamos que su característica última es la *presencia* misma del hombre. De lo que se va a tratar es más bien de establecer un *compromiso* con ellos: sin querer aniquilarlos, pero tampoco sin someternos a su dominio (*ib.*, 63).

El personalismo de Max Scheler, de otro lado, se formula a modo de culminación de una ética autónoma fundada en la intuición personal de los valores como esencias. La comprensión de la persona no se hace a través de sus actos —según vemos en Mounier, al identificarla con una experiencia y un acto de fe—, sino, al revés, la comprensión de tales actos sólo es posible a través de la persona, que es su fundamento (*Ética*, 175). La acción moral es siempre *personal*. Ahora bien: este fundamento, tan distinto de una sustancia física como de un yo metafísico, es precisamente lo que se ofrece «mediante» actos y «en» su cumplimiento. No es, pues, su producto, ni está antes que ellos (*ib.*, 177). La persona es una concreta unidad de ser de todos nuestros más diversos actos —los actuales y también los virtuales: la persona no se limita a la facticidad del obrar—, entendiendo bien que su esencia consiste únicamente en el cumplimiento o el «vivir», mejor, de estos múltiples actos. Desde su adscripción fenomenológica, Scheler trata así de evitar cualquier concepción sustancialista —p. ej., la que todavía sugiere Zubiri— de la realidad personal, para hacer ver en ella, ahora, una «experiencia de las experiencias», un orden único, unitario y concreto de percepciones opuesto a la esfera de las cosas. Una teoría sustancialista de la persona no nos dejaría reconocer en ésta la individualidad singular, diversa y distinta de las demás que es en definitiva (*ib.*, 179).

Lo mismo que los «valores» que ella intuye y selecciona, la persona es inaccesible al conocimiento teórico. Una persona no es un «objeto»; los únicos «objetos» que de otro o de mí mismo se me ofrecen son el cuerpo y acaso el estado de ánimo. Pero la persona sólo es cognoscible por «intuición individual», es decir, cuando tenemos una *participación* de sus actos, sea «comprendiéndolos», sea «conformándonos» a ellos, como ocurre específicamente en la ética (*Esencia*, II, 3). El núcleo moral de la persona de un maestro, por ejemplo, sólo está reservado a sus discípulos. Contrariamente, si consideramos a un ser humano como «objeto» su persona se nos escapa. Luego: «Para captar el valor moral de la persona debemos amar lo que ella ama, debemos compartir su amor» (*ib.*).

Con querer tomar distancias de un personalismo especulativo Scheler no consigue, empero, superar el marco de un esencialismo platónico en su concepción de la persona y de los valores como *esencias* participables intuitivamente. Sea desde una concepción ontológica o desde una comprensión fenomenológica de la persona, el caso es que el llamado «personalismo» ético no ha conseguido salir de su atolladero esencialista, incrementado por los presupuestos religiosos que suelen introducirse en su formulación.

Aunque, a decir verdad, no se pueda afirmar que dicho elemento haya desaparecido del todo en el concepto kantiano de persona moral, éste nos sirve cuando menos de referencia, por su fundamental racionalidad, para una reconsideración actual del concepto ético de persona. Si para la ética «material» de Scheler el acto fundamental era la aprehensión emocional de los valores, para la ética formalista de Kant será la determinación de una voluntad racional con la que tendrá que corresponderse luego cualquier valor. Ambos se conciben como puntos de partida para una ética ciertamente autónoma, es decir, sobre fundamentos *a priori* (los «valores» en su esfera propia y la «voluntad» según leyes previas a la experiencia); pero implican conceptos muy dispares entre sí respecto de la persona moral. La comprensión que de ella tiene Scheler es plenamente intuitiva, según acabamos de ver. El concepto que mantiene Kant es, en cambio, de orden racional, o así se pretende.

La identidad de la persona (*Person*) no se sigue del conocimiento —declarado imposible, según vimos (II, 1)— de la identidad del *yo*. Es seguro, de todas formas, que proviene de mi propia autoconsciencia, o intuición interna, de tal como soy yo *en el tiempo*, pues no puedo verme de otro modo que a través de esta forma de la sensibilidad. Por lo tanto se desprenden de ahí varias cosas. Una y primera es que puedo asignar a mi persona todo aquello de lo que tengo consciencia como yo. En segundo lugar he de admitir que *sólo* puedo asignarle esto; es decir, mi experiencia de un yo en el tiempo, no idéntico ni permanente. Como dice Kant, «somos los mismos en todo el tiempo del que poseemos consciencia»; pero sólo durante este tiempo (*K.r.V.-A*, Ak. IV, 229). Más allá del acto y del tiempo en que me conozco no hay existencia de mi persona. Ella es, en rigor, el *yo del sujeto*. Ahora bien, y ésta es la tercera conclusión, como «yo» desde el punto de vista de otro, es decir, de la intuición externa —como *yo del objeto*, pues—, yo ya no soy «persona», sino «cosa» (*ib.*, 228-230).

78

He aquí, para empezar, un nuevo nivel en la escala de significación del término latino *persona*: más que «máscara» de teatro, más que incluso «representación» en un drama, persona es *representación del yo* en un conjunto entero de *dramatis personae* y su mutuo juego. Es una percepción, ciertamente, en el tiempo, a la vez que un acto de la consciencia que pertenece a la facultad de pensar. Ser persona es, pues, lo equivalente a poder responder siempre «¡yo mismo!» ante la interpelación de otro individuo. Ese tipo de respuesta hace al hombre *persona*, o lo que es igual, totalmente distinto de una «cosa» y un ser «infinitamente por encima de todos los demás seres que viven sobre la tierra» (*Anthropologie*, Ak. VII, 127).

De la persona del entendimiento la moralidad nos abre a la persona de la razón, la única por la que no podremos ser pensados como «cosa» por los otros. Este planteamiento aparece en el momento en que se formula la categoricidad de la ley moral, dada su forma racional (el «imperativo categórico») (IV, 4). Un hombre es *persona* porque sólo puede ser calificado como *fin en sí mismo* (*Zweck an sich selbst*), y es fin en sí mismo porque es un *ser racional* (*vernünftige Wessen*).

Para su argumentación debemos hacer uso del concepto de «valor». Los seres que deben exclusivamente su existencia a la naturaleza, o que son en todo caso objetos que pueden adquirirse con nuestra *acción*, tienen siempre un valor condicionado, pues si no existiese antes nuestra inclinación a adquirirlos es obvio que no tendrían valor alguno. Luego al ser, todo lo más, «valores relativos», no pueden ser considerados fines en sí mismos, sino «medios» y en definitiva «cosas». Los seres, en cambio, que no pueden ser empleados como medios, porque deben a la vez su existencia a la voluntad —y con ella, por descontado, a su razón—, representan ya un «valor absoluto» que los hace «fines en sí mismos» y en definitiva «personas»: «los seres racionales son llamados *personas,* dado que su naturaleza los califica ya como fines en sí mismos» (*Grundlegung,* Ak. IV, 428). Su carácter de ser racional es lo que da al hombre inmediatamente su valor incondicionado, luego su condición de ser persona y no cosa. Uno de los diversos enunciados que puede adoptar la ley moral será, en consecuencia, aquel que proteja esta condición del hombre como fin en sí mismo o persona: «*Actúa de tal manera que trates a la humanidad, tanto en tu persona como en la persona de cualquier otro, siempre como un fin al mismo tiempo y nunca como un medio*» (*ib.*, 429).

79

A partir de esta formulación de la moralidad centrada en la persona se desarrolla lo que puede ser denominado ya el *personalismo* de la ética kantiana. Éste no podría consolidar su base sin establecer, además de una *ley* por la humanidad, un *valor* de la humanidad en sí misma. El único valor que no tiene «precio» es, en efecto, el de la *dignidad (Würde)* del hombre. Lo mismo que decíamos antes de la persona se dice ahora de su dignidad: que es un valor incondicionado, o dicho de una vez, el único «valor intrínseco», añadirá Kant (*ib.*, 434). El fundamento sigue siendo, como en el concepto de persona, la razón: el hombre tiene valor de dignidad porque es *autónomo* —capaz de darse su propia ley—, lo que no sería si no pudiera antes determinar su voluntad de forma *racional* (*ib.*, 435).

La dignidad

«Dignidad» viene del latín *dignus*, merecedor. La persona merece siempre ser tratada por lo que es y lo que vale como tal persona, y no por lo que tiene o para lo que sirve de un modo u otro. Y este merecimiento es lo que hace que le reconozcamos un valor añadido, pero inalienable —no se puede renunciar a él—, incondicional —valioso de por sí—, y supremo —está a la cabeza de los valores— de «dignidad». La dignidad es, pues, una cualidad contraria a la «indignidad», y es un rango opuesto a la «bajeza».

Todo valor moral, por ejemplo la prudencia o el coraje, debe ser compatible con la dignidad, o pasa a ser un valor relativo: la «prudencia» del avaro o el «coraje» del vengativo. No obstante, la dignidad no tiene una definición clara ni es lo mismo para todos. Al concepto clásico de dignidad, basado en el llamado «derecho natural» de inspiración cristiana y en el racionalismo occidental, se le plantean por lo menos las siguientes cuestiones: ¿Por qué no tienen dignidad los seres no humanos? ¿No es digno el perro, un bello paisaje o un ecosistema? ¿Por qué no abrirse a una dignidad «transpersonal»? ¿Hay comunidades más dignas que otras? ¿Cómo es posible conceder dignidad de persona a un asesino? ¿Tienen dignidad los humanos sin conciencia de sí, por ejemplo en estado vegetativo? ¿Por qué la dignidad se basa sólo o con preferencia en lo «racional» de la persona y no incluye otras dimensiones? Si alguien renuncia a ser autónomo, ¿pierde por ello su dignidad? ¿Qué porcentaje hay de racional o de emocional en nuestro juicio de atribución de dignidad? ¿Depende la dignidad de un juicio de atribución o basta sólo con admitir que la tiene toda criatura? Y aun: ¿es la dignidad sobre todo un principio jurídico, ya que no es tan claro como principio ético?

Por todo ello no se puede menos que formular, si no una definición, una descripción lo más integradora y práctica posible del concepto ético de dignidad. Así, ésta puede describirse como el valor fundamental atribuido a todo ser vivo por su propia naturaleza y existencia, y del que se hacen en especial merecedoras («dignas») las personas, grupos e instituciones humanas en su condición de agentes morales y por la moralidad de sus actos. A su vez: dicho valor constituye el principio del estatuto moral y jurídico de los seres vivos, prioritariamente de los seres humanos, como seres objeto («dignos») de respeto universal, continuado e incondicional, y portadores de derechos básicos, inviolables e inalienables a la vida, al pleno desarrollo de sus capacidades y al ejercicio de sus intereses.

A la pregunta radical de por qué, por ejemplo, un genocida o un violador de niños tienen «dignidad» cabe responder con la aclaración de que una cosa es la dignidad otorgada a todo ser humano por serlo, y otra la dignidad reconocida sólo a quienes moralmente se la han ganado por sus actos. La primera es una *dignidad atribuida*; la segunda, una *dignidad meritoria*. Sólo en ésta decimos que la persona es propiamente «digna». El asesino merece un trato digno, pero es indigno.

Para retomar a Kant, el hombre como fin en sí mismo y con autonomía legisladora, el hombre como *persona* y portador de *dignidad*, respectivamente, es la *raíz* (*Wurzel*) que, como condición necesaria, va a hacer posible que haya un sentido del *deber* (*Pflicht*) que mueva la voluntad con la ley que ella misma se ha dado. Puesto que la persona es la *raíz* de la observancia o seguimiento de esta ley, haciendo que ella no sea una mera entelequia, habrá que concluir que la *personalidad* (*Persönlichkeit*), el cultivo de la persona por sí misma, es el eje vital de la ética, así como la racionalidad era su ley.

No se ve que pueda ser otra la raíz del deber, pues nada puede predisponer mejor en nuestra voluntad a la resistencia contra las inclinaciones como el cultivo de la propia persona, que adquiere tanto más grado de *personalidad* cuanto mayor es su «libertad e independencia del mecanismo de toda la naturaleza» (*K.p.V.*, Ak. V,

86-87). La ley moral, aquella que nos expone a un mundo que tiene verdadera infinitud, como concluye la segunda *Crítica*, no *empieza* (*fängt*) en otro enclave, pues, que en éste (*ib.*, 162), sin espacio ni identidad pura, que es nuestra personalidad. Ella es lo mejor que posee el ser humano y lo único que lo hace verdaderamente noble.

Por eso, y para acabar, Kant ultima su personalismo ético al poner como primer fin ético —fin que a la vez es *deber*— el de la propia *perfección personal* (*eigene Vollkommenheit*), seguido tan sólo del deber de buscar la felicidad del prójimo (*Tugendlehre*, Ak. VI, 385). Se entiende aquí por «perfección» de la persona una *cultura* de sus facultades en general y en particular de su moralidad (*Moralität*), cuya mayor excelencia va a ser cumplir con el deber *por deber*. Es decir, actuar teniendo la ley moral no sólo por regla, sino por móvil de la voluntad (*ib.*, 391-393).

EL CONCEPTO DEL «OTRO»

El sujeto de la ética es «uno mismo» o el «otro». Esta «o» no es excluyente, porque cada uno es también el otro, tanto para el otro como para sí mismo. Aunque distintas, no se pueden concebir separadas la «identidad» del uno mismo y la «alteridad», para éste, del otro. Así, por una parte, el otro es otro-como-yo, mi «semejante». Por otra, uno mismo no puede ser pensado sin el contraste con el otro, el «distinto». Del mismo modo que no existiría lo propio si antes no existiera lo ajeno. Y a la inversa, claro está. Hay que descartar pues al otro como lo contrario de uno mismo y de la identidad.

Pero ahora trataremos del concepto del otro, fundamental para la ética. Aunque ha aparecido tarde en ella: justo en la apoteosis del «yo», durante el Romanticismo europeo y a partir del «idealismo absoluto» de Hegel, con su filosofía del «reconocimiento» («*Anerkennung*», en *Fenomenología del espíritu*, IV, A). Como sea, hoy admitimos que no hay ética sin entender al otro. «Entender», en el doble sentido de comprenderlo y de llevarse bien con él. Entender al otro requiere, pues, un esfuerzo hermenéutico y un esfuerzo ético que lo complementa. Pero debe advertirse antes que nada que no hay un «puro otro», como una realidad dada que captar; y que no es concebible la «otredad», como si fuera un concepto predeterminado del que servirse para pensar al otro. La pensadora contemporánea Seyla Benhabib distingue en este sentido entre el «otro generalizado» («una persona moral investida con los mismos derechos morales que nosotros mismos») y el «otro concreto»: toda persona moral como «un individuo único, con historia vital, disposición y capacidades determinadas, así como con necesidades y limitaciones» (*El Ser y el Otro*, V).

El otro es siempre una construcción: una construcción nuestra, pero influida por aquél. No es una invención. Ahora bien, entender al otro, como decíamos, significa por lo menos reconstruir su mundo. Es lo mínimo que se debe hacer, si de verdad tenemos en cuenta al otro y evitamos «construirlo» en solitario y a nuestro antojo. En tiempos de grave antagonismo social al otro se le adjudica esta naturaleza fantasmal y amenazante (el «bárbaro», el «salvaje», el «extranjero», el «fundamentalista», etc.). Con todo, el otro como «reconstrucción» es algo que puede interpretarse de distintas y muy distantes maneras. Veamos. 1) La reconstrucción egoísta: el otro como *alter ego*, «otro yo». De manera ego-centrada, reconstruyo en el otro mi propio mundo. El otro, en este caso, es una creación de mí mismo. 2) La reconstrucción alienista: en el extremo opuesto, el otro es concebido como *alius*, un otro «ajeno» a mí. En esta ocasión, reconstruyo en el otro un mundo extraño o aparte, tanto de mí como —de manera inverosímil— del otro. Solemos servirnos para ello de los estereotipos y nociones preconcebidas sobre los demás, o sobre las otras creencias y culturas. 3) La reconstrucción altruista: el otro como *alter*. Es decir, no como «otro yo», sino en tanto «otro como yo». Por lo cual, lo que hago es reconstruir en mí el mundo del otro; le doy a éste entidad y reconocimiento. Todo lo otro, todos los otros nos son próximos, pero desde su sitio y posición, que respetamos. Son el «prójimo».

La primera interpretación del otro (*alter ego*) se corresponde con la cultura que subraya la importancia del individuo y de la identidad en un sentido, sin embargo, abierto (el yo se abre inicialmente al otro). A la segunda (otro como *alius*) asociamos la cultura que pone el énfasis, en cambio, en la diferencia y en una visión cerrada de la identidad (el otro es radicalmente *otro*). La tercera interpretación (otro como *alter*) es más propia de personalidades y concepciones cosmopolitas, es decir, abiertas al otro, pero sin proyectarnos sobre él hasta confundirlo con nosotros. Podremos comprobar la distribución de estas tres reconstrucciones del otro en el conjunto de las concepciones modernas de la moral y de la ética.

3. El razonamiento moral

¿Qué es razonar?

Cuando nos preguntamos por el fundamento de la razón, respondemos a menudo aludiendo a razones. Y si se nos pregunta por éstas, no dejamos de mencionar más razones. Ante la pregunta parece no haber escapatoria: 1) o se entra en una regresión al infinito, 2) o respondemos en círculo vicioso, y 3) o concluimos en el dogmatismo, diciendo que la razón es tal cosa o tal otra, «indiscutibles». Como por ejemplo, esto último, que la razón es la «voluntad de razonar», un voluntarismo quizás nada razonable. El querer, por sí mismo, puede ser irracional, una «veleidad». Es, en fin, el llamado «trilema de Münchhausen» por Hans Albert (*Tratado sobre la razón crítica*, I, 2).

Aristóteles nos dice claramente qué es aquello que *hace* la razón, la parte más activa del alma y que nos distingue del resto de los seres. El ser humano es *zoon lógon ekhon*, el animal que razona (*Política*, 1253 a 10-12). Por eso, dice en una bella expresión, la convivencia humana es «comunicación de palabras y de pensamientos» (*koinoneín lógon kai dianoias*, en *Et. Nic.*, 1170 b 10-11). Pero razonar, para este tan importante filósofo moral, es una actividad de compromiso de la vida y del conocimiento al servicio de sí mismos. Tener palabra, ser un *lógon ekhon*, nos permite abrirnos a unos modos fundamentales de acometer racionalmente la «investigación de la verdad» (*aletheia*). Los cuales son, a su vez, y por sí mismos, puesto que la razón es lo más activo del alma, unos modos de «estar en la verdad» (*aletheyein*).

Conocimiento y vida se dan a la mano y se tienen presentes a sí mismos. El hombre, a diferencia de otros animales, «hace su vida», no sólo «tiene vida». Tiene *bios*, no mera *zoé*. Nuestra vida es inseparable del conocimiento («Todo hombre —dice el principio de su *Metafísica*— desea por naturaleza saber»), al igual que el conocimiento pertenece a la vida y se vuelve a ella. Lo mejor, lo más activo, es este volverse a la vida procurado con la investigación racional de la verdad: la vida dedicada a la consideración atenta y rigurosa —aquí la huella socrática— de todas las cosas (*Et. Nic.*, 1139 a 5 – 1139 b 18). Esto es, la inspección, por un lado, de aquellas cosas que «son»: las que se dan de un modo necesario, y que por lo tanto pueden llegar a saberse de un modo universal. Trátase aquí de las cosas de la ciencia, *episteme*, y de la sabiduría, *sophia*, en que la razón, el *logos*, actúa en calidad de *epistemonikón*. Es, ésta, una razón básicamente demostrativa. Por otro lado, la misma razón, pero actuando ahora en calidad de *logistikón*, de deliberadora (sopesa, evalúa, más que calcula y determina), inspecciona aquellas otras cosas que «son», igualmente, pero que aún así «podrían ser de otra manera». Se trata de las cosas de la habilidad o «arte», *tekhné*, y las de la sabiduría práctica o «moral», *phrónesis*. El saber de estas otras cosas es un saber de lo probable, no de lo necesario, y la razón no puede menos, pero nada menos, que proceder valorando. Éstas, las cosas de la moral y del arte, se dan y se dicen inevitablemente en diferentes circunstancias y de diferentes maneras. Y así la razón tiene que conformarse con dicho cometido.

En suma, la primera clase de examen racional configura un *bios theoretikós*, la vida atenta a la búsqueda de la verdad por sí misma. Y la segunda un *bios praktikós*, vida en que el examen de la verdad se hace entre circunstancias particulares y siempre con miras prácticas. Pero ambas clases de vida pueden y han de estar ligadas y bien articuladas entre sí: si las cosas de esta última, las de la moral y el arte, constituyen dominios propios y autosuficientes (la acción para la felicidad y la producción para la belleza o la utilidad), las cosas del *theoreín*, el inspeccionar teórico, que busca los principios necesarios y universales de todo, he aquí que se desarrollan con una actividad del alma más independiente todavía. La vida de la *theoria* es una forma suprema de la vida de la *praxis* y de lo práctico en general. No están separadas y son una misma vida, en que conocimiento y existencia se reconocen a sí mismos. Los modos del razonar en la investigación de la verdad son modos, pues, de «estar en la verdad», y a la postre, de «vivir» en ella. Siglos después, Heidegger, en su primer texto de filosofía de la existencia (el llamado *Informe Natorp*), sostiene que estos modos del razonar son de hecho modos fundamentales del «cuidado» (*Sorge*) del hombre (*Dasein*) hacia su propio ser.

Aristóteles nos ha dicho *qué* hace la razón, más que explicitar lo que la razón en sí misma es. Pero en su respuesta parece ir incluida también la explicación de esto último. Como ocurre incluso en las modernas teorías sobre la razón. Ni éstas ni las anteriores se libran del problema —la aporía— de tener que explicar la razón por medio de la razón e incluso aludiendo de un modo u otro a ella: por ejemplo, al dar razones de la razón. El problema es insoluble, como ocurre al definir el lenguaje con el lenguaje, o al llamar la atención sobre la fe con actos de fe, o sobre la ciencia con pruebas científicas de ella. Pero existe por lo menos la posibilidad de explicar en términos prácticos qué es, para nosotros, razonar. Bastaría entonces con decir que *razonar es el pensar que cuenta.*

Que razonar es «pensar» queda fuera de toda duda. No lo decimos de otras actividades. Aunque pensar no es siempre razonar, como el «pensar sin pies ni cabeza» o el «pensar en las musarañas». Y que razonar es, por otro lado, el pensar que «cuenta», hay que tomarlo en tres distintos significados de esta palabra. Razonar es el *pensar que cuenta,* que *tiene en cuenta,* y el pensar que *tenemos en cuenta.*

1)   Razonar es el pensar que cuenta, en el sentido literal de que se sirve del *contar.* Para decir algo razonable hay que empezar por ver y distinguir todos los elementos relativos al caso: saber relacionarlos, compararlos con otras series de elementos, y de un modo u otro recombinarlos, para dar al fin con la razón, o sostener nuestra razón.

El viejo «dar cuenta y razón» de las cosas remite a este primer paso de carácter lógico y operacional de la razón, que pone bajo sospecha a quien le niega a ésta toda función «instrumental». ¿Por qué otro modo de razonar habría que empezar que el formal? Nadie entendería, ni se entendería. Lo cual corresponde al significado original del verbo griego *légein,* del que derivó el sustantivo *logos.* Tal verbo significaba «hablar», «referir», pero también «seleccionar», «reunir», «ensamblar», como recuerda el mismo Heidegger en su *Introducción a la metafísica.* Acciones, todas ellas, que indican un «cómputo», algo imprescindible en el lenguaje y la forma del razonar. Si éste empieza, pues, como una forma de contar o computar, la razón no puede, ya de entrada, tener una naturaleza «sustancial»: por ejemplo la de cosa existente o de contenido doctrinal. El *lógos* es «relacional».

2)   Razonar es el pensar que *tiene en cuenta,* pues no sólo mide, computa y calcula, sino que interpreta y valora, enjuicia y elige, como hace la razón cuando no puede analizar y operar en términos

lógicos o cuantitativos y tiene que deliberar, sopesar sus argumentos. Dicho de otra manera, en la ética la razón es el pensar que sirve, más allá de otros usos en ella del pensamiento, para *comprender* los actos y sus motivos, las reglas de acción y sus principios. Porque hay cosas para las que no valen muchas cuentas, pero que tenemos en cuenta o que incluso son aquellas que más tenemos en cuenta, como los asuntos de la ética y la política.

De modo que la razón nos ayuda también a decidir cuando el asunto que tenemos entre manos es importante, pero la información o los medios disponibles para procesarla están limitados, o sencillamente nos sirven de muy poco o de nada. Estar, por ejemplo, a favor o en contra de la pena de muerte no lo deciden ni la información ni su computabilidad. Lo mismo que ser libre o preferir no serlo. La razón que cuenta y calcula puede ayudar a «optimizar», por ejemplo, nuestras decisiones. Pero en casos como los acabados de mencionar la razón lógica o matemática no puede apenas hacerlo. En situaciones por lo general de conflicto de valores o de dilema moral el cálculo formal es insuficiente o es extraño al caso. La «decisión racional» se deberá a algo diferente, vendrá por otro camino. Vale aquí el dicho: «Lo mejor es enemigo de lo bueno».

En la ética la razón es siempre, de entrada, «razón formal», pero cuando la formalidad no alcanza a más, la razón *aún puede continuar,* con la condición de que razonar sea tener muy en cuenta esa clase de objetos y relaciones, como los asuntos de la moral. Éstos ya no pueden ser motivo de algoritmo o comprobación, y habremos de pasar, así, a un modo ampliado de la racionalidad: el que usa la deliberación junto con las facultades y las virtudes que la ayudan, como el buen tino, o la imaginación. De lo contrario, sin este complemento de la *razonabilidad* a la razón formal, habríamos de considerar «racionales» sólo aquellos actos de la moral que podrían ser pensados y decididos sin necesidad de intervención o, por lo menos, de deliberación humana, puesto que una fórmula o una máquina podrían hacerlo, y hasta hacerlo mejor que nosotros. Lo cual sería absurdo —ya no se trataría de la moral—, si no peligroso: ¿quién o qué decidirían por nosotros? Parece, pues, más razonable que sea la razón humana, no un sistema ajeno a ésta, quien se ocupe de las cosas importantes, y que le otorguemos esta confianza de ser ella el pensar que, a falta de poder «contar», «tiene en cuenta».

3) Por último, razonar es el pensar que *tenemos en cuenta*. Es decir, el más *importante*, por su propio valor, pero también por su uso y aplicación. En la historia de la moral y de la ética la razón se opone a veces a la «experiencia» (ocurre en el «racionalismo»), pero casi siempre se toma y valora la racionalidad por ser justo lo opuesto a la tradición y la autoridad que, desde fuera del sujeto, le impiden a éste pensar, y lo opuesto también a los prejuicios y las pasiones, que desde dentro, le impiden igualmente hacerlo. Sin embargo, la razón no le pide al sujeto una especie de «exilio cósmico» ni una «salida de sí mismo», pero sí un distanciamiento crítico de su propio fondo individual y de la cultura en torno a él, para pensar del modo más imparcial, riguroso y sensato. Escribe Descartes: «... por lo que toca a las opiniones, a que hasta entonces había dado mi crédito, no podía yo hacer nada mejor que emprender de una vez la labor de suprimirlas, para sustituirlas luego por otras mejores o por las mismas, cuando las hubiere ajustado al nivel de la razón» (*Discurso del método*, II). Y puesto que asociamos el conocimiento y la vida con este esfuerzo previo del pensar, decimos que la razón es el pensar que más nos importa, el *pensar que tenemos en cuenta*.

En pocos ámbitos de la vida y del conocimiento como en la ética se hace tan patente la necesidad de esta forma de pensamiento que es la razón. Sea, pues, por ser ésta el pensar que «tenemos en cuenta», como por ser, decíamos, el pensar que «cuenta» y el que por sí mismo «tiene en cuenta», razonar equivale, para la ética y para el resto de actividades, al *pensar que hace que pensemos*. Otras clases de pensamiento no dan tanto que pensar.

La razón en la ética

En *La peste*, de Camus, alguien pregunta a su protagonista, el doctor Rieux, si cree en Dios. El médico, que ha rozado lo sobrehumano en su ayuda a los demás, le contesta: «No, pero ¿eso qué importa? Yo vivo en la noche y hago lo posible para ver claro». Aun, pues, en el cerco de un absurdo sin Dios, Rieux se resiste a que *una razón*, por lo menos, le deje de acompañar en el fondo de su lucha humanitaria.

Al tratar, antes, del principio moral de la *elección* (I, 4), decíamos que sus elementos, deliberación y voluntad, remitían en último término a la razón. En el momento, también, de analizar el hecho originario de la *conciencia*, afirmábamos que su actividad es una extensión de la razón en nosotros (I, 3). En definitiva, hemos supuesto que para cada una de estas dos actividades esenciales en la conducta moral hay un fundamento en la razón. La voluntad, que determina una elección, no satisface el significado de ésta si no se determina a su vez por la razón. El consentimiento o aprobación que se espera, por otra parte, de la conciencia, no cumple con la función que atribuimos a ésta si en lugar de tener una determinación por convicción se deja llevar, en cambio, por la persuasión. Conducida por la razón —*convencida*—, la conciencia evita anularse a sí misma. Guiada por las apariencias —*persuadida*—, no es más que una contradictoria «conciencia sorprendida», lo cual ya es el signo de su autoaniquilación.

Aranguren distingue en relación con esto entre una «decisión por razonamiento» y una «decisión por persuasión» (*Propuestas*, 87 ss.). La ética no nos recuerda qué debemos hacer, sino qué condiciones hacen falta para poder saberlo. Su función es, pues, *racional*, antes que pragmática. Claro que las preguntas son, entonces, si es «sólo» razonamiento y si es «siempre» este ejercicio de la razón. A lo primero hay que responder que es *básicamente* razonamiento. Su discurso, con buscar convencer antes que persuadir, no se niega a extraer de la emotividad otros motivos para el asentimiento. No es un discurso, dice el autor, de «puro razonamiento». Pero de lo que no debería haber duda es de que se trata *siempre* de razonamiento: aquella dimensión emotiva no puede predominar sobre la racional. Incluso los autores más inclinados al emotivismo tienen que «argumentar» la validez de sus proposiciones y reservar para éstas un punto último de apoyo en una clase u otra de «razones» (*good-reasons approach*). Si no fuese siempre razonamiento, cualquier decisión se habría tomado sin convicción y con una conciencia meramente persuadida o ficticia. Aunque su fin o sus efectos fueran buenos, sería una decisión in-moral. Se trata, en fin, de hacer valer en nuestra decisión el papel de la razón contra el de la sinrazón. Ése es el principio asumido por Sócrates al oponerse, en su argumentación en favor de la justicia (Platón, *Gorgias, República*), tanto al *mythos* de los antiguos como a la *tékhné* de los nuevos retóricos. La *maieutiké tékhné* de que hace uso el maestro de Platón se apoya, en cambio, en un discurso o argumentación del *lógos* como principio.

A su vez, la mayéutica socrática no se propone otro fin, de interrogación en interrogación, que el de ayudar al interlocutor a descubrir y sacar a la luz este mismo principio en su propia argumentación.

Sin posibilidad de pensar según principios, luego de razonar, no habría un lugar para la *argumentación* ética, que en todo momento ha de estar dispuesta a dar cuenta de sus principios. Es cierto que el tipo de discurso de la ética es deliberativo y no demostrativo, es decir, que se justifica con los mismos argumentos que ofrece (Aristóteles, *Et. Nic.*, I; Kant, *K.p.V.*, Prólogo). Pero esa misma carencia permanente de una prueba o un experimento como resortes que lo justifiquen no hace sino resaltar la necesidad y legitimidad de la razón como fundamento de este discurso. Cualquier justificación de las afirmaciones éticas va a tener que hacer uso, si no mención explícita del razonamiento a la hora de buscar un último punto de apoyo para ella misma. Agotadas las vías del interés mutuo, del sentimiento común y de la autoridad externa, no queda ya otra fuente de apelación, en cualquier conflicto entre normas u orientaciones éticas, que esta del razonamiento.

La razón como fundamento de la ética nos va a permitir además otras dos cosas. En primer lugar, que la acción tenga por causa la propia *persona*, no una ley de la naturaleza o de la sociedad. Podemos discutir, como hacía Aristóteles, que una acción voluntaria sea o no una acción «libre»; pero tendemos con mayor seguridad a identificar toda acción voluntaria con un uso de la razón, y, por consiguiente, a conceder siempre que sin este uso no se puede hablar de acciones voluntarias. Los acusados del Tribunal de Nüremberg contra los crímenes nazis se obstinaron en negar cualquier responsabilidad personal sobre ellos, aduciendo precisamente el haber actuado por causa de ignorancia o de una presión exterior, no de su propia razón. En segundo lugar, y en virtud de su abstracción de toda concreción empírica, el fundamento racional permite una apertura de las máximas o reglas de la voluntad a la *universalizabilidad* de su validez, de manera que puedan reunir la condición de ser compartidas por todos aquellos que están en la misma situación de quien en un caso dado las sigue. Esta condición es indispensable para no caer en el más absoluto relativismo de las normas y poder dar a éstas una validez general, más allá de cada ámbito o individuo particulares (V, 4).

La razón se equipara, pues, en la ética, con la posibilidad de dar cuenta de unos principios para las reglas de la voluntad, así como de atribuir a éstas tanto un origen personal como una validez universal. Por eso decimos que es *fundamento* del discurso o argumentación moral. No obstante, existe, es claro, la tentación de obrar también por exceso en el reconocimiento y la adopción de la racionalidad. Sucumbe a ella quien, por ejemplo, al secular y bien ganado divorcio entre razón y fe añade una absurda ruptura entre razón y sentimiento, so pretexto de que son «opuestos»: los contrarios son, mejor, la razón y el dogmatismo que excluye toda argumentación. Pensar un sujeto desde el punto de vista racional ha tenido que exigir en Kant, por ejemplo, los argumentos explícitos de la filosofía transcendental y los implícitos, en la razón pura moral, que se contienen en las varias formulaciones del «imperativo categórico» (*Grundlegung*, II). Desde un racionalismo menos clásico y más allegado al análisis del lenguaje moral, Javier Muguerza establece igualmente unas condiciones para que se pueda decir que un sujeto tiene preferencias supuestamente racionales: que su elección moral, del orden que sea, se manifieste, al menos, *libre, informada e imparcial* (*La razón*, 247-253).

Por lo demás, es muestra simplemente de un *dogmatismo de la razón* en la ética, bien cuando su defensa se hace al precio de una ignorancia o maltrato del resto de las facultades —lo que tampoco es atribuible a Kant, según iremos viendo (IV, 1)—, bien cuando se la cosifica o hipostasía, suponiendo que es una sustancia o algo en sí mismo (como algunos racionalismos e irracionalismos contemporáneos han venido a sugerir) antes que una capacidad desarrollada a partir de nuestra facultad de pensar.

EL RACIONALISMO KANTIANO

Hemos dicho que la argumentación ética ha de ser capaz de dar cuenta de sus *principios* a fin de demostrar que no es mera «persuasión». Kant llama a la razón (*Vernunft*) precisamente la «facultad de los principios» (*das Vermögen der Prinzipien*) (*K.r.V.-B*, Ak. III, 238), siendo ella la única capacidad humana que rinde cuenta de los principios de cualquier actividad nuestra.

Por lo pronto esa facultad o capacidad no es más que un desarrollo, al alcance de todo ser que piensa, de la disposición natural (*Anlage*) que ha conducido al pensar. No es, pues, ni un supuesto, ni un ideal, ni siquiera el acto o la consecuencia de una «voluntad de ser racional». El hombre se hace racional (*animal rationale*) en uso de unas características naturales de su especie, principalmente la de «perfeccionarse de acuerdo con los fines que él mismo se señala». Así, conserva su persona, la educa entre las demás y la rige, finalmente, «como un todo sistemático necesario para la sociedad», es decir, la ordena *según los principios de la razón* (*Anthropologie*, Ak. VII, 321-322). Es, consiguientemente, una *capacidad* que forma parte del acervo cultural de la humanidad en lo relativo a su perfeccionamiento psíquico. Ésta, nos dice por otra parte un antropólogo como Lévi-Strauss, constituye una *invariante estructural* en todas las culturas, revelada a través de la mitología y de las leyes del parentesco (*Pensamiento*, II). La *finitud*, su concreción natural, es la primera nota del concepto kantiano de razón, la cual no se corresponde con el tópico de que sea algo que «opera en el vacío» (Chesterton la acusa de esto en *Ortodoxia*).

En un sentido amplio, la razón es la capacidad de *universalizar* nuestras actividades de conocimiento. Por donde se define como «la facultad que proporciona los *principios* del conocimiento *a priori*» (*K.r.V.-B*, Ak. III, 43). No hay una capacidad superior a ésta, que hace abstracción de todo contenido de la experiencia para «elaborar la materia de la intuición y someterla a la suprema unidad del pensar» (*ib.*, 237). De este modo, podemos conocer lo particular en lo universal y obtener un conocimiento amplificado de la realidad, que las intuiciones y los conceptos solos, sin la introducción de los principios proporcionados por la razón, no hubieran podido alcanzar por sí mismos.

En un sentido estricto la razón es la capacidad para regular las *condiciones* de nuestro propio conocimiento. Si en el sentido anterior, que alude a un uso meramente lógico o formal de la razón, lo que se realiza es una *amplificación* del conocimiento en general, en el uso de ahora, real o cognoscitivo, lo que se lleva a cabo es una *extrapolación* del entendimiento o facultad de pensar, en particular. Esta extrapolación de la facultad de pensar hacia una forma superior de su ejercicio no se debe a ningún dato suyo, sino a la exigencia de ella misma, previa a todo dato, de conseguir organizar los conocimientos en un sistema. Así: «Si el entendimiento es la facultad de la unidad de los fenómenos mediante las reglas, la razón es la facultad de la unidad de las reglas del entendimiento bajo principios» (*ib.*, 239). La razón nunca se refiere, pues, a la experiencia, sino al entendimiento mismo, para unificar *a priori*, mediante principios, los conocimientos que aquél aporta. Por lo tanto, no entraña sino un conocimiento *a priori* de la experiencia sensible, por más que su misión sea «amplificar» el conocimiento que se basa en ésta; ni debe confundirse con el entendimiento, por más que consista en su «extrapolación».

En cualquiera de sus usos, la razón implica un conocimiento de índole *transcendental*, pues se refiere no a la experiencia de los objetos, sino a las condiciones con que la experiencia tiene que venir dada: es la facultad, decíamos, de los principios. Gracias, en fin, a estos principios (*Grundsätze*), que son *ideas* (*Ideen*) o conceptos propios de la razón, el conocimiento teórico puede ser «regulado» (con ideas del *uso teórico* de la razón) y el conocimiento práctico —la moralidad— podrá nada menos que ser «constituido» (con ideas del *uso práctico* de la razón) en una esfera propia dentro del general territorio de la experiencia. Ésa es la esfera de la Libertad, que sólo ha podido constituirse, a falta de un soporte fenoménico o sensible, con fundamento en la idea y el principio del mismo nombre, ofrecidos por la razón en su uso práctico. Para la esfera de los conceptos de la Naturaleza, en cambio, bastaba que su «constitución» dependiese de las categorías del entendimiento: no son necesarias aquí, en el campo ya de los fenómenos, las ideas de la razón pura más que en su calidad de «reguladoras» de la actividad de aquella esfera. En definitiva, la razón sólo pasa a ser *legisladora* —sólo da «constitución» *a priori*— en la esfera de la Libertad o ámbito de la moralidad. Es decir, en su uso *práctico* (*K.U.*, Ak. V, 174).

Cuando el individuo se ha decidido a dar una ley a su voluntad —una «ley moral»— no ha tenido que necesitar la asistencia de ningún conocimiento positivo ni de ninguna «ciencia infusa» para hacerlo. Para saber qué tiene que hacer a fin de obrar correctamente le basta con usar, como ya enseñara Sócrates, la razón humana común (*die gemeine Menschenvernunft*) (*Grundlegung*, Ak. IV, 403). La honradez está al alcance de todo aquel que, aunque sin luces ni ilustración, sea capaz de pensar; y por lo tanto, en un momento dado, de aplicar para la dirección de su voluntad los motivos que le da la reflexión, *sin aflojar* ante los que le dan las impresiones de los sentidos o la obcecación del apetito. Aquí, pues, llaman la atención dos cosas. La primera es que en la inteligencia humana común el juicio de lo práctico aventaja con mucho al de lo teórico. Cuando en éste nos apartamos de las leyes de la experiencia, todo se echa a perder; en aquél, en cambio, estamos libres de esta sujeción y sus leyes consisten precisamente en estarlo. En segundo lugar cabe advertir, por ello mismo, que en lo práctico esta inteligencia humana común es tanto o más segura que la del filósofo, «... dado que éste no puede tener ciertamente ningún otro principio que aquélla, pero puede embrollar fácilmente su juicio con una sarta de consideraciones ajenas que no pertenecen a la cuestión y desviarlo de la dirección recta» (*ib.*, 404).

Ahora bien, y en aras de la misma *seguridad* de su criterio, al juicio de lo práctico y a la moralidad les incumbe, en y por su mero *ejercicio*, desarrollar la razón humana común de la que proceden como un solo producto. Cumple, pues, atender a este *inadvertido reclamo dialéctico* de la razón práctica en su uso y pasar a ampliar el círculo de la moral común, que aquélla ha trazado, hasta el plan de una ética madura (*praktische Philosophie*). Mas no para satisfacer con ello ningún oculto afán especulativo, sino, como decíamos, por motivos prácticos. Es decir, para evitar que tambaleen los principios racionales de la moralidad, a los que aportamos, ahora, la seguridad ofrecida por «una información y una instrucción claras» que sólo la filosofía, en lo práctico, suministra (*ib.*, 405). Pero nótese que aunque gane en seguridad mediante la filosofía, es la misma «razón humana común» la que, permitiendo extraer de sí las leyes de la moralidad, sigue estando en el fundamento del obrar tanto del sabio como del lego. No hay malvado que por poco acostumbrado que esté a razonar no desee él también compartir los sentimientos acompañantes de un obrar con honradez de intención, especialmente los que despertaría con su ejemplo. La razón, pues, incluso para el hombre menos recto, pone de manifiesto la superioridad de los principios consecuentes con ella, sobre los que siguen, en cambio, al apetito o a la sensibilidad, pero se disputan, igualmente, el señorío de la voluntad. Con su sola *razón* puede la persona, así, trasladarse a un orden de cosas completamente diferente al de sus inclinaciones, orden que llamamos, justamente por eso, *moral* (*ib.*, 454-455).

En la *Crítica de la razón práctica* (Teoremas I-IV de la Analítica) se enuncia y justifica explícitamente esa superioridad moral, o en el querer, de la *razón* sobre las *inclinaciones*, y el apuntalamiento, por consiguiente, de la ética sobre reglas prácticas «formales», dependientes de una razón *a priori* de la experiencia, no sobre reglas «materiales» o dependientes, en último término, del contenido psicológico del querer. En una palabra, lo que define a la conducta moral es aquella *forma* del querer que consiste en su determinación *racional*. Es decir, en su regulación por representaciones que tienen su fuente original en la reflexión y no en otras facultades, como ocurre con la determinación de la voluntad por inclinaciones (*K.p.V.*, Ak. V, 21 ss.). El eudemonismo aristotélico, la teología moral cristiana y todas las éticas de corte hedonista hasta llegar a las diferentes versiones del utilitarismo, son, como éticas *materiales*, concepciones que privilegian la función del contenido psicológico del querer (la felicidad, la salvación, el placer o bienestar) sobre la de su forma racional. Mas una voluntad en la que cuenta aquélla, y no ésta, ya no es, concluye Kant, una voluntad autónoma ni tampoco con valor universal, es decir, capaz de ser compartida en sus consignas por todos los demás. El estar regida tan sólo por *mis* experiencias del querer lo impide. No debe dar pie, en consecuencia, a que sea tenida como una voluntad verdaderamente moral (*ib.*, 40-41).

Con esto consigue realizar Kant su revolución copernicana en el terreno también de la filosofía moral. Pues si antes era lo bueno o lo malo lo que determinaba a la voluntad, ahora es la voluntad y la clase de sus reglas lo que determinan el bien y el mal. El bien no funda la moral, sino ésta a aquél (V, 3). Análogamente, no era para la razón teórica el objeto lo que precedía a la experiencia, sino ésta la que determinaba al primero. He aquí la «exacta correspondencia», en el sistema completo de la kantiana *crítica de la razón*, entre los principios de la praxis y las previas observaciones de la teoría. *Correspondencia* que no hace sino fortalecer este sistema en su unidad de acción crítica y llenar de paso de admiración a su autor, por cuanto, según afirma, no fue «de ningún modo buscada» (*ib.*, 106). Una *teoría de la sabiduría* (*Weisheitslehre*), concluye más adelante, habrá de apoyarse en esta unidad de la razón pura y crítica en cualquiera de sus dos usos sustanciales: los que darán lugar a una integral de la sabiduría como *Metafísica de la Naturaleza* y *Metafísica de las Costumbres* o Ética. De otro modo, no podría esta integral ser realmente compatible con la *ciencia* que toda humana sabiduría debe, asimismo, contener en su inicio (*ib.*, 162-163).

Anteriormente afirmábamos que la razón se define para Kant, en sentido amplio, como la capacidad —transcendental al mismo tiempo que finita— que los hombres poseen de *universalizar* sus actividades. Sin duda, éste es el primer axioma con que dicho autor formula el supuesto de una racionalidad humana: identificándola con el criterio metalógico de la *universalidad*. La razón toma su sentido y su realidad de la vigencia de este criterio, elevado al máximo exponente en su aplicación moral, lo que veremos más adelante al estudiar el «imperativo categórico» (IV, 4). Sin embargo, hay otro axioma que se añade a éste: la razón se identifica con el criterio ontológico —tomado de Leibniz— de la *composibilidad*. No hay una racionalidad para la ciencia, otra para la ética, la política, lo cotidiano, el arte... Todos los usos de la razón pertenecen y reflejan a una misma y única razón, sin que su diversidad sea obstáculo para su coexistencia simultánea. Quiere decirse que la razón es ya *compossibile a priori*. Todos sus principios, usos y fines son compatibles a la vez y sin esperar a que esta composibilidad tenga que venir confirmada por la experiencia. Los fines de la ética son composibles con los de la ciencia; éstos con los de la política, y ellos mismos con los del arte y la religión, la cual, por otra parte, tiene fines composibles con los de la ética... Hay usos de la razón, pero no varias razones, y todos son compatibles entre sí.

Si antes decíamos que la sabiduría es para Kant *integral* (ciencia y desde ahí metafísica, tanto de la Naturaleza como de la Libertad), lo es porque la razón que la canaliza e impulsa es *integradora*, según el axioma de la composibilidad de sus usos. Este axioma remite, como se ve, a la realidad de un «deber ser» de algo; no, desde luego, a ninguna clase de «ser» o a un *factum*. Expresa que la racionalidad universal tiene que ser al mismo tiempo personalizada, merced a la compatibilidad de los modos de reflexión en un mismo sujeto de razón. Valga decir, por lo expuesto hasta aquí, que el concepto kantiano de razón no puede sino ser calificado de *clásico*, en toda la extensión del término, como razón que se define humana, legisladora, personal y sólo quedaría por añadir que «perfecta», si no nos lo impidiese su falta de realización histórica hasta el momento. A este respecto ha hecho fortuna el diagnóstico, a principios del siglo xx, del sociólogo Max Weber. Éste identifica, a juzgar por las sucesivas instrumentalizaciones de la razón en la sociedad industrial, aquella inicial razón «clásica» con una ya sobrepasada razón salvadora o «carismática» (*Economía*, II, 9). La modernidad, en contraste, muestra para Weber que no hay una razón única e integradora, sino fracciones de la racionalidad en esferas independientes. Por lo pronto en una racionalidad de «fines» y otra de «valores»; pero al fin y al cabo en ámbitos tan particulares y ajenos entre sí como el económico, el político, el estético, el erótico y el intelectual, cada uno con sus «específicas legalidades internas» y por consiguiente en tensión mutua con el resto.

Todo hace pensar que el destino —en lenguaje de este autor— de la razón clásica en un racionalismo moderno, que pivota sobre la razón científico-técnica y nos abre a un total politeísmo de los valores, sólo permite seguir hablando de ella o bien como de un sueño clásico pasado o bien como de un *desideratum* todavía de clasicidad —«apolíneo», observaría con reticencia Nietzsche— en el presente. Es muy difícil desmentir lo primero y no obstante también lo segundo. La razón kantiana comparte, ciertamente, trazos de lo uno y de lo otro. Pero que es ante todo un *quid iuris*, un deber ser, antes que un *quid facti*, o un ser hecho, va con su misma definición —lo hemos dicho— y es lo único, además, que nos faculta a no considerarla, a pesar de su *sueño* e irrealidad histórica, en términos de definitivamente irrealizable.

La existencia última de la razón clásica como «deber ser» va a ser tan imposible de desmentir, por otra parte, como la de una *actitud* presente que quiera mostrar que es posible, en adelante, la dignidad de un ser humano tan *separado* de la naturaleza y de sus leyes cuanto *reconciliado* con ellas.

LA CLAVE ES LA CRÍTICA

La ética kantiana, en la que se apoya el presente libro, surge de un punto de vista y de una época determinados. Desde entonces, han cambiado la ciencia y la sociedad, y hasta los modos de hacer filosofía. Por lo tanto, ¿es sostenible aún la «filosofía transcendental» en la que se enmarca esta ética? ¿Y lo es el punto de apoyo en que aquélla pivota, el «conocimiento *a priori*» de sus principios?

Probablemente *no,* si se mantienen estos presupuestos en un cuerpo de doctrina metafísica cerrada a las ciencias naturales y sociales, así como a las nuevas sensibilidades y criterios sobre la moral.

Pero probablemente *sí* son válidos aún, si encajamos el transcendentalismo kantiano como una *comprensión crítica* de la tarea tanto de la ciencia como de la ética.

Para ello hay que dejar de blindar el «sujeto transcendental» del conocimiento y de la acción en la interpretación acrítica de la idea de «apercepción» —idea de fondo que atraviesa los presupuestos kantianos—, que suele hacerse desde una *comprensión teorética* de la filosofía de Kant, incluso de su filosofía práctica. Ésta se concibió no obstante como una filosofía para la práctica. Dicho hoy sin ambages: «pragmática», de ningún modo idealista. Y por ello, igualmente, como una filosofía de la libertad, hasta también se diría «libertaria», en absoluto compatible con una posición moral dogmática. Por ambas cosas, la comprensión teorética del transcendentalismo desvirtúa la ética kantiana restándole el carácter crítico que por pragmática y libertaria la alentó desde un principio. La *crítica* es la clave del punto de vista transcendental adoptado por esta ética. No el hacer del sujeto un ente intelectual vacío; ni de sus formas de conocimiento y acción un postulado metafísico blindado a la ciencia y a la evolución social.

«Llamo transcendental —escribe Kant en la introducción a su primera *Crítica*— todo conocimiento que, en general, no se ocupa tanto de los objetos como de nuestros conceptos *a priori* de los objetos». La ética forma parte de este conocimiento transcendental: no es, para Kant, un conocimiento empírico, ni tampoco, por lo contrario, especulativo o doctrinal. Pero el eje en torno al cual gira el conocimiento es la existencia de sus elementos, sean intuiciones o conceptos, con carácter *a priori* de la experiencia. A diferencia de autores anteriores, Kant atribuye este carácter apriorístico no a una forma posible de demostración, sino de conocimiento, y a los juicios en que éste se funda. Sólo los juicios y el conocimiento *a priori* garantizan la certeza: por su constitución «pura», es decir, por su independencia de la experiencia y también de la especulación o de las creencias; y, asimismo, por tratarse de «formas universales y necesarias», lo que les permite ser la condición misma de posibilidad de la experiencia.

Pero estos elementos tan esenciales como vacíos de contenido no son elementos adquiridos por aprendizaje ni tampoco son de naturaleza innata. Si lo *a priori* se llena de contenido natural o se explica en estos términos ya no es lo *a priori*. No contiene información ni deriva de ella. Pese a todo, se puede afirmar y además probar su existencia, a través de la «deducción trascendental»: por un continuo proceso de abstracción sobre los contenidos, y porque no es posible no admitir que son elementos indispensables para la posibilidad misma de la experiencia, ya que incurriríamos en evidente contradicción. Pues falto de esta condición *a priori*, el conocimiento no sería tal, sino un agregado contingente de datos sin apoyo en ninguna ley o forma estructuradora de la experiencia.

Entonces, podríamos preguntarnos cómo son posibles estos elementos tan singulares, a ojos de muchos, e incomprensibles, desde un punto de vista científico. La tajante separación entre sensibilidad y razón no tiene base científica: la antropología de Kant no hallaría hoy acomodo en ninguna antropología científica. Cabe comentar, no obstante, que en su época el conocimiento científico del hombre era muy elemental. Pero si guiados actualmente por las neurociencias y la psicología cognitiva dijéramos que los elementos *a priori* del conocimiento son, en cambio, posibles si les adjudicamos un origen psicológico de carácter natural o cultural, como intuiciones o abstracciones resultado de adquisiciones previas, volveríamos a estar en lo mismo: lo *a priori* no sería tal, sino *a posteriori* y ya no valdría.

Lo único, quizás, que permite sostener el conocimiento moral como más allá de lo empírico, pero también de lo dogmático, es la comprensión crítica del llamado por Kant «sujeto trascendental», como aquel *sujeto que se sitúa en un punto de vista libremente adoptado de máxima y permanente distancia respecto de su objeto* de estudio o discusión. Los elementos *a priori* del conocimiento, por parte de este sujeto, se deberían, pues, a un acto especial de *comprensión* frente a sus asuntos. Serían elementos hechos posibles por la «espontánea actividad del sujeto», por decirlo a la manera kantiana. O si se quiere en otros términos, por el *libre pensamiento*. Y en una sola palabra: por la *crítica*. La crítica es la clave del conocimiento moral.

La posición de Toulmin

Sin embargo, un autor contemporáneo, Stephen Toulmin, cree que ningún sistema ético ha dado hasta ahora una explicación adecuada de la naturaleza del razonamiento moral. Como buen utilitarista, admite que la moralidad «tiene que ver con la satisfacción armoniosa de deseos e intereses» (*El puesto*, 249). En la mayoría de las ocasiones es una «buena razón» para elegir o aprobar una acción el que esté en conformidad con los códigos vigentes de conducta. Pues éstos proporcionan la guía mejor hacia los actos dichosos, del mismo modo que los códigos de ingeniería orientan hacia las mejores obras de este tipo (*loc. cit.*). Con todo, no se pueden aceptar sin crítica las leyes e instituciones del momento, pues cambian del mismo modo que las situaciones que las justifican. Por lo tanto, hay un puesto para la *ética* y un lugar para la *razón* en la ética, visto que el discurso moral presenta analogías de fondo con el de la ciencia.

No hay, para Toulmin, pese a este paralelismo, un solo tipo de razonamiento para la teoría y la praxis, como sostenían Hume y Kant en sus respectivos enfoques éticos, sino que la ética describe el suyo propio. La moralidad tiene, pues, una lógica característica, y ésta es la *lógica de las buenas razones* (*good reasons*). Ciertamente los enunciados de la moral no son asimilables a los del conocimiento científico. Si se basaran, como éste, en juicios analíticos, serían meras expresiones tautológicas («*Robar* es *malo*»); si lo hicieran, al igual que la ciencia, en juicios sintéticos («Debe reprobarse a *todo aquel que mienta*»), constituirían expresiones ciegas o de pseudoconocimiento: ¿dónde encontramos «mentir» y «robar» en la experiencia de los sentidos? Así es que la lógica del *moral reasoning* debe ser sustancialmente diferente a la del razonamiento científico. Aunque no por ser extraña a la lógica formal va a ser por ello menos racional: pues lo que uno tiene siempre que suministrar son *buenas razones* para hacer o aprobar algo. Con ello no tomamos partido *a priori*, como cuando decimos «eso está *bien*» o «*debes* hacer eso», sino que apelamos —cree Toulmin— a «hechos éticamente neutros». Admitido que la moral tiene que ver con la satisfacción de nuestros deseos e intereses, el fundamento neutral para justificar que algo es bueno o digno de ser seguido es que satisfaga de la manera más armoniosa nuestras preferencias y represente el menor conflicto posible de intereses. Cumplir esta condición es suministrar una buena razón para aprobar o ejecutar cualquier conducta (*ib.*, 166 ss.). Eso es tan «natural e inteligible», habida cuenta del tipo de discurso de la moralidad, que si alguien nos preguntara todavía *por qué* eludir el conflicto y procurar la dicha es una «buena razón» para consentir algo, sólo podríamos contestarle preguntando a la vez: «¿qué mejores razones podrían desearse?».

Por otro lado, Toulmin rechaza de antemano la crítica a su presumible falta de fundamentación del deber moral. Una buena razón, en efecto, hace algo «digno de ser seguido» o, en una palabra, «bueno». Pero no nos dice que se *deba* hacer todo lo que por ella decimos que está *bien*. Sin embargo, dice Toulmin, ésta sería una petición al margen de la ética, la cual tiene por objetivo enseñarnos no *lo que* hemos de hacer, se supone que con arreglo a un «deber», sino cuándo estará *justificado* lo que hemos decidido hacer; es decir, si está elegido o no con arreglo, en el fondo, a una «buena razón». Mientras tanto, no hay lugar en la ética para la pregunta sobre el porqué se *debe* hacer lo que está *bien*. Ella se ha limitado, y ya es bastante, a proporcionarnos las razones para escoger eso «que está bien». Pero saber por qué debemos escogerlo escapa ya de su jurisdicción (*ib.*, 185; del mismo autor: «Razones y causas», 19 ss.).

Al abstenerse de dar una regla de la obligatoriedad moral, siquiera una regla del querer, Toulmin deja al utilitarismo, en nombre de la razón, al acecho de normas menos contrastadas con la racionalidad: por ejemplo, las de una tradición religiosa o un convencionalismo social. Ésa es su principal contradicción, todavía presente, empero, en un trabajo posterior, *An Introduction to Reasoning*, dedicado a ampliar la noción de razonamiento ético (*ethical reasoning*).

Este tipo de razonamiento presenta elementos en común con el razonar de la ciencia. Para empezar, *cualquier* concepción del mundo, sea teórica o práctica, ha de ser realista y operativa. Por otra parte, decimos que una concepción es «científica» cuando es tan sistemática como abierta a la *crítica*. Mas esta última exigencia no es sólo metodológica, sino ética. De donde, nuevamente, el parentesco entre sí de ambos tipos de razonamiento. Además, toda concepción científica descansa sobre un *consenso*, otra exigencia tanto de método como de principio moral. Por último, las instituciones científicas implican en su misma actividad fines colectivos, implicación que es el fruto de una *elección social* más que de una elección meramente profesional. Ahora bien, una elección social de fines como la apuntada exige adaptarse al canon de una elección imparcial y al ideal de una sociedad justa. En la actividad científica, a partir, pues, de su elección social de fines, se involucra de lleno el plano de la ética (*ib.*, 312-313).

Existen diferencias, no obstante, entre el razonar ético y el científico. Éste explica fenómenos; aquél justifica normas. Si en la ciencia una observación puede avalar un juicio, en la ética nada parecido es posible. Por lo demás, cuando una y otra tienen que hacer uso de la argumentación —la ética, para avalar sus juicios; la ciencia, para hacer lo mismo con las *consecuencias sociales* de los suyos—, el tipo de razones suministradas para otorgar validez a sus respectivos juicios va a ser igualmente distinto en ambas competencias. Así, las «razones» de la ética van a seguir siendo justificativas y las de la ciencia explicativas. Quiere decirse que hay una diferencia de *función* entre la argumentación ética y la científica (*ib.*, 315). Es muy cierto que una y otra comparten la misma *estructura* argumental. Pues tanto los juicios teóricos como los prácticos apelan, en busca de su fundamentación, a elementos fácticos (*grounds*) sacados de la experiencia y también a garantes normativos (*warrants*) —«explicativos» o «justificativos»—, sobre los que fundaremos inmediatamente cada juicio o proposición.

Asimismo, para ambas clases de juicios se declarará acabado su proceso de fundamentación cuando cualquiera de ellos haya resistido la prueba de su refutación: bien mediante evidencias lógicas o fácticas, en la ciencia, bien por medio de la presentación de normas similares o de rango superior, en la ética. Estructuralmente, pues, es una misma argumentación racional, no dogmática ni persuasiva, la que exige finalmente, en ambos casos, la satisfacción de un principio de reciprocidad entre los argumentantes. Esto es: que todos puedan aportar posibles elementos, fácticos o normativos, para la fundamentación de los juicios. Sin embargo, y volviendo a lo dicho, la diferencia entre la argumentación ética y la científica es sustancial, en calidad de sus divergentes tipos de razonamiento. En la primera se trata de justificar; en la otra, de explicar (*ib.*, 322 ss.).

La diferencia argumentativa estriba en lo siguiente. Para un proceso de fundamentación de juicios científicos, cualquier contradicción entre el soporte fáctico en que se apoya y el contenido de su refutación nos indica que uno de estos dos, al menos, no es verdadero. Muy distintamente, en un proceso de fundamentación de proposiciones morales la contradicción entre el soporte fáctico y la refutación no invalida necesariamente la validez de aquéllas, sino que indica tan sólo que uno de estos dos tiene menos fuerza obligante que el otro.

Por añadidura, si en la argumentación científica no se resuelve el problema de la contradicción entre el soporte y la refutación no cabe sino seguir una teoría alternativa. Mientras que en la argumentación ética si no se resolviera una contradicción parecida podríamos prescindir de un juicio o de una norma básica para refugiarnos, en cambio, en una *preferencia premoral*: por ejemplo, según un determinado concepto del hombre o tal o cual postulado de fe (*ib.*, 328-329).

4. Racionalidad y razonabilidad

Tipologías de la razón

Empecemos con un ejemplo. Los miembros de un jurado para conceder un premio literario tienen que pronunciarse sobre cierto candidato. Uno de ellos lo descalifica porque le consta que es persona muy poco grata. Otro lo descarta por su declarado ateísmo. Un tercero, no obstante, basa su rechazo en que a la obra del concursante le faltan varias hojas para cumplir con las bases del premio. Por último, otro experto hace lo propio justificándose en que el trabajo presentado es prácticamente un plagio de la obra de otro autor. Desde una perspectiva racional las dos primeras opiniones pueden ser declaradas arbitrarias y las dos últimas consistentes. Con todo, estas dos no son iguales: la última suministra una razón más «razonable» que la otra.

Quiere decirse que la razón aplicada a la moralidad es algo más que el mero cálculo formal de la validez de las normas prácticas. Toulmin y el utilitarismo que quiere considerar el *moral point of view*, por ejemplo, se prestan a poner las «buenas razones» como puntal del razonamiento ético (Baier, *The Moral Point of View*). Ya antes, mientras que Hobbes afirmaba que «razonar es calcular», nada menos que un racionalista como Descartes solicitaba para el juicio práctico el concurso del *bon sens*. En el mismo siglo, Galileo, otro hombre de la racionalidad, debe abjurar de su rigor con el fin, no obstante, de darle continuidad: ¿era eso irracional, o acaso no era ejercer también, aunque de otro modo, la misma racionalidad que regía en sus teoremas? A propósito de este mismo personaje, escribe Bertolt Brecht: «La victoria de la razón sólo puede ser la victoria de los que razonan». Y en este razonar los requisitos más formales parece que no son suficientes para la ética. Hay otros que están igualmente presentes en la razón cuando la aplicamos a la ética. Ésta no se restringe, de este modo, a un cálculo racional. *Los que razonan* se refiere a personas, no a máquinas.

Hemos visto que para Kant hay sólo una razón, pero que ésta da paso a dos usos muy diferentes. En el uso *teórico* las ideas de la razón contribuyen a «regular» el conocimiento sensible. En el *práctico* pueden ya «constituir» la facultad específica a la que se refieren: la voluntad. Se admite, pues, desde Kant, que hay dos modos fundamentales de la racionalidad y que uno de ellos es el propio de la ética. Claro es que esta distinción ya la encontramos en Aristóteles. Pero el deslinde de ambos tipos de discurso —el de la teoría y el de la praxis—, mediante la exposición de su orden diverso de principios, no toma carta de naturaleza sino a partir del primer autor. Lo que ocurre es que la misma taxatividad con que después de él se ha juzgado la distinción entre razón teórica y razón práctica, o entre argumentación científica y argumentación ética, no se aplica, en cambio, a la hora de juzgar cómo se delimita el campo de la razón para la práctica. ¿Hasta dónde alcanza el cálculo en la ética? ¿Hasta dónde las buenas razones?

Pronto veremos en qué consistía la *razón práctica* según Kant (III, 1). Sin embargo, la ética contemporánea se pregunta todavía, por lo general, qué es *ser racional en la práctica* o para el ámbito de la moralidad. La respuesta no es ni mucho menos unánime. Como decíamos al principio, el ajuste de la razón moral a modelos formales o a modelos sustanciales, menos restrictivos, del razonar (p. ej., a una razón transcendental o a un *good reasons approach*, respectivamente), polariza de antemano cualquier intento de solución. Dicho esto, no es excepcional, por lo demás, que quien ha podido admitir la distinción entre el discurso teórico y el práctico siga alimentando la confusión entre uno y otro a la hora de definir qué es una conducta moral racional. Así, se recordará que para Toulmin la argumentación ética compartía elementos estructurales con la argumentación científica. Para Ayer y el positivismo, por otra parte, una razón moral depende en último término de un argumento teórico: «Ser racional es simplemente utilizar un procedimiento consistente acreditado en la formación de las propias creencias» (Ayer, *Lenguaje*, V). La creencia será válida mientras lo sea el procedimiento de referencia, cuya raíz originaria está o bien en la experiencia o bien en la evidencia lógica. Invocar aquí una «buena razón», como haría Toulmin, escaparía del alcance de un pensar racional. Mas para otros autores, los que parten, con Kant, de un corte separador entre el plano de lo práctico y el de lo teórico, un buen argumento científico no presupone un buen argumento ético y viceversa. ¿Cómo hacer coextensivos, de otro modo, lo que se limita meramente al *querer* y lo que incumbe positivamente al *saber*? O, como diría Kant, ¿dónde hallar el nexo común entre ideas de la Libertad y de la Naturaleza, respectivamente?

No hay después de todo unanimidad en torno a un modelo de razón para la ética. La sociología alemana ha advertido la disputa principal que se suscita, en el terreno de la praxis, entre el clásico tipo universalista e integrador de la Razón ilustrada y los nuevos tipos de racionalidad de los «medios» (Simmel), de los «fines» (Weber), «instrumental» (Horkheimer), «funcional» (Mannheim) y «estratégica» (Habermas) que ha ido incorporando el llamado *racionalismo occidental* (Habermas, *Teoría de la acción*, I, 213 ss.). Claus Offe, un pensador heredero de esta tradición, entiende que el proceso de modernización en Occidente se apoya concretamente en tres modelos coactuantes de racionalidad que ponen seriamente en entredicho —*eclipsándola*, afirmaría Horkheimer— aquella Razón de los ilustrados: la razón técnico-científica, la económica y la jurídica, como orientación de la actividad, respectivamente, de la tecnología, el capital y el Estado. Pero intentando poner un cierto orden a toda esta diagnosis, y al mismo tiempo preservar la racionalidad ilustrada, aún, para la ética, Karl-Otto Apel ha elaborado una teoría filosófica de los «tipos de racionalidad» (*Rationalitätstypen*) que veremos brevemente (*Estudios*, 15 ss.).

Según este autor, la dominación de unos hombres por otros se ha impuesto en Occidente con la ayuda del discurso empírico-técnico como factor de legitimación. El discurso espiritual o humanista no tendría, a tales efectos, apenas punto de comparación con el citado. En realidad, afirma Apel, un discurso o bien tiene una función «estratégica» o bien una función «pragmático-transcendental», si se conduce por los ideales de comunicación *presupuestos* en el *habla* cotidiana (*ib.*, 21). La primera sirve al equilibrio de intereses en conflicto para su mejor supervivencia. La segunda se dirige, mediante el mismo discurso, a la obtención de un consenso entre los hablantes. No cabe sino añadir, pues, que una abre una *raciona-*

lidad estratégica y otra una *racionalidad ética* (*ib.*, 27 ss.). La distinción recuerda, por otro lado, la división weberiana entre una racionalidad de «fines» y otra de «valor», máxime cuando Apel concede al discurso ético una imparcialidad ante los intereses y al discurso estratégico una neutralidad ante los valores. La ética tiene su anclaje en la racionalidad *discursiva*, es decir, en y por el lenguaje: pero en aquel tipo de discurso en el que se imponen sus supuestos de *consenso* por encima de su mera utilización al servicio de intereses, siempre ajenos al discurso mismo. De suceder lo contrario, la interacción o cooperación humanas serían simplemente estratégicas. De ellas no se podría esperar un valor *ético*, ni menos un fundamento para la cooperación *comunitaria* (*ib.*, 200).

El desarrollo de esta racionalidad discursiva en orden al consenso no está inscrito, en su origen, en un *lógos* o en una *Vernunft* de cumplimiento metafísico en ambos, bien sea desde la ontología aristotélica o desde el apriorismo kantiano, respectivamente. Para Apel la racionalidad ética se fundamenta en la pragmática del lenguaje y en su supuesto implícito, a priori, de una comunidad de comunicación ideal (*idealen Kommunikationsgemeinschaft*) entre los hablantes. A partir de ahí, la norma fundamental de la ética será, pues, el respeto de una *comunidad de comunicación ideal* como idea y valor reguladores de la acción (Apel, *La transformación*, vol. II, 149 ss.; *Estudios*, 78 ss.). La norma estaría inscrita en el lenguaje, no en el sujeto o en alguna de sus facultades categoriales, como suponían Aristóteles y Kant. Sin embargo, no se amaga en el nuevo planteamiento transcendental de Apel un proyecto de reconstrucción lingüístico-social del universalismo ético de aquel último, o acaso de la idea kantiana de una razón autónoma no sujeta a inclinaciones. Lo único que pretende asegurar nuestro autor, frente a éste, es que sin una «comunidad de comunicación» la razón no es nada. La razón debe pasar, pues, de su inicial definición monológica a una formulación finalmente *dialógica*, declarando su deuda con el discurso de los hablantes (Ferry, *Habermas*, 496 ss).

La razonabilidad

Con todo, la racionalidad ética sigue planteada en un mismo marco transcendental. Luego, como en Kant, no va a poder resolver por sí misma los problemas que genera su aplicabilidad, dados los signos de mera *formalidad* —universalidad y necesidad— que la caracterizan. La viabilidad real de sus preceptos y la previsión de los efectos y consecuencias que generaría el seguimiento de éstos, es algo que le está prácticamente vedado a la razón transcendental.

Por otra parte, no todas las normas que se cree o se dice que han sido tomadas en nombre de la razón, y aun las que verdaderamente satisficieran la exigencia racional de universalidad, pueden librarse del riesgo de ser acusadas a su vez de «irracionalidad» una vez comprobadas sus consecuencias. Kant decía que lo ético sólo atañe a la decisión y no a sus efectos. Rigurosamente, desde una perspectiva racionalista, estaba en lo cierto. Pero en la moral de cada día, donde se puede ser igualmente racionalista, no basta con mantener el *rigor*.

Debemos usar también de modo «razonable» la razón, en atención a las condiciones y resultados de su aplicación. En este sentido, el racionalismo puede recoger de una ética racionalmente menos rigurosa, pero «razonablemente» más adaptable a la vida, cual es la ética aristotélica, la enseñanza de una *razón prudencial*, en alguno de sus elementos, para el uso general de la razón. Sólo así puede ésta crear sus propios antídotos ante lo que sería un uso suyo extremo e inconsecuente.

Para un mundo que cada vez más tiene que enfrentarse a las consecuencias de la acción y dar cuenta de la responsabilidad con que actúa, el principio de la *racionalidad* de la acción no puede desentenderse de la exigencia añadida de una *razonabilidad* en el obrar. Una actitud razonable consiste en aquella disposición a guiar la decisión de nuestros actos de una forma racional, pero de manera que los medios y las consecuencias de la acción puedan ser declarados igualmente racionales. Esto es, aquella actitud en que la razón no contradice su implícito fin humano para el hombre considerado en su integridad.

No es posible convertir una razón de idea universalista, como la defendida hasta aquí, a la razón de signo prudencial que muestra Aristóteles en su *Ética nicomáquea*. Ni siquiera, por definición, puede aquélla encontrar en ésta una especie de complemento. Kant demuestra claramente su incompatibilidad de raíz al rebatir los llamados «imperativos de la prudencia» (*Grundlegung*, Ak. IV, 415-416; *K.p.V.*, Ak. V, 36-37). Ahora bien, hay algunos elementos de la total *razón prudencial* aristotélica que sí pueden entrar a formar parte sin contradicción de una *razón universalista* para la ética, a los efectos de garantizar, en lo posible, la «razonabilidad» de su aplicación. Éstos son, a nuestro juicio, los que se centran en el concepto aristotélico de *euboulía* o buena deliberación.

Aristóteles distinguirá entre lo «racional» (*lógon*) y lo específicamente «razonador» (*logistikón*) (*Et. Nic.*, 1139 a). El alma, de buen inicio, se divide entre una parte irracional y otra racional. Pero esta última no es uniforme en su actividad. Se compone de otras dos partes. Cuando trata de las cosas según sus principios necesarios se activa su función «científica» (*epistemonikón*). Cuando lo hace según sus manifestaciones contingentes está ejerciendo una función «razonadora». Ambas son racionales igualmente: pero la primera procede por *demostración* y la segunda lo hace por *deliberación*, como ocurre siempre en el juicio moral. «Deliberar y razonar son lo mismo», escribe Aristóteles. Pero el razonamiento no es siempre una deliberación (*ib.*, 1139 a, 13). La razón pura tiene pues que hacerse «razonable» en todo momento en que la demostración no basta. Hay que calcular y sopesar —deliberar, *bouleýo*—: así sucede en el discurso de la ética, donde se deben barajar normas y estudiar su modo de aplicación.

Distinguíamos en otro apartado la función de la deliberación en el momento de elegir una norma de conducta (I, 4). En el libro tercero de la *Nicomáquea* queda dicho de modo inequívoco. No obstante, en el libro sexto se pasa a definir lo que es una «buena deliberación» (*euboulía*) como actividad específica de aquella razón «razonable». Por lo pronto, deliberar implica ya una cierta investigación (*zeteín*), pero no se reduce a ella (*ib.*, 1142 b). Es preciso averiguar, por consiguiente, su entera naturaleza. No es ciencia, como avanzábamos; mas tampoco acierto o buen tino, ni menos aún mera opinión. La división platónica entre ciencia y opinión (*República*, 476 a-480 a) resulta estrecha para Aristóteles. La buena deliberación no pertenece ni a lo primero ni a lo segundo, sino a aquella parte del alma que no es *epistémé*, pero no por ello deja de ser *lógos*. «Es evidente —afirma— que la buena deliberación es una especie de rectitud (*orthótes*) que no es propia de la ciencia ni de la opinión» (*ib.*, 1142 b, 10).

Ello quiere decir que no es posible la *euboulía* sin razonamiento: justamente la única facultad que ayuda a hacer rectos nuestra voluntad y nuestro entendimiento. Ahora bien, esa «rectitud» que es el buen deliberar no viene dada con el uso puro *racional* sino con el uso particular *razonador* —calculador, sopesante— de la misma razón, «... porque el incontinente y el malo alcanzarán con el razonamiento lo que se proponen hacer» (*ib.*, 1142 b, 20). Por otra parte, se puede alcanzar el bien y practicar «buenas obras» mediante un razonamiento equivocado y mal calculador. En ambos casos no se puede hablar de «buena deliberación». Al decir que ésta es una especie de *rectitud* se incluyen ambas cosas a la vez: que sea «racional» pero a la vez «razonable». O, lo que es lo mismo, que la *euboulía* sea un uso del *lógos* de acuerdo con su fin, el bien, «... pues la buena deliberación —concluye Aristóteles— es rectitud de la deliberación que alcanza un bien» (*loc. cit.*). De este modo, pues, la buena deliberación corrige para la ética cualquier extravío de lo racional fuera de lo razonable.

En esta doctrina acabamos de ver que pesa grandemente una concepción de fondo teleológico-moral: la *rectitud* consustancial a la buena deliberación, a lo razonable, no apunta sino al ajuste de la razón con su *télos* que es el bien. Así es que una ética racionalista deontológica, no teleológica, se encontrará también con el obstáculo de no poder tomar más que de soslayo, no en su integridad, la noción aristotélica de *euboulía* que da paso a lo «razonable». Con todo, repetimos, la lúcida reflexión aristotélica no puede caer en saco roto para ningún filósofo moral que se interese hoy por el problema de la aplicabilidad de las normas éticas y, en concreto, de la responsabilidad.

Para expresar un concepto análogo al de Aristóteles los estoicos hablaron de un *eúlogon* y los medievales de una *recta ratio*. Mas quien probablemente asienta de una vez toda la carga moral que tiene, aún hoy, el término «razonable» es John Locke, con el uso del sustantivo *reasonableness*. En éste subyace, lo mismo que en el filósofo griego, una concepción finalista de la naturaleza, pero, sobre todo, una mentalidad dignificadora del hombre que reacciona ante el *mal uso* de la razón, v.g., en la guerra y el fanatismo. Por eso hay que situar la razonabilidad lockiana con arreglo a sus *Ensayos sobre la ley natural,* no menos que en relación con las tesis dispuestas en sus obras acerca de la política y de la religión. Uno de estos últimos títulos es precisamente *The Reasonableness of Christianty* (1695).

En su tratado principal, *Ensayo sobre el entendimiento humano,* ya se recoge el término en cuestión, difícilmente traducible por «razonabilidad» de un modo estricto. En lugar de este barbarismo, y al precio de redundante, se ajustaría mejor la expresión «carácter razonable» de la razón (Locke, *ib*., III, 7, § 1, 706). Brevemente: dice este filósofo que por el ejercicio de la sensibilidad y de la razón, dos facultades naturales, puede el hombre conocer las leyes de la naturaleza, las cuales son una expresión de la voluntad de Dios. Ahora bien, y de acuerdo con lo anterior, para respetar esas leyes y servir a Dios, los humanos tienen que vivir *en conformidad* con la razón, a la que están, en una palabra, *obligados*. Es así que el ejercicio de la razón, sobre tales supuestos teleológicos, comporta un *oficio propio* o serie de deberes en el plan providencial de la naturaleza. El oficio de la razón consiste, según Locke, en hacer *buen uso* de ella, para Dios, para uno mismo y todos los demás hombres. La razón es «razonable», se adapta a su menester, cuando no se confunde ni con lo que está por encima de ella (*ib*., 1020) ni con su contrario, que es particularmente el entusiasmo (*ib*., IV, 19, § 3, 1036) del que hacen gala los fanáticos.

Donde se plasma mejor esa razón que cumple con su oficio, porque se ejerce de modo más viable e influyente, es en el terreno de la ética (*ib*., II, 21, § 52, 392-393) (Goyard-Fabre, *John Locke*, 98 ss.). En ninguna otra esfera debe la razón actuar con tanta prudencia y circunspección como en ésta. Sólo la razón, que descubre las leyes naturales —y, así, qué son el placer y el dolor, el vicio y la virtud—, puede también determinar dónde está el bien y dónde el mal, cómo hacerse digno y cómo ser libre. Los juicios construidos sobre dichos conceptos evidenciarán *a fortiori* su carácter razonable —su *reasonableness*—, porque al tiempo que prohíban tales o cuales acciones, establecerán, sin embargo, un sistema de recompensas (premios y castigos) que hagan menos atractivo el placer que se esperaría de la transgresión de las normas de conducta (*ib*., 117-118). Y así sucede de hecho tanto con las leyes morales cuanto con las civiles.

No han faltado reediciones posteriores de este concepto introducido por Locke y luego usado por Hutcheson (*Illustrations*, 127-128). Respetando su literalidad, se ha hablado en nuestra época de la dicotomía entre las ideas de «*rationality*» y «*reasonableness*», para indicar, respectivamente, el método propio de una dilucidación de medios y el de una evaluación de fines de la acción (Richards, *A Theory*, 75 ss.). Sustancialmente no dice nada que sea nuevo tras las apreciaciones hechas ya por Weber y la Escuela de Frankfurt, al distinguir de una parte la razón *técnica* o de «fines» y de otra la razón *práctica* o de «valores».

Más innovadora resulta la separación, en la filosofía política de John Rawls, entre un principio «*rational*» y un principio «*reasonable*» de la cooperación interpersonal propia de la democracia. El momento de lo «racional» define los términos de racionalidad o universalidad en la elección personal de cada cooperante. Aseguradas las condiciones de la elección, el momento «razonable» define los términos de equitatividad en el proceso mismo de cooperación. Lo que ahora se asegura son las condiciones del acuerdo, de manera que éste sea verdaderamente mutuo y recíproco (Rawls, *Justicia como equidad*, 140 ss.). Sin el primer principio el acuerdo democrático no poseería motivaciones racionales; pero sin el segundo sería meramente estratégico. Ambos están presentes a la vez en el proceso democrático de toma de decisiones. Sin embargo, no pueden ocultar su naturaleza moral. No tanto porque lo razonable presuponga lo racional, cuanto porque éste, en la justicia y sus personas, termina por subordinarse a aquél (*ibíd.*).

Se ha visto en esta dualidad un par de términos éticos inconciliables entre sí —universalidad y autonomía—, salvo que sean admitidos juntos de una sola vez, como hiciera Kant en su imperativo categórico. Con todo, no parece deseable abandonar la idea de una razón que *para la moral* exige no sólo universalidad, sino verse a sí misma y modularse en la perspectiva de la razonabilidad o buen «oficio», diría Locke, de sí misma. Un compromiso con esta idea de una razón de uso razonable es el que se empezaría a contraer al intentar responder a la pregunta de *¿qué es ser racional en la ética?*

Ser racional en la ética no consiste en la «voluntad de ser racional» en esta disciplina. Aquí hemos comenzado a ver que es nuestro querer el que depende de nuestra razón y no al revés. Continuamos sosteniendo este teorema que nos impide, ahora, hacer extensiva la racionalidad de la ética a un mero voluntarismo, por lo demás irracional si seguimos admitiendo de consuno que la razón es la facultad que permite universalizar nuestra experiencia y conferirle unidad sistemática (II, 3).

Una racionalidad de la praxis guarda relación con el cumplimiento de dos tipos de reglas en este género de acción. Pero antes de exponerlas debemos recordar lo que al respecto de las reglas concluye John Searle en su ya clásico *Speech acts*. Pues es a partir de ahí de donde sugerimos que ser racional en la ética atañe a una doble estrategia. Este filósofo, habiendo declarado su deuda con la teoría de los «actos ilocucionarios» de John Austin, describe en los *actos de lenguaje* dos tipos fundamentales de reglas (*ib.*, 33-42). Por una parte, las reglas normativas (*regulative rules*) son aquellas que regulan formas de comportamiento ya preexistentes a la norma o independientes de ella. En las reglas de la cortesía, por ejemplo, se presuponen ciertas formas de comportamiento interpersonal ajenas a las reglas mismas. El hecho es que las reglas normativas no están en la base de la formación de un comportamiento, sino que lo normalizan (*ib.*, 34).

De otro lado, las reglas constitutivas (*constitutive rules*), que poseen asimismo una función normativa, son aquellas que ante todo crean o definen formas de comportamiento. Las reglas de un juego de competición, por ejemplo, no sólo normalizan el juego, sino que establecen la posibilidad misma de este juego. Jugar al ajedrez es una actividad constituida, sin más, por el uso de unas determinadas reglas: el comportamiento que éstas regulan no existiría si no fuera estrictamente por ellas. Pero la cortesía, sin embargo, podría darse sin la existencia de unas «reglas de la cortesía», por ejemplo en alguien de maneras sociables y delicadas. Las reglas constitutivas sí están en la base de la formación de un comportamiento: «ha marcado un gol», «ha resuelto bien la ecuación» o «ha cumplido su promesa», se refieren a actos instituidos por diferentes reglas constitutivas (*ib.*, 36). Así, si las reglas normativas suelen presentar una estructura de juicio imperativo («haz *x*», o «si *y*, entonces *x*»), las constitutivas adoptan por lo general la forma de una proposición descriptiva, tal cual «*x* resulta *y*» o bien «*x* resulta *y* en la situación *s*». También aquéllas están apoyadas por sanciones y éstas no.

Searle hace esta clasificación sobre la hipótesis de una filosofía del lenguaje que afirma que hablar una lengua equivale a ejecutar unos actos conforme a reglas inherentes al habla. Por donde muchas reglas constitutivas de comportamiento serían reglas subyacentes al mismo acto del discurso (*ib.*, 54 ss.). No obstante, vamos a extrapolar esta división de las reglas al contexto de un discurso de la ética, a fin de fijar qué es lo racional en este contexto. Al mismo tiempo retomamos, a estos efectos, los términos de la distinción rawlsiana entre lo racional y lo razonable.

Ser racional en la ética exigiría satisfacer, primeramente, una condición necesaria. Ésta es cumplir con una sola *regla constitutiva* del sistema racional de normas: el que todas ellas tengan por condición la *universalidad* del discurso. De forma que todos los sujetos implicados han de poder entender y querer los predicados de este discurso por mor de su no contradictoriedad.

Esta regla «instituye» lo que es un discurso ético racional, pero no regula más que su mera formalidad: no lo «normaliza» totalmente. Debe acudirse a otro tipo de regulación añadida para que la racionalidad alcance también al contenido y a los medios y consecuencias de la aplicabilidad del discurso. No es suficiente con tener un código homogéneo de normas de acuerdo con cierta regla. Hay que prever en este código un cierto tipo de autorregulación, de forma que otras reglas nos digan cuándo y cómo aplicar sus normas, y, acaso, cómo sacar el mejor partido de ellas. Eso mismo equivale a la demanda de «razonabilidad» para un discurso ético. Ser enteramente *racional* en la ética exigiría, por consiguiente, satisfacer asimismo una condición de suficiencia. A saber: cumplir con ciertas *reglas normativas* para la aplicación y optimización de un código de normas preexistente y declarado «racional» en primera instancia. En el esquema del racionalismo kantiano estas reglas son al menos y esencialmente dos. La que exige o pone por condición que una norma o código de normas respete en toda ocasión a la persona como fin en sí mismo (regla de la *humanidad*) y la que condiciona cualquier norma en el respeto, sin excepción, de la humana dignidad (regla de la *autonomía* de la voluntad) (Villacañas, *Racionalidad*, 312 ss.).

Estas reglas *normativas* y aquella regla *constitutiva* de la racionalidad ética se encierran en la formulación kantiana del imperativo categórico de la moralidad (IV, 4). La regla que asegura la universalidad, condición necesaria para ser racional, ha sido retomada y puesta en primer plano de importancia por las modernas teorías procedimentales de la ética: Lorenzen y la escuela de Erlangen, Rawls, Habermas, Apel. En todo caso, es una regla que basta ella misma para fijar la condición *necesaria* de la racionalidad práctica. Seguramente no se puede afirmar lo mismo de las reglas de la humanidad y de la autonomía para decir que «bastan», a su vez, para fijar la condición *suficiente* de la ética racional como ética asimismo «razonable».

A este respecto existen muchas menos coincidencias en la filosofía moral contemporánea. Los autores se dividen aquí según una diversidad de respuestas en un abanico que oscila desde el formalismo racionalista hasta el consecuencialismo extremo. Una de las principales tareas de la ética actual consiste precisamente en suministrar y discutir nuestras llamadas «condiciones de suficiencia» para una racionalidad práctica. Sin embargo, gran parte de todos estos autores asume implítica o explícitamente la regla de la autonomía de la voluntad, desde una u otra perspectiva filosófica, como esencial en una argumentación ética. Por lo demás, y al mismo objeto que lo anterior, prácticamente ninguno de ellos se propone negar la regla de la humanidad que afirma que un individuo no debe ser nunca utilizado por otro.

Son, decíamos, muy posiblemente reglas incompletas para definir el buen oficio de la razón *razonable*, o si se quiere para fijar la condición de suficiencia de lo que es ser racional en la ética. No obstante, se trata de dos reglas irrenunciables que no pueden estar ausentes —ni ser contradichas por otras reglas— en la consideración de los medios y de las consecuencias de una decisión *prima facie* «racional». Al menos, insistimos, la que manda respetar en cualquier ocasión a la persona como un fin en sí mismo.

CAPÍTULO III

EL JUICIO MORAL

1. La razón práctica

LA MORAL COMO RAZÓN PRÁCTICA

Un hombre acaba de ser contratado por una empresa como director de sus servicios de informática. El puesto exige una mentalidad lógica y se puede decir que nuestro personaje hace del razonar su profesión. Pero un día se le exige que realice un estudio informático exhaustivo de la empresa en cuestión al objeto de reducir drásticamente su plantilla laboral. De súbito, el esquematismo lógico de este protagonista se ve afectado por un acuciante dilema práctico. Puede limitarse a decir sí a su encargo, con lo que asegura su propia posición y se sacude posibles competidores de encima, o bien puede tomar un interés en rechazar la mencionada demanda, de acuerdo con lo que considera una acción hiriente para él y para sus compañeros.

El sujeto de este caso ha tenido que pasar de un orden de razonamiento a otro. Ha debido pronunciarse mediante un juicio suscitado por el interés práctico. Tiene que seguir razonando, como exige su propio trabajo, pero en esta ocasión por la vía y desde los requisitos de una razón «práctica». Ciertamente hemos visto hasta ahora el apoyo de la moralidad sobre la razón. Pero antes de pasar a ver el tipo de actividad con que se expresa aquélla (III, 2) conviene que reparemos algo más en el tipo de facultad sobre el que el hecho moral se asienta. Tendremos, pues, que dilucidar aquel determinado uso de la razón que se rige por «propósitos», al decir de Aristóteles, o por un «interés práctico», como dirá Kant. Ante nosotros está este uso evidente, de un lado, y de toda suposición, por otra parte, de una razón que juzga desde la perspectiva de lo que *debe ser*, además de hacerlo desde la visión de lo que reconocidamente *es*. Es la razón que se decide no sólo por medio del conocimiento efectivo o deductivo de las cosas, sino ahora y ante todo por la voluntad. Ésa es la *razón práctica*.

Para nuestra vida de acción con los demás y con nosotros mismos no es suficiente el disponer de una razón que juzgue sobre hechos empíricos y leyes lógicas. Con ella sola, en el terreno donde se baraja algo más que hechos e inferencias —en la vida de la praxis—, podríamos llegar a conclusiones empíricas o lógicamente correctas a partir de premisas que desde otro punto de vista serían incorrectas. Así, podría argumentarse: «Todo lo que se hace en nombre de la comunidad es justo», «Sacco y Vanzetti fueron condenados en nombre de la comunidad», luego «La condena de Sacco y Vanzetti fue justa». La conclusión es correcta, pero la premisa de la que deriva puede demostrarse que no obedece a ninguna afirmación científicamente aceptable, y ni siquiera para muchos sería moralmente plausible. De ahí que la primera premisa deba ser discutida desde la razón práctica, y sólo, según algunos autores, desde este tipo de razón.

Sócrates nos muestra ya, con su vida y enseñanza, que hay un ejercicio práctico además de teorético de la razón, y que la vida ciudadana depende del primero. Un personaje teatral de su contemporáneo Aristófanes, Lisístrata, nos convence asimismo de ello cuando propone acabar con la guerra mediante una estrategia muy particular: que todas las mujeres sometan a sus maridos guerreros a una abstinencia sexual. Al margen de la lógica y contra toda experiencia, una propuesta de la razón práctica consigue detener la escalada bélica ante la que permanecía sabia, pero inerme, la razón teórica. Sin embargo, en la filosofía de Sócrates, como seguramente en el juzgar de Lisístrata, hay todavía una dependencia de los principios de la *praxis* respecto de los de la *theoria*, pues la virtud, según aquél, se adquiere por el hecho mismo del conocimiento. Ha de ser Aristóteles quien rompa con este supuesto y aquella dependencia: la acción entre los demás tiene sus propios principios y éstos su propia manera de ser razonados. La acción moral y política remite, en fin, a la *razón práctica*.

El Estagirita distingue dos clases de actividades humanas (*enér-*

giai): aquellas cuyo resultado está en los propios actos (*praktón*) y aquellas otras cuyo término está más allá de éstos. En el primer caso se incluye la *praxis* y la *poíesis*; en el segundo se inscribe la *tékhné*. Sólo en las primeras decimos que el objetivo está en la actividad en sí misma. Mas de entre los tres órdenes de actividades únicamente los actos de la praxis, las «acciones» (*práxeis*), están supeditados a la razón práctica. En su *Psicología* se anticipa bastante de ello. Hay un intelecto teórico y otro práctico (*noús praktikós*). Éste es «... aquel que razona por mor de algo, pues precisamente por el objetivo se diferencia del intelecto teórico» (*ib.*, 433 a 13). ¿Cuáles son los fines u objetivos de la facultad en cuestión? Son los objetos todos de la voluntad. Por eso la virtud ética en donde mejor se refleja el intelecto práctico es la prudencia o *phrónesis*. *Phrónimos* o prudente es el individuo sabio en un sentido, pues, práctico. *Sophós* es el sabio de índole más bien teórica; el individuo poseedor de conocimientos.

No es de extrañar la división que aparecerá en la *Nicomáquea*, donde Aristóteles distingue entre la *eusynesis*, o buen entendimiento, y la mencionada *phrónesis*. La primera se refiere al juicio «inteligente»; pero un juicio verdaderamente *práctico* es el que da paso a la segunda. Ambas son, en efecto, dos cualidades que no pertenecen al dominio de lo universal y necesario, donde procede actuar de modo estrictamente científico. De otra parte, eso no quiere decir que correspondan a un comportamiento de mera «opinión»: las dos son susceptibles de ser guiadas por una recta deliberación. Lo que ocurre es que, de entre ambas, aquella que posee una función normativa para la praxis es la prudencia, «... pues su fin es lo que se debe hacer o no» (*Et. Nic.*, 1143 a). El buen entendimiento, en cambio, sólo se ha limitado a juzgar de modo inteligente, no todavía práctico (*loc. cit.*).

Algo antes, en el mismo libro VI de la *Nicomáquea*, aparece otra fundamental división, ésta sí de reconocida fortuna. Si en la *Psicología* veíamos al *noús* escindido entre lo teórico y lo práctico, ahora esa especialización compete a la *diánoia* o pensamiento, la parte más «reflexiva» del *lógos*: por así decir, su nivel intelectual por antonomasia, ya que el *noús* o intelecto era su parte más «intuitiva». Pues bien, a este *lógos dianoetikón* le puede incumbir una reflexión productiva (*poietikés dianoías*), lo mismo que una reflexión teórica (*theoretikés dianoías*) o una reflexión práctica (*praktikés dianoías*) (*ib.*, 1140 a). Ello quiere decir que lo intelectual puede adoptar también un punto de vista práctico. No sólo es un órgano para la ciencia y las actividades productivas: el pensamiento tiene igualmente una función para la praxis moral o civil. Y la prudencia, en particular, va a ser la virtud propia de esta especialización. De modo que lo «racional práctico» (*lógoi praktikés*) se identificará a menudo con tal clase de virtud (*ib.*, 1140 a 4, 1140 b 21). Por lo demás, la razón práctica se distingue de la teórica en que su actividad no es demostrativa, sino deliberativa. Y de ésta y de la razón productiva a la vez, en que, como ya se ha dicho, su ejercicio se ciñe a la praxis (*loc. cit.*).

Ocuparía aquí mucho espacio enumerar los autores que después de Aristóteles se han referido a este tipo de razón. A cambio de una montaña de datos baste recordar que la tematización de una *ratio practica* reaparece principalmente con Tomás de Aquino. Éste reconoce en ella un poder de causación (*sed etiam causativa*) que no posee la *ratio speculativa* (*Summa*, II-II, q. 83). Sin embargo, aunque diferentes, no se trata de dos razones separadas. En buena medida sí lo estaban para Aristóteles al postular un «modo de ser» (*éxis*) para cada especie de razón. Ahora van a abrir, es cierto, dos órdenes de vida tan distintos para los medievales como la «activa» y la «contemplativa». Pero no se dará entre estos tipos de vida la contraposición que se presenta de raíz, en la Escolástica, entre la razón —en general— y la fe religiosa. No obstante, a partir del Renacimiento y del impacto científico sobre la filosofía, se propiciará una división de principios para lo *teórico* y para lo *práctico* —desasistido, éste, de un conocimiento cierto— como sin duda no se había visto antes. Piénsese, en este sentido, en la necesidad planteada por Descartes, a la espera de una ética *metódica*, de tener que suministrar una «moral provisional». O en la resolución de Spinoza de escribir una ética *more geometrico*.

Lo práctico tenía su propio campo; pero no estaba nada claro para fomentar qué clase de «cultivo»: ¿evidencias lógicas?, ¿elementos sensibles?, ¿artículos de fe? En el origen del problema estaba su propia crisis de relación con lo teórico. Y así, hasta las puertas del kantismo, que quiere superar 1) la oposición entre *theoria* y *praxis* y 2) la confusión de principios en ésta. Todavía unos mismos autores «ilustrados», como Wolff y Hume, sostendrán conceptos harto dispares de «razón» para el uso de la filosofía moral. La separación entre lo teórico y lo práctico, en detrimento, pues, de este último, parecía un hecho tan consumado que el propio Kant, en 1793, no repararía en esfuerzos para desmentir el dicho «Lo que es correcto en teoría, no sirve para la práctica» (Kant, *Teoría y práctica*). Sin embargo, esta labor ya había empezado antes, cuando él mismo recupera el concepto de *razón práctica*.

EL PRIMADO DE LA RAZÓN PRÁCTICA

La filosofía alemana anterior a Kant distingue básicamente entre las facultades del entendimiento (*Verstand*) y de la voluntad (*Wille*). Pero aquél introduce una nueva distinción dentro de la facultad superior del conocimiento: la *razón pura* (*reine Vernunft*) es la facultad de los principios, mientras que el *entendimiento* lo es de las reglas.

Ahora bien, hay una *razón teórica* o teorética (*theoretische Vernunft*) y una *razón práctica* (*praktische Vernunft*), expresión, esta, utilizada ocasionalmente —*practical reason*— por el empirismo inglés contemporáneo a nuestro autor, pero que, como decíamos, forma parte ante todo de la tradición aristotélica y escolástica. La razón teórica suministra los principios, *a priori* de la experiencia, del conocimiento teorético, que aunque de origen sensible se rige por «ideas regulativas» de la razón pura. La razón práctica facilita, en contraste, los principios, igualmente *a priori*, del conocimiento práctico; es decir, de la *voluntad*, regida ahora por «ideas *constitutivas*» procedentes de la misma razón pura. Con lo que ésta pasa a ser *legisladora* —a ser capaz de «dar constitución» a través de principios— únicamente en el terreno de lo práctico (Kant, *K.U.*, Ak. V, 174).

No se trata, con todo, de dos tipos diferentes de razón, sino de una sola razón pura que se *usa* diferentemente. De este modo queda diluida la frontera entre la «teoría» y la «práctica», al depender ambas de una misma facultad. En el uso teórico de la razón, para empezar, nos aplicamos al ámbito sensible del conocimiento y concluimos que todo lo que no puede ser «conocido» —que no tiene en su origen datos de una intuición sensible— sólo puede ser «pensado». Pero en el uso práctico de la razón pura, por el que nos referimos estrictamente a ese ámbito de lo *suprasensible* o meramente pensado, llegamos a la conclusión de que aquello que podía sólo ser *pensado* en la razón teórica puede asimismo ser *afirmado* en la razón práctica: incluso ser afirmado como «hecho» (*Tatsache*), cual ocurre particularmente con la pura idea suprasensible de *libertad* (*Freiheit*) (*ib.*, 468).

La libertad, en efecto, es el único objeto correspondiente a una idea de la razón pura que no es una «cosa de fe» (*res fidei*) sino un tipo peculiar de hecho o *res facti* (*loc. cit.*). Y decimos «peculiar» porque no es un hecho penetrable por nuestros sentidos, sino que se establece a través de los actos de determinación de nuestra voluntad. No es así, tampoco, un abstracto *factum rationis*. La libertad es el hecho fundamental de la moralidad. Ello guarda en el fondo relación con lo que ya se afirmaba en la primera *Crítica*. Esto es, la diversidad de competencias, para el conocimiento teórico y el práctico, entre conocer lo que *es* (*was da ist*) y representarnos lo que *debe ser* (*was dasein soll*), respectivamente (*K.r.V.-B*, Ak. III, 421). Cuando este deber ser se pone en marcha, mediante nuestra voluntad sujeta a una ley moral, se infiere inmediatamente que ello ha sido posible por el hecho precedente de nuestra libertad.

Gracias, pues, a esta afirmación de lo suprasensible en lo práctico se hace posible el paso o *sucesión* de la razón teorética a la razón práctica, aunque es una única razón autora, siempre, de ideas y principios *a priori* de la experiencia, es decir, no derivados de la sensibilidad. Para la idea misma de libertad este paso se plantea como una exigencia necesaria, no hipotética o arbitraria, desde el momento en que la voluntad se sujeta a la ley, o lo que es lo mismo, es capaz de determinarse sólo por la razón. El uso teórico de la razón mostraba la libertad en tanto que idea que se puede *pensar* sin contradicción con otros conceptos (*ib.*, 308 ss.). Es, por así decir, un concepto «negativo». Ahora bien, el uso práctico de la misma facultad, puesto que incide en el control de la voluntad e instaura la moralidad, puede ya señalarnos el objeto correspondiente a aquella idea o concepto negativo, al que ha dado *realidad práctica* a través del hecho moral. La razón práctica muestra la libertad en tanto hecho que se puede conocer y demostrar, aunque bien sólo *prácticamente*, no por las vías propias del conocimiento teórico (*K.p.V.*, Ak. V, 3-5). Esta idea de la libertad que la razón teórica *intelige* y la razón práctica *realiza* será la base, en suma, de todos los conceptos del conocimiento práctico (*K.U.*, Ak. V, 175-176).

Hay una sucesión de la razón teórica a la razón práctica, pero no al revés. Y ni mucho menos este paso consiste en una equiparación de la primera a la segunda. Se trata de dos usos de la razón irreductibles el uno al otro en cualquiera de los sentidos. Una equiparación, así, de la razón práctica todavía a la razón teórica equivaldría, sin más, a reponer otra vez la razón dogmática. Con lo que si bien hemos de admitir que no existe un divorcio entre teoría y práctica, porque la razón en ambas es la misma, hemos de aceptar también, pese a lo anterior, que no es posible ni una convertibilidad ni un libre tránsito del discurso teórico al discurso práctico, y viceversa. La razón tiene un uso diferente y específico en ambas formas del conocimiento. Hay, de este modo, un «abismo infranqueable» (*K.U.*, *loc. cit.*) entre dichos discursos, abismo sólo sorteable en la sucesión, hecha posible con la moralidad, de una idea teorética de la libertad a la efectiva realidad práctica de esta idea.

La razón sólo puede estar relacionada con su objeto de dos maneras. O simplemente *determinándolo*, lo que constituye el uso teorético de la razón, o bien *haciéndolo real*, que en esto consiste su uso práctico (*K.r.V.-B*, Ak. III, 8; 371). En este último caso sólo se juzga lo que «debe ser», no lo que «es», que ya fue objeto del discurso teorético. Por donde es válido admitir, en fin, que el uso práctico de la razón «amplía» el uso teorético de la misma. Ahora bien: lo que jamás es admisible —según el esquema dado por Kant—, es que a continuación identifiquemos este nuevo uso amplificativo de lo racional con un mero «incremento» del uso puramente teórico o determinativo. La razón práctica no *añade* nada más a la razón teórica, sino que la *amplía* en una esfera en que los objetos ya no se determinan: se *realizan*. Y así ocurre con la libertad y todos los objetivos relacionados con ella.

Pasemos ahora a otra consideración: veremos por qué la razón práctica tiene un primado sobre la razón teórica. Kant lo argumenta a partir de la idea de un *interés* (*Interesse*) de la razón pura en cualquiera de sus modos. Dícese en la primera *Crítica* que «de hecho, la razón posee un solo interés» (*K.r.V.-B*, Ak. III, 440) y ése es la «posible perfección del conocimiento» (*loc. cit.*). Todos los principios derivados de este interés pueden ser llamados «máximas» de la razón, que no son principios constitutivos de un objeto, sino principios reguladores del conocimiento de este objeto. Sin embargo, a partir de este hecho, el de unas máximas subjetivas de la razón que se interesa por regular el conocimiento, va a tener lugar la «separación de distintos modos de pensamiento» (*ib.*).

El interés de la razón por el conocimiento teórico («¿Qué puedo saber?») origina la *razón teórica,* cuyo ámbito de aplicación es la esfera de los conceptos de la Naturaleza. Cuando el interés apunta —sin dejar de ser el *único* interés de una *única* razón— hacia la voluntad, o conocimiento práctico, surge la *razón práctica* («¿Qué debo hacer?»), con su esfera de pensamiento limitada a los conceptos de la Libertad. Si el interés se dirige al conocimiento teórico y práctico a la vez, la facultad cognoscitiva correspondiente es el *juicio,* que se pregunta «¿Qué puedo esperar?» en el ámbito propio del sentimiento (*ib.,* 522). Todas estas tres facultades o modos de pensamiento de la razón pura tienen conceptos, principios y hasta disposiciones mentales (*Vermögen des Gemüssen*) propios y exclusivos de cada una de ellas. A pesar de esto, es posible una unidad sistemática (*sistematische Einheit*) de las tres formas de pensar gracias, precisamente, al predominio o primado del interés práctico sobre el interés especulativo o teórico. O, en definitiva, gracias a la primacía de la *razón práctica* —a que da origen tal interés— sobre el resto de las facultades. Por consiguiente, el nexo de la razón pura se encuentra en nuestra vida moral. Veamos por qué.

El interés práctico, desde luego, pero también la idea de un «fin definitivo» (*oberste Zweck*) de todas las cosas, son dos elementos que encontramos en uno y otro cabo, por así decir, de la vida moral. Con respecto al segundo cabe añadir que sólo es nuestra razón práctica la que nos puede convencer de su corrección, pues tal idea es una idea imposible a través de la razón teórica, la cual se aplica únicamente a los conceptos de la naturaleza. Así, en efecto, un fin definitivo es una idea que «está en perfecto acuerdo con los principios morales de la razón» (*ib.,* 530). Es decir, en perfecta consecuencia con nuestro obrar moral, que permite el supuesto, sin contradicción con sus principios, de un fin supremo de todas las cosas. Luego la razón práctica es la única facultad capaz de relacionar el conocimiento con nuestro supremo interés (*höchstes Interesse*), que consiste justamente en orientarnos según aquel fin supremo. Y en dicha relación estriba también su mérito. Esta clase de interés es igualmente otro indemostrable supuesto, pero es un supuesto «absolutamente necesario para los fines más esenciales de la razón» (*loc. cit.*). La *teleología moral* es, en suma, lo que confiere la mencionada «unidad sistemática» a esta facultad bajo la primacía de aquel «fin último», o, lo que es lo mismo, por mor de la razón práctica. El saber filosófico consigue con ello organizarse en un sistema —en una *arquitectónica*, dirá también Kant— y por lo tanto presentarse como ciencia. Si hay, pues, un todo articulado y no un mero «agregado de conocimientos» en nuestro saber, es porque la razón práctica y sólo ella —la moralidad— le ha dado una unidad bajo la idea de un único fin que es a la vez su interés primordial. Para la filosofía crítica esto parece, en cambio, inadmisible desde cualquier otra forma de pensamiento que no sea el de la razón práctica (*ib.*, 538-539).

Aclaremos algo más esta idea de una razón que posee carácter *teleológico-moral*; es decir, en la que el cariz práctico de su *interés* subyacente predomina sobre la dimensión especulativa o teorética de este interés. Todo modo de pensar (toda «facultad del espíritu»), se dice en la segunda *Crítica*, puede atribuirse un interés, esto es, un principio subjetivo que encierra la condición para favorecer el ejercicio mismo del modo de pensar —y solamente para fomentar este ejercicio—. Mas como la razón es la facultad de los principios, se puede afirmar, en consecuencia, que ella misma «determina el interés de todos los poderes del espíritu y el suyo mismo» (*K.p.V.*, Ak. V, 119). La razón, en una palabra, es *interesada*, y sus dos fundamentales intereses, coincidentes con sus dos esenciales modos de pensar, son de tipo transcendental: 1) «El *conocimiento* del objeto hasta los principios *a priori* más elevados» (*ib.*, 120); 2) «La determinación de la voluntad, con respecto al último y más completo fin» (*loc. cit.*). Ambos intereses corresponden, respectivamente, a la razón teórica y a la razón práctica. En esta última el interés vuelve a identificarse con el fin último, incondicionado, al que apelaban las últimas páginas de la *Crítica de la razón pura*.

La cuestión está ahora en ver cómo se relacionan estos dos intereses transcendentales. Baste recordar lo mantenido también en la primera *Crítica*: en todo aquello que no puede decidir la experiencia sensible manda el interés práctico (*K.r.V.-B*, Ak. III, 329-330) y en cualquier caso es este interés el que rige, por ser el único que está ligado a un fin último de todas las cosas («superioridad de la filosofía moral»: *ib.*, 543). La segunda *Crítica* ratifica que hay un primado del interés práctico sobre el teórico y que ello obedece a un motivo proveniente de la moralidad. Pues sólo en este ámbito se descubre el *fin incondicionado* de todo, que es el interés global de la razón: «... todo interés es, en último término, práctico, y el interés mismo de la razón especulativa es condicionado y sólo en el uso práctico está completo» (*K.p.V.*, Ak. V, 121). El primado de la razón práctica tiene, pues, un fundamento: el carácter *teleológico-moral* de la razón.

Este carácter de la razón se pone de nuevo al descubierto con la tercera *Crítica*, al analizarse la conexión entre las vertientes subjetiva y objetiva de la filosofía transcendental. Dicho nexo tiene su justificación en la realización de un fin final o incondicionado (*Endzweck*) en el mundo. Tal fin no hay ningún ser de la Naturaleza que lo encarne en sí mismo: todos los fines naturales son condicionados (*K.U.*, Ak. V, 426). Pero si dirigimos la mirada al ámbito de la Libertad veremos que la situación es muy otra. Aquí, ciertamente, la *felicidad* tampoco puede ser fin final, porque entrañaría siempre un fin condicionado. Sin embargo, la *voluntad buena* —la moralidad: querer bajo leyes de la razón— sí se nos aparece en este ámbito como un fin definitivo para el hombre: «... una buena voluntad (*ein guter Wille*) es lo único que puede dar a su existencia un valor absoluto, y, con relación a ella, a la existencia del mundo un *fin final*» (*ib.*, 443). El fin incondicionado del hombre es únicamente su fin moral. No en lo que él recibe o goza, sino en lo que él *hace* (y no como miembro de la Naturaleza, sino en su Libertad), están, pues, el valor y el fin totales del hombre, *así como* lo único que hace posible pensar —no «conocer» empíricamente—, sin contradicción, un fin incondicionado en el mundo con el cual poder hacer coincidir nuestro fin total moral. Pero ya entramos, a todo esto, en un asunto que no compete directamente a nuestra exposición, el de la teología ética (*Ethikotheologie*), donde Kant argumenta en favor de la existencia de Dios apoyándose tan sólo en la razón práctica (*ib.*, 450-451, 455).

Conclúyese de esta exposición de la filosofía crítica de Kant que la razón pura no es una facultad vacía y desarraigada de la cotidianeidad del ser humano. Mientras hagamos posible aquí la existencia de una *buena voluntad*, de la vida moral por el uso de la razón misma, la «facultad de los principios» tendrá una unidad sistemática y un fin final que la justificarán más allá de su estricto y neutral ejercicio raciocinante. Y puesto que su fin y su interés son, a la postre, *morales*, decimos que la razón práctica —la misma que los ha descubierto— tiene un primado sobre la razón especulativa. Si el filósofo pensara lo contrario y viese en la perfección lógica del conocimiento el supremo interés de la razón, el concepto de filosofía no pasaría de ser un mero «concepto escolar» (*nur ein Schulbegriff*). Pero cuando se mantiene en lo primero y hace de su saber la «ciencia de la relación de todos los conocimientos con los fines esenciales de la razón humana» —entre los cuales despunta el fin supremo moral—, estamos ya ante una filosofía de «concepto cosmopolita» (*Weltbegriff*) y frente a un tipo de filósofo más afín con su insoslayable *arquetipo moral* (*K.r.V.-B*, Ak. III, 542-543). Sólo Kant y Rousseau se diferencian, en este punto, del resto de filósofos de la Ilustración.

Hasta aquí, pues, la primacía de la razón práctica sobre la razón teórica, una facultad, esta, «... que no puede por sí conducirnos a nuestro fin y se ve necesitada de ayuda» (*K.p.V.*, Ak. V, 146). Pero a una sabiduría limitada le corresponderá, en compensación, el beneficio de otra sabiduría que nos abre al campo ilimitado de lo suprasensible y de su realización en la moralidad. Es el saber que se identifica con la razón práctica, la única que consigue la intelección y la afirmación práctica de lo transcendente, imposibles, ambas cosas, en los límites del saber teórico (Zubiri, *Cinco lecciones*, 101-102). Por lo demás, y para acabar, Kant se servirá de esta misma «desproporcionada proporción» de los usos de la razón, que concede primacía a la razón práctica, para expresar del modo más decidido su confianza en la razón como tarea *legisladora* del mundo: como Actividad frente a la pasividad y como Ordenación frente al caos.

Esta expresión a que nos referimos se encuentra en dos conceptos que son exclusivos de la razón práctica: el de *ley moral* y la idea de una necesidad práctica de Dios como último supuesto de la moralidad. Así, al concluir nuestro autor, en la *Crítica de la razón práctica*, que hay dos cosas que le llenan de respeto y admiración, «*el cielo estrellado sobre mí y la ley moral en mí*» (*K.p.V.*, *op. cit.*, 161) —dos cosas, dice, «en lo transcendente fuera de mi horizonte»—, es fácil ver que sólo podía continuar refiriéndose a la misma *razón práctica*. Esto es, a un faro más potente en la oscuridad que la razón teórica con toda su luz.

TEORÍA Y PRAXIS SEGÚN HABERMAS

La distinción entre un uso teorético y un uso práctico de la razón, como hemos visto, no significa, para Kant, una división de la experiencia entre la teoría y la praxis. En este autor, así como en otros ilustrados, ambos dominios están sujetos a la razón. Si aparecen disociados entre sí no deja de ser una contradicción para el hombre que *puede* operar en cualquier campo de forma reflexiva y que *debe* además hacerlo así para alcanzar su liberación como persona.

Uno de los últimos escritos de Kant, ya mencionado, se preocupa de dejar bien claro que en la moral, la política y el derecho no hay una medida para la teoría y otra para la praxis. Si la felicidad no contiene más que aquello que la naturaleza, y con ella nuestra razón teórica, nos dan, la moralidad, en cambio, contiene únicamente lo que el hombre se da a sí mismo por la libertad y el uso práctico de la razón (Kant, *Teoría y práctica*, 9 ss.). La moral basada en esta facultad, no en el apetito sensible que subyace a todas las representaciones del principio de felicidad, consigue superar cualquier contradicción entre las máximas de la voluntad e impide, por consiguiente, que la moral se destruya finalmente a sí misma (*ib.*, 21). Que la ética fundamentada en la razón —una ética del deber— tiene esta capacidad de autoconsistencia que no posee cuando hunde sus principios en la facultad inferior de desear, es algo que puede admitir cualquier ser racional y que goza, entretanto, de un consentimiento general. Frente a una ética, pues, de las *inclinaciones*, dice Kant: «Todo cobra un cariz muy distinto tratándose de la idea del deber, cuya transgresión, aun sin tomar en cuenta las desventajas que se siguen de ella, actúa inmediatamente sobre el ánimo tornando al hombre en reprobable y punible ante sus propios ojos» (*ib.*, 24). Con esta reflexión, al alcance de todos, tenemos la prueba, en conclusión, de que todo cuanto en la moral es correcto para la *teoría* también tiene que ser *válido* para la práctica (*loc. cit.*).

En su libro *Teoría y praxis* el filósofo social Jürgen Habermas reconoce por adelantado esta unidad de ambas facetas en el racionalismo de las Luces y luego en la primera Filosofía de la Historia (Lessing, Herder, Hegel). Ésa fue la época en que lo teórico se orientaba a lo práctico —a la lucha por la emancipación civil y al rechazo intelectual del dogmatismo por la crítica—, pero en que, a su vez, la praxis atendía a los principios asentados desde la teoría. La razón, en todo caso, toma partido: se abre a la decisión, no sólo al conocimiento. Es, dice Habermas, una «razón decidida» (*dezidierte Vernunft*) y así lo observamos desde Kant hasta Marx (*ib.*, 291 ss.). Sin embargo, la filosofía de las ciencias empírico-analíticas, desde el positivismo hasta los diferentes sucesores de Popper y del Círculo de Viena, fueron rompiendo paulatinamente con la unidad teórico-práctica de la razón ilustrada: se separan los hechos de los valores, el conocimiento del interés práctico, las recomendaciones técnicas de las orientaciones de conducta. La *razón*, en definitiva, se habrá disociado de la *decisión* (*Entscheidung*), que quedará al albur de conductas o preferencias no sometidas a razonamiento. Sobre este estado del conocimiento, convertido tanto más en poder técnico que en la ciencia que se pretende, toda cuestión práctica aparece como cuestión ideológica o no susceptible de verdad.

No obstante, puede advertirse que la crítica de viejos y nuevos positivistas a la ideología y a todo atisbo de «razón decidida» en la teoría es ella misma una crítica no exenta de decisión y, en suma, de ideología. El hecho es que desde la propia racionalidad tecnológica y en nombre de una esencial, para ella, «libertad de valores» —la neutralidad respecto de todo valor—, se contradice la presunta imparcialidad de esta razón teorética frente a cualquier sistema previo de valores: «La noción de racionalidad que ella impone decididamente —argumenta Habermas— implica más bien, al fin y al cabo, toda una organización de la sociedad en la que una tecnología independizada dicta a las zonas usurpadas de la praxis, en nombre de la libertad de valores, también un sistema de valores, o sea, su propio sistema» (*ib.*, 302-303). La racionalización que exige modernamente la eliminación de los elementos normativos del proceso de la argumentación científica, es decir, que separa entre teoría y praxis, desemboca en último término en una racionalización que se constituye a sí misma en sistema de elementos normativos. En la aséptica toma de partido en favor de la racionalidad formal (*formale Rationalität*) se oculta, pues, un nuevo tipo de racionalidad «sustancial» (*ib.*, 303, 307-308).

Nada, por una parte, consigue avalar la idea de una división tajante entre el conocimiento del mundo y su transformación en un sentido práctico, aunque ambas cosas pertenezcan a ámbitos de la racionalidad diferentes entre sí. Ni, por otra, la asimilación de la razón práctica a la razón teórica, como si de un continuo de la razón ahora se tratase (*ib.*, 308). Sin embargo, la racionalidad formal o tecnológica incurre en estas dos formas de autosugestión. Podría verse una excepción de todo ello en la crítica positivista de Popper a la ideología. Ciertamente este autor no comparte el sistema normativo o «ideológico» implícito en los firmes partidarios de la racionalidad tecnológica. Por lo pronto, pues, se situaría entre los herederos de la Ilustración, si no fuera, añade Habermas, porque a su crítica le agrega la «resignada reserva de que el racionalismo sólo puede justificarse como concesión de fe» (*loc. cit.*). Sobre este supuesto no sería posible obligar racionalmente a nadie a que apoyara sus decisiones en argumentos explícitos; ni tampoco, al fin y al cabo, nadie podría servirse de ellos para justificar consistentemente su propia racionalidad o cualquiera de sus opciones racionales. La actitud racional requeriría entonces una *decisión* al respecto de sí misma —un «tipo de fe», dice Popper.

Según Habermas, el autor de *La sociedad abierta y sus enemigos* extrapola a la praxis sus conclusiones acerca del método para la teoría. Sigue siendo, el suyo, un racionalismo reducido, en la línea del positivismo anterior (*ib.*, 309). Ahora bien, si en verdad existiese una conexión, como presume Popper, y en base a la «actitud» racional, entre el canon de la teoría y las consecuencias de ésta para el mundo de la praxis, un positivismo consecuente «ya no podría separar por más tiempo del concepto de racionalidad el interés de la razón en la emancipación» (*ib.*, 310). Es decir, ya no seguiría separando, *a priori*, entre razón y decisión, cual sostiene todavía Popper al poner la dualidad conocimiento/ciega fe. Contrariamente, Habermas defiende que ambas están unidas, porque dicha conexión es inherente a la discusión racional como tal: «en toda discusión racional opera de manera indestructible el interés en el progreso de la reflexión hacia la madurez» (*ib.*, 312; McCarthy, *La Teoría Crítica*, cap. I).

La discusión actual sobre la razón práctica debe recuperar la convergencia ilustrada de razón y decisión, en la dimensión, pues, de un nuevo concepto pospositivista de «racionalidad ampliada» (*umfassender Rationalität*). De lo contrario, si ahogamos los principios de la praxis en los de la racionalidad formal o tecnológica haremos verdad las palabras de Schelling al definir la razón como una «locura regulada» o las de Machado, en el *Juan de Mairena*, al decir que el hombre ha hecho de la «creencia en la razón», y no de la *razón* misma, el distintivo de su especie.

2. Estructura del juicio moral

Dos personas discuten sobre la corrección o incorrección de que alguien muestre en público y hasta con orgullo su condición de homosexual. Una de ellas concluye: «La homosexualidad es un hecho socialmente normal». La otra termina: «Con todo, éste es un hecho inaceptable». Pero ambos juicios se distinguen en que uno es de naturaleza moral y el otro no. El primero es meramente descriptivo y en este sentido es análogo a la proposición «Al morir, muchas personas sufren». El segundo, en cambio, entraña una norma, es de tipo prescriptivo, como cuando decimos: «Las personas no deben sufrir al morir». Es —correcto o no— un juicio de naturaleza moral.

La actividad de la razón práctica se ejerce y expresa en la forma del juicio moral. Hablamos de «juicio moral» tanto para referirnos a la capacidad de la mente que produce determinados actos como para significar la traducción de estos actos en proposiciones o enunciados que hacen alusión a nuestra vida moral. De manera que Kant hablará, respectivamente, de la *facultad del juicio* en general (*Urteilskraft*) y de los *juicios* o proposiciones (*Urteilen*) producidos por aquélla, en particular. Con la razón pensamos según principios, pero pensar es esencialmente *juzgar* (*urteilen*), es decir, establecer una relación válida objetivamente entre conceptos o conocimientos, validez que para el sistema de la filosofía transcendental reposa en la «manera de reducir conocimientos dados a la unidad *objetiva* de apercepción» (*K.r.V.-B*, Ak. III, 114). Sin esta necesaria unidad (*notwendigen Einheit*) en la diversidad de las representaciones, bajo las condiciones, pues, de principios previos a la experiencia —de la «apercepción»—, no hay posibilidad de formar enunciados con la partícula «es», luego de formar juicios, luego de *pensar*. Y lo mismo vale para el pensar *práctico* de la moral: «En efecto, la cópula designa la relación de las representaciones con la apercepción originaria y la *necesaria unidad* de las mismas, aunque el juicio mismo sea empírico y, por tanto, contingente, como, por ejemplo: "Los cuerpos son pesados"» (*loc. cit.*).

Ciertamente no habría juicio sin una capacidad (*Vermögen*) de la mente que nos predispusiera a él. Pero no es tanto una «facultad» —así la de conocer o la de querer— cuanto una «función»

(*Funktion*). En la primera *Crítica* (*Analítica*, § 19-20) se nos recuerda que es una *función lógica*, equivalente al *acto del entendimiento* (*Handlung des Verstandes*) —facultad, esta sí, del conocer— por medio del cual decíamos antes que reducimos conocimientos dados a una unidad (*ib.*, 115). El juicio es un acto del entendimiento; pero es que todos los actos del entendimiento pueden convertirse, en suma, en juicios, por cuanto esta facultad, al *pensar*, que es lo suyo propio, no hay ocasión en que no tenga que reducir conocimientos dados a una unidad, lo cual es la función lógica del juicio: «Según esto, todos los conceptos son funciones de unidad entre nuestras representaciones» (*ib.*, 86). Pensar, pues, es esencialmente *juzgar*. De modo que el entendimiento todo puede representarse como juicio (*loc. cit.*).

Entendida de una forma más amplia, la función del juicio es la de «*subsumir* bajo reglas» (*ib.*, 131), o, lo que es lo mismo, distinguir si algo cae o no bajo una regla determinada. Ahora sí, en esta nueva acepción de su actividad, puede separarse la función del juicio respecto de la facultad del entendimiento. Si ésta, en un sentido estricto, es la que produce *reglas* del pensar, la primera es la que nos permite decir si un caso particular dado encaja en una de estas reglas producidas por el entendimiento. Por su parte, y análogamente, la tercera *Crítica* nos dice que el juicio, en general, es la «*facultad de pensar lo particular como contenido en lo universal*» (*K.V.*, Ak. V, 179), donde «lo universal» puede ser una regla, pero también un principio o una ley, como ocurre con una voluntad guiada por la razón práctica. Una diferencia añadida a la anterior es que el entendimiento, o pensar por reglas, no requiere la destreza del juicio, que consiste en pensar mediante el correcto empleo de las reglas según cada ocasión. En el entendimiento basta sólo *tener* las reglas. En el juicio, *saber usarlas*. Lo primero se puede enseñar y hasta una mente tosca puede aprenderlo. Pero, por ejemplo, de nada sirve al juez conocer muchas leyes si no sabe después aplicarlas bien. El juicio, pues, no puede ser *enseñado*: es un talento demasiado peculiar para llegar a ser «adquirido». En cuanto a él, sólo cabe *ejercitarlo* (*K.r.V.-B*, Ak. III, 132).

Así llegamos a la consideración del *juicio práctico* (*praktische Urteilskraft*) estudiado por Kant en la segunda *Crítica*. Si el juicio teórico debe decidir si un objeto sensible cae o no bajo las reglas teóricas de la razón, el juicio práctico debe resolver si una acción es un caso o no de las reglas prácticas de la misma razón pura. Es decir, de las *leyes* —pues se trata de la razón *pura*— que determinarán ahora la voluntad, *a priori* del conocimiento de su objeto. Éstas son las leyes de la libertad, mientras que el parangón del juicio teórico se encuentra en las leyes de la naturaleza. Lo que cuenta, en fin, es que por medio del juicio práctico «... lo que se ha dicho en la regla universalmente (*in abstracto*) es aplicado *in concreto* a una acción» (*K.p.V.*, Ak. V, 67). Sin esta función, sencillamente no conseguiríamos decir nunca si una acción está «bien» o «mal», es decir, a qué clase de objeto moral correspondería.

Ahora bien, no tarda en surgir el siguiente problema a la hora de plantear la mencionada aplicación de la regla a una acción en particular. De una parte las acciones juzgadas por el juicio práctico deben ser posibles, es decir, tienen que estar obviamente «como caso en el mundo sensible» (*ib.*, 68). Pero, por otra parte, si bien estas acciones son empíricas, no pueden por menos que caer, asimismo, bajo una regla práctica de la razón pura, puesto que son acciones *morales*, donde la voluntad que las guía se rige sólo por una ley no condicionada sensiblemente. De lo que se trata, desde luego, es de que cada acción recoja *in concreto* lo que está legislado *in abstracto*. Mas, sin embargo, acabamos de ver que llevar a término esta operación, encomendada al juicio práctico, parece poco menos que absurdo: ¡colocar bajo leyes de la naturaleza lo que pertenece sólo a las leyes de la libertad! Ahí está la dificultad añadida con que ha de trabajar el juicio práctico. Había, en el juicio teórico, una apoyatura *sensible* para la ley que se trataba de aplicar a casos igualmente sensibles. No obstante, teniendo que contar el juicio práctico con casos análogos —nuestro comportamiento se realiza «en este mundo»—, para ellos no se prevé ninguna regla que pueda contrastarse por sí misma con la experiencia (*loc. cit.*). Para que sean verdaderas acciones morales, las reglas de *aplicación* de lo universal de la ley a lo particular de la acción deberán ser así: mandar por su «forma», no por su «materia». Luego en ellas no hay correspondencia alguna con la «sensibilidad», dirá Kant.

¿Habrá el juicio moral de supeditarse a lo que dispongan las leyes de lo posible en la naturaleza? ¿Ha de olvidarse más bien de ellas y guiarse por alguna clase de intuición intelectual? ¿Puede, en definitiva, aplicar lo abstracto a lo concreto sometido a algún tipo de regulación? Puede y *debe* esto último, si no queremos dejar el pensamiento a la deriva de los sentidos o del misticismo. La razón pura no es omnipotente: con la crítica kantiana se la apercibe, precisamente, de sus tajantes límites. No debe dar por conocimiento válido todo lo que es capaz de pensar en su libre vuelo. Y esta misma prudencia habrá que adoptarla también a la hora de hacer actuar a su aliado, el juicio práctico, en todos los casos o acciones que se le plantean a una moral. La consideración clave que nos ayuda a comprender mejor la actividad del juicio práctico, y a verla, efectivamente, como regulada, es que cuando juzgamos bajo una ley práctica acciones posibles *moralmente*, en rigor no nos proponemos averiguar si esas acciones son o no «posibles en la naturaleza», pues ésa era ya, precisamente, la misión del juicio *teórico*. Lo que nos proponemos es la aplicación de las leyes de la libertad en el campo de las leyes de la naturaleza para saber tan sólo si en ésta son posibles objetos morales (acciones) que correspondan a aquellas leyes de la libertad. Por donde si la intuición no es imprescindible ni posible en esta aplicación, como lo era en el juicio teórico, ni la ley práctica tampoco nos sirve por sí misma (los objetos morales son suprasensibles), lo que será menester, para el buen uso del juicio práctico, es considerar alguna *regla* que sin tener que depender de la sensibilidad pueda valer, con todo, para orientarnos en el mundo propio de la sensibilidad.

Esa regla es: utilizar como *tipo* del juicio (*Typus der Urteilskraft*), para la aplicación de la ley moral a acciones concretas, las leyes de la naturaleza según su *forma*, no según su materia (la naturaleza, así, *formaliter spectata*). Esto es, que el juicio práctico se aplique a lo concreto de la acción no tomando de lo concreto, y para su propia regulación, más que aquello que pueda pensar el *entendimiento* por sí mismo, no aquello que nos podría aportar la *sensibilidad*, en cuyo caso ya no procedería hablar de un juicio práctico. Para la moralidad el juicio no se apoya en nada más que en la facultad del entendimiento que le da la regla *tipo* de su actividad: una ley de la naturaleza tomada únicamente en su *forma*. En definitiva, esta reflexión descansa en el descubrimiento de un elemento común —la *universalidad* de la ley, es decir, su «forma»— entre dos cosas tan dispares como la moral, prescrita por la razón, y los hechos naturales, conocidos por el entendimiento en uso de sus reglas. Gracias a esta coincidencia o analogía (defendida ya en la primera formulación del imperativo categórico, en *Grundlegung*), la regla *tipo* del juicio práctico puede enunciarse como sigue: «Pregúntate a ti mismo si la acción que te propones, a suponer que debiera acontecer según una ley de la naturaleza, de la cual tú mismo fueras una parte, podrías considerarla como posible por tu voluntad» (*ib.*, 69).

Según esta regla juzga todo aquel que se interesa, sin más, por saber si una acción va a ser moralmente posible: «buena» o «mala». Debe afrontar la posibilidad de un objeto moral en la naturaleza según las leyes universales de ésta, no sin antes haber empezado por reconocer a la voluntad las suyas. Conforme con esto, si una máxima de acción surgida de esta voluntad no puede ser correspondida con ninguna acción empírica, *según leyes que da el entendimiento*, el juicio práctico debe declarar que aquella acción no puede caer tampoco como caso de una *ley práctica de la voluntad* y por lo tanto que es una acción moralmente imposible: «Si la máxima de la acción no es de tal índole que sostenga la prueba con la forma de una ley de la naturaleza en general, es imposible moralmente. Así juzga hasta el entendimiento más vulgar» (*ib.*, 69-70; *Grundlegung,* Ak. IV, 421; Schnoor, *Kants,* 62 ss.).

JUICIOS FÁCTICOS Y JUICIOS NORMATIVOS

En páginas anteriores nos hemos referido a la conciencia y a la razón de un sujeto agente como condiciones para que le pueda ser atribuida una responsabilidad moral sobre sus actos. Pero sin el concurso del juicio, y de los consiguientes juicios o proposiciones, ambas facultades, esenciales para la ética, no podrían tener una expresión, ni por lo tanto llegar plenamente a ejercerse. Mediante el juicio, pues, conseguimos hacer de la ética tanto un mundo objetivo de proposiciones como un mundo subjetivo de creencias o convicciones asociadas a estas proposiciones. En *Jacques el fatalista,* de Diderot, el protagonista muestra un entendimiento tan absorbido por el entorno y el destino que apenas da ocasión a que surja en él el juicio. Critilo, en cambio, es presentado en *El Criticón* de Gracián como ejemplo de persona con juicio.

Todo juicio se articula con enunciados donde alguien afirma o niega algo de alguien o de algo. Hay en éstos, cuando menos, un sujeto que juzga y un objeto que es juzgado por medio de un predicado. A este respecto, con un juicio podemos expresar grados muy diversos de complejidad semántica. Así, enunciados como «Creo que es preferible beneficiar a alguien que perjudicarlo», «Nuestra sociedad conviene que siempre hay que beneficiar a los necesitados o al menos no perjudicarlos», o, simplemente, «Perjudicar es malo», implican juicios con diversidad a la vez de sujetos, objetos y predicados. Por otra parte, la moderna filosofía del lenguaje reconoce, con Austin y Searle, en sus teorías sobre el *illocutionary act* y los *speech-acts,* respectivamente, que el orden mismo de las proposiciones pertenece ya, en muchos casos, al orden de los actos. En los ejemplos citados, a los de la moralidad. No se precisa decir, con los *Salmos,* «He creído, y por eso he hablado» para indicar que la palabra es de por sí un acto: por la fe, en este caso (en hebreo, *dahbar* significa palabra y cosa al mismo tiempo). Basta con decir «¡Hablo!» para ejecutar algo a la vez que se emite un enunciado.

No ocurre así con el discurso científico o que versa de ordinario sobre la realidad. Aquí los enunciados son básicamente, si no únicamente descriptivos. No incitan a la acción ni mucho menos son ellos mismos acción. Parece como si las expresiones «Fumar perjudica a la salud» y «Fumar perjudica a la buena imagen» no tuvieran que diferir más que en su predicado. Pero algo nos indica que son esencialmente diferentes en cuanto que juicios: uno describe un hecho, el otro proscribe una acción. No hay, en éste, apenas significación descriptiva: se limita a dar una norma. Los juicios morales hacen también lo mismo.

Émile Durkheim distinguió, en 1911, entre «juicios de realidad» (*jugements de réalité*) y «juicios de valor» (*jugements de valeur*). Éstos no dicen, como aquéllos, lo que las cosas son, sino lo que *valen:* «Rubens es mi pintor favorito» es de otra índole que decir «Rubens fue un pintor flamenco». *Juicio de valor* es todo aquel que «enuncia una estimación». Siempre se refieren a una realidad *sui generis,* la de los *valores,* algo que admitimos implícitamente siempre que queremos justipreciar una cosa o hablamos sobre gustos o aspiraciones en general. Es ésta una realidad «afirmada» de este modo, pero que además puede ser «demostrada» apoyándonos en razones de orden impersonal. Ciertamente los valores corresponden a una estimación, es decir, a un estado interior del sujeto, pero como se refieren a lo bueno y deseable podemos decir que poseen, con todo, una cierta objetividad (Durkheim, *Sociologie,* § III).

El origen de los valores está, para este autor, en la vida social tomada en su «verdadera naturaleza». Esto es, no a través de sus formas aparentes, sino de sus *ideales colectivos*. El ser social se subordina y reduce a este ser psíquico que vincula, por medio de ideales, a toda la colectividad. Así adquieren los valores su mencionada «objetividad». Pertenecen a la esfera superior de los ideales colectivos, y eso cuenta, para su conocimiento, por encima del hecho de tener que expresarse por la vía individual y subjetiva. La clave de esta interpretación de Durkheim está, como se ve, en su *sociologismo moral* y, por extensión, de los valores. El valor, según ella, es recibido por cada uno como «cosa» de parte de la sociedad. En conclusión, pues, juicios de valor y de realidad, aunque tengan una función diferente, están constituidos por una misma objetividad y pertenecen a una sola facultad de juzgar.

Una distinción más frecuente hoy es la que se establece entre *juicios fácticos* y *juicios normativos*. Con los primeros describimos la realidad. Con los otros prescribimos algunos comportamientos en ella. El lenguaje de la ciencia, por ejemplo, se serviría de aquéllos; el de la moral, valga el caso, de estos últimos. Sin embargo, aunque la ética, particularmente, se construya sobre proposiciones normativas, ella misma comparte elementos propios de los juicios fácticos. El asunto es especialmente notorio en los sistemas morales de corte naturalista, es decir, que basan las normas en hechos. Por otro lado, en los sistemas de tipo prescriptivista el plano de los juicios normativos, sobre los que tales sistemas se asientan, aparece mucho más distanciado respecto del plano de los juicios fácticos. Pero aun así, su divorcio no es absoluto. Hecho y norma pueden y deben ser distinguidos, mas no separados hasta el punto de creer que el lenguaje de las normas es indiferente al mundo de los hechos, y viceversa, que éste rechaza un discurso normativo. En la ciencia no todo es «descripción». Del mismo modo, en la ética no todo es «valoración». Una prescripción de un comportamiento moral es un avance de hechos y en cierta manera —en un nivel abstracto— ya es una descripción de acontecimientos. Bien puede ser que un imperativo de justicia, por ejemplo, esté, en una ocasión dada, contradicho por los hechos de la realidad. No obstante, ello no impide que esta clase de juicio siga valiendo como tal imperativo, desde luego; ni tampoco que con él estemos anunciando un comportamiento susceptible de hacerse realidad.

Toulmin afirma que ambas clases de juicios o proposiciones, «científicos» y «morales», distan mucho de ser incorregibles de por sí. Para empezar, la frontera entre lo verdadero y lo falso no es la misma en todos los discursos que tratan sobre los hechos. Ahora bien, y en rigor, éstos comparten con el discurso de la ética una misma aspiración a la imparcialidad y universalidad del juicio: no se conforman con la mera «opinión». Esta característica es común a ambos (Toulmin, *El puesto*, 145). Pero tampoco hay que olvidar sus fundamentales divergencias. En el discurso científico la anticipación de hechos futuros se basa en la *predicción*. Por consiguiente, la teoría no tiene esencialmente encomendado modificar la experiencia que ella relata. En el discurso moral, en cambio, la anticipación de comportamientos próximos gira en torno a nuestra *disposición* ante ellos. Es claro aquí, pues, que la ética sí se propone modificar la experiencia que refiere (*ib.*, 148). Incluso puede alterar experiencias que ya han ocurrido antes, lo que todavía es menos propio del lenguaje científico.

Mi concepción de un acto del que únicamente después de cometido he podido tomar conciencia de que fue totalmente incorrecto, no sólo es diferente, en idea, ahora respecto de antes, sino que esta diferencia alcanza también, en lo moral, al acto en sí mismo. En lo científico, el terremoto de Lisboa de 1755 seguirá siendo para nosotros un solo fenómeno en el tiempo, aunque lo interpretemos hoy con medidas diferentes a las de ayer. En contraste, el juicio moral altera las experiencias que están implicadas en él. En eso está su sentido y también su diferencia en relación con el juicio científico (*ib.*, 149).

EL CONTENIDO DE LOS JUICIOS MORALES

Aceptemos, *lato sensu*, que los juicios se dividen en *fácticos* («El agua es un líquido») y de *valor* («No me atrae el agua», «Se recomienda no bañarse»). Estos últimos, a diferencia de los primeros, encierran siempre una estimación. Sin embargo, es obvio que no todas las estimaciones son de índole «moral» (Frankena, *Ética*, 14-15). Por su *contenido*, pues, los juicios de valor pueden empezar a ser clasificados en valorativos *morales*, si la estimación se refiere a propiedades no existenciales, y en valorativos *no morales*, si hace mención de propiedades existenciales.

Por añadidura, tanto éstos como los otros son susceptibles de compartir una misma clasificación atendiendo ahora a su *forma*.

Así, habrá juicios de valor que describan cualidades, tanto en un sentido moral («Vivir es bueno») como amoral («Planchar es muy pesado»). Son juicios valorativos de tipo *enunciativo*. Otros, en cambio, incluyen una comparación de cualidades, sostenible también tanto en un modo moral («Más vale vivir que estar muerto») como amoral («Es más cómodo el tren que el autocar»). Ambos pueden ser llamados juicios valorativos de tipo *preferencial*. Por último, la estimación es capaz de adoptar la forma de una prescripción de cualidades y conductas, asimismo moral («¡Hay que vivir!») y no moral («Dejen de fumar»). Son los juicios valorativos de tipo *preceptivo* o normativos en un sentido estricto.

Podemos concluir, por lo tanto, que en cuanto a su forma lógica las proposiciones estimativas o «juicios de valor» no pueden ser divididos en «morales» y «amorales», una distinción que surge únicamente al atender a su contenido literal. En efecto, tan *preceptivo*, por ejemplo, es decir «Ordene su vida» como «Ordene su escritorio»: en la estructura de estos enunciados no puede apreciarse su relación con la moralidad. Pero sí podemos advertir, en su significación, que uno refiere claramente una propiedad no existencial (el «orden» de una vida) y otro una cualidad existencial o fáctica (un escritorio visiblemente ordenado). Es decir, que sólo una de estas proposiciones estimativas es *moral*. En los juicios valorativos morales lo estimativo en el predicado predomina con mucho sobre lo fáctico. Se trata de los juicios que representan, por así decir, la forma «fuerte» de la estimación o valoración, como se ve al comparar las proposiciones «El dinero es importante para la felicidad» y «El dinero es importante para crear un negocio».

A decir verdad, esta distinción no es siempre clara y convincente. ¿Cómo discernir el grado de lo estimativo y de lo fáctico en los juicios «Jaime no trabaja como debe», «Es mejor un gobierno con diez ministros que con veinte» y «Estudia para tu propio provecho»? Por la *forma* distinguimos, respectivamente, entre un juicio enunciativo, uno preferencial y otro preceptivo. Pero por el *contenido* no nos es fácil descubrir si entre todos estos juicios valorativos hay alguno claramente «moral» o decididamente «amoral». ¿Cómo distinguir, en definitiva, un juicio moral de otro que no lo es? Hemos descartado el criterio de la forma; el del contenido, o grado de estimación incluido en el predicado, ofrece, según acabamos de ver, ciertos reparos. Tampoco sería válido zanjar la cuestión afirmando vagamente que los juicios valorativos de clase moral son aquellos que se refieren a valores o ideales de la persona y de la sociedad. En este caso, ¿cómo calificar el enunciado «Cada trabajador ha de tener su contrato de trabajo»? Entonces podemos preguntarnos si, más allá de su mera forma o de su estricto significado, los juicios morales no se distinguen acaso de los demás por su específica *función* o finalidad.

A este interrogante contestó en buena medida Aristóteles. En el libro I de la *Ética nicomáquea* se afirma que la ética es aquel tipo de discurso que tiene por todo objeto tratar sobre las cosas que son un fin en sí mismas y que esto es lo que llamamos «lo bueno y lo mejor», el *bien* (*Et. Nic.*, 1094 a). Las proposiciones de la ética son aquellas que *prescriben*, en una palabra, lo que debe hacerse y lo que debe evitarse en la vida del individuo y de la ciudad. Su función, pues, es exclusivamente normativa (*ib.*, 1094 b, 5). Es así que los fines a los que se refieren incluyen ya los fines de todas las otras ciencias o discursos; de modo que su *bien* constituye, sin más, el «bien del hombre» (*tanthrópinon agathón, loc. cit.*). Éste, por otra parte, no se identifica con ninguna clase de bien particular. De lo contrario no merecería ser llamado lo bueno (*agathón*) en un sentido superlativo o válido como bien general del individuo y la ciudad.

Sin embargo, esto mismo —no prescribir ningún bien particular— hace que el discurso de la ética y de cada uno de sus enunciados posea una naturaleza lógica problemática. Ciertamente, las cosas de las que éstos tratan «... presentan tantas diferencias y desviaciones [por no referirse a bienes particulares, añadimos nosotros], que parecen existir sólo por convención (*nómos*) y no por naturaleza (*physis*)» (1094 b, 17). Y es que la ética, como ya avanzábamos, no es demostrativa, a la manera de las ciencias exactas, sino deliberativa (I, 4), lo que salva a su discurso de caer, en el otro extremo, bajo la mera opinión de las cosas. Es por ello que los juicios morales exigen el empleo del juicio (*gnóme*), esto es, de una facultad que nos permita reflexionar rectamente conforme a un bien (*ib.*, 1143 a, 20). Dicha facultad —casi lo mismo que Kant dirá mucho después— no la aprende uno de los demás, sino que cada cual la adquiere con la experiencia y por eso es propia de ciertas edades de la vida. Sin ella, para empezar, no existiría la virtud ética fundamental de la prudencia (*ib.*, 1143 a, 30).

Lo que aquí importa, en conclusión, es destacar esa especificidad otorgada por Aristóteles a los juicios morales en razón de su finalidad *normativa,* así como de su derivación de la facultad del *juicio,* especialmente necesaria para deliberar sobre las cosas prácticas.

LOS JUICIOS IMPERATIVOS

Todavía nos queda una cuestión por contestar: entre los tres tipos de juicios valorativos que hemos visto, ¿cuál de ellos representa con más propiedad un juicio moral? En cuanto a su *contenido* acabamos de ver que Aristóteles lo identifica con una norma de conducta respecto al bien incondicionado. No obstante, y según nuestra clasificación, esa norma puede adoptar básicamente tres formas distintas de juicio —«enunciativa», «preferencial», «preceptiva»—, que a su vez, y en último término, entraña tres formas bien diferentes de concebir la fuerza obligante de las normas. Y esta fuerza es nada menos que la base en donde se apoya cualquier moral que se quiera realizable. Así, la ética no se pregunta tanto qué es correcto o justo, cuanto por qué debo hacer algo de este tipo.

La respuesta a la nueva cuestión está en correspondencia con el tipo de justificación elegido para el hecho de la moralidad y su discurso en general. No van a decir lo mismo, en este punto clave, un partidario del sociologismo moral y un fundamentalista religioso; o un emotivista convencido y un defensor de la ley del máximo bienestar para todos. Desde la posición que venimos haciendo nuestra, la de la ética como un ejercicio consecuente de la razón, la forma propia de un juicio moral se descubre a través, pues, de la justificación racional del hecho moral. Incluso en el dominio de lo práctico, y a pesar del parecer de los escépticos, la razón exige, según Kant, cumplir con las condiciones de objetividad y certeza a las que se rinde igualmente la teoría. Un juicio moral no puede, entonces, estar basado en la mera opinión. A la hora de establecer el *canon* de la razón pura, dice el mismo autor que en los juicios de ésta debe mandar el principio de la plena certeza (*völlige Gewissheit*), so pena de que renunciemos a la objetividad del conocimiento para cualquier clase de juicio. «O bien hay que saber —añade—, o bien hay que renunciar a todo juicio» (*K.r.V.-B*, Ak. III, 533).

Este saber de plena certeza para que un juicio tenga sentido no puede apoyarse, por otra parte, en fundamentos empíricos, sino, *a priori*, de la experiencia, el único saber que es siempre universal y necesario, y por lo tanto garantía de plena certeza. Los juicios de la moralidad deben también hacer gala de esta misma condición de certeza, «... ya que no podemos arriesgarnos a llevar a cabo una acción basándonos en la mera opinión de que está *permitida*, sino que tenemos que saberlo» (*loc. cit.*). Con todo, cuando el «tener por verdad» o *certeza* no sea completo desde el punto de vista teórico, hablaremos de *creencia* desde el punto de vista práctico y en general. Pero sin olvidar que una convicción subjetiva como ésta sólo es admisible para este punto de vista y que además no debe confundirse con ningún fruto de la libre opinión o de la mera persuasión. En este sentido, aun entre la creencia *moral* y la *pragmática* (p. ej., la del médico o el mecánico que apuestan por determinado diagnóstico), siendo ambas creencias «prácticas» resulta ser la primera superior en mucho a la segunda, pues sabemos que *nadie más que otro* tiene acceso al conocimiento de las condiciones para hacer algo moralmente bueno. Hasta en la *creencia moral* hay, así, una *certeza* («absoluta y suficiente para todos», ya que no hay diferencias de «habilidad») que no se da en otra clase de creencias (*ib.*, 533-534).

Dicho para empezar, la certeza de un juicio moral requiere que éste mande necesariamente sobre la voluntad de todo ser racional. No obstante, hay que añadir la siguiente reflexión: puesto que el ser humano, además de racional, posee necesidades e inclinaciones sensibles, es obvio que no puede poseer una voluntad santa. Lejos de esto, la pasión se disputa con la razón el dominio del querer. Para que se dirijan e intervengan sobre una voluntad tal, los juicios morales deben mandar necesariamente para todos bajo la forma, pues, de un *imperativo* (*Imperativ*) y sólo bajo ella (*K.p.V.*, Ak. V, 32). En cambio, los juicios valorativos de forma enunciativa y preferencial no tienen, por lo dicho, fuerza impositiva sobre la voluntad: declaran estimaciones, sin más. Pero tampoco todos los juicios preceptivos, como cabría concluir, son obligantes en grado igual. Sólo obligarán a la voluntad aquellos juicios preceptivos que adopten una fórmula realmente imperativa; no las normas que se limiten a descubrir una conducta ideal («Es justo el que respeta la ley») o a recomendarla («Procuraremos respetar la ley»). Pero no hay tampoco *una sola forma* de querer hacer o no hacer una acción bajo la constricción de un imperativo. Si se reflexiona un poco más se descubre que hay también varias clases de imperativos para la voluntad. Cuando éstos representan la necesidad de la acción como medio para conseguir un objetivo decimos que son *hipotéticos*: el querer está condicionado por algo ajeno a la voluntad («Si buscas la paz, actúa con justicia»). Cuando, muy diferentemente, representan una acción que es necesaria por sí y la voluntad, en este caso, ya no está condicionada a nada más que a ella misma, hablamos de imperativos *categóricos* («Debo actuar con justicia») (Kant, *Grundlegung*, Ak. IV, 414).

En relación con los primeros, cuando un imperativo hipotético representa una acción buena por un fin u objetivo sólo que *posible* no es lo mismo que cuando lo hace por un objetivo que es *real*. En el primer caso, y siguiendo en adelante la clasificación de los juicios según su modalidad —véase la primera *Crítica*, B 95—, el imperativo vale como un principio *problemático*-práctico (el juicio moral se basa aquí sólo en una pura «posibilidad»), mientras que en el segundo hace las veces de un principio *asertórico*-práctico (se funda ahora en un aserto sobre lo existente). Ejemplos respectivos: «Sé santo si quieres merecer la vida eterna» y «Para ser santo ante los demás no descuides ningún signo de la santidad». Ambos conjuntamente, y todos sus análogos, constituyen imperativos de la *habilidad*, para los que dice Kant: «La cuestión no estriba aquí en saber si el objetivo es bueno y razonable, sino solamente en saber aquello que hay que hacer para conseguirlo» (*ib.*, 415). Lo que se prescribe, pues, en todo imperativo hipotético es la habilidad en la elección de las condiciones que conducen a un fin dado. La *razón prudencial*, desde Aristóteles hasta Parfit, con todo el llamado consecuencialismo ético de por medio, no genera otro tipo de preceptos que los descritos por Kant de este modo, como mandatos de una voluntad condicionada (*ib.*, 416).

Respecto de los imperativos categóricos, por ejemplo si digo ahora «Obra sin egoísmo», sólo cabe recordar que hemos dicho representan una acción *necesaria* por sí misma; luego el tipo de principio con el que coinciden es siempre *apodíctico*-práctico. Es claro, por demás, que los preceptos de esta clase no se refieren a un objeto o «materia» de la voluntad (la propia felicidad, la admiración ajena, etc.), sino a la *forma* con que ella se conduce, prescindiendo de cuál sea el trasunto del querer y sus resultados. Por donde este imperativo puede llamarse «imperativo de la *moralidad*» (*Imperativ der Sittlichkeit, loc. cit.*).

De acuerdo con esta distinción de los imperativos según los principios con que se identifican, se deduce que cada una de las tres clases resultantes de mandatos va a mandar sobre nuestra voluntad de un modo diferente a como lo hagan las otras dos. En una palabra, que a cada forma de imperativo corresponde un grado diferente de obligación. Para el hipotético «problemático» es menor que para el hipotético «asertórico», y a su vez la obligatoriedad de ambos es inferior a la del imperativo *categórico*. Son, respectivamente, imperativos que actúan simplemente como «reglas de la habilidad» (así, si digo: «Sé digno como un gran hombre»); o bien en tanto que «consejos de la prudencia» («Sé digno y obtendrás sosiego»); o bien ya como «leyes de la moralidad» (*Gesetze der Sittlichkeit*) (así, al decir nada más que «Sé digno»). Según estas funciones, los imperativos de la acción pueden denominarse asimismo, y por el mismo orden, imperativos ora *técnicos*, ora *pragmáticos* o ya propiamente imperativos *morales* (*ib.*, 416-417).

Para que un juicio sea propiamente moral y se refiera a una voluntad incondicionada tiene que adoptar la forma, según Kant, de un *imperativo categórico* (IV, 4). Sólo esta clase de proposiciones suministra una regla precisa y *objetiva* —universal y necesaria— de obligación, algo que no pueden ofrecer los juicios valorativos de mera estimación («enunciativos» y «preferenciales») ni tampoco los juicios preceptivos pero no categóricos. No es juicio moral el que nos dicta obrar de cierto modo para obtener cierto resultado, sino el que nos dicta una obra exigible por sí misma, sin poner condiciones a la voluntad.

Los juicios morales como imperativos *categóricos* no encierran el carácter de una proposición «analítica», presente en cambio en los preceptos *hipotéticos*. En éstos —los llamados por Kant «imperativos de la habilidad»—, basta conocer el contenido del objeto de la voluntad para inferir, a renglón seguido y por «análisis» de aquél, la acción determinada que nos ha de conducir a dicho fin («Si no quieres ser criticado no prometas en falso», o «Si quieres ser feliz, sé moderado»). En los «imperativos de la moralidad» o categóricos no hacemos tal presuposición, puesto que mandan la acción por sí misma y no por sus resultados. Encierran, pues, el carácter de una proposición «sintética». Si digo, ahora, «No debo prometer nada en falso», estoy uniendo aquí dos cosas diferentes, una acción determinada y mi voluntad, *sin presuponer* en la primera ningún elemento material —un fin u objetivo— de la segunda, como hacía antes.

Además, realizo esta unión o síntesis entre dos conceptos de una manera necesaria; pues ya hemos dicho que cualquier norma categórica manda de forma incondicional la voluntad. Ningún mandato categórico se infiere, pues, de datos anteriores a la razón. Luego un juicio moral como el descrito hasta ahora es, ciertamente, *sintético*, pero *a priori* siempre de toda información de la experiencia sensible (*ib.*, 420; *K.p.V.*, Ak. V, 31).

3. El escepticismo moral

La cuestión del «es» y el «debe»

Tomemos en consideración los siguientes juicios morales: «Tolera la venganza: la mayoría lo admite»; «Dime la verdad sobre mi enfermedad; lo necesito»; «La muerte es inevitable. Afrontémosla con naturalidad y resignación». Todos estos preceptos tienen un elemento común. Infieren una prescripción moral de la descripción de un hecho físico, social o psicológico. En no pocas ocasiones operamos casi desapercibidamente de este modo. Adoptamos tal o cual actitud moral porque es «natural», «así lo hace todo el mundo» y en definitiva porque la «realidad» nos lo avala con sus hechos.

Pero ¿es esto correcto? Hume se abstiene de decir que sí. En la ética de este autor empirista se nos advierte por primera vez del vacío que media entre las premisas fácticas de la moral y las conclusiones valorativas. Sus intérpretes admiten generalmente que con esta observación se invalida, en efecto, la derivación de un *juicio prescriptivo* («Puedes bañarte desnudo sin ningún problema»), de un *juicio descriptivo* («En esta playa la gente se baña desnuda»). La razón práctica reconoce el obstáculo lógico —por lo menos— para poder efectuar este paso. Así, cuando admitimos que Dios ha puesto a nuestra disposición los bienes de la naturaleza, ¿por qué nunca decimos que la destrucción del roble centenario por un rayo es «inmoral» y en cambio aplicamos este calificativo para el talador furtivo del bosque? Véase que el hecho es casi el mismo, pero que nuestra actitud ante similares efectos físicos es notoria y contradictoriamente distinta en ambos casos. ¿Qué es lo que hay entre la caída del árbol por el golpe de un hacha y nuestra subsiguiente condena moral como acto clandestino y *reprobable*? Kant tomará nota también del vacío que existe simplemente entre un hecho sensible y un juicio moral al afirmar, en su *típica del juicio moral* (III, 2), que la moralidad sólo puede tomar de la naturaleza, como «prototipo» de la acción, la universalidad o «forma» de sus leyes.

A raíz de la mencionada observación, el primer gran crítico de la fundamentación de los juicios morales resulta ser David Hume. En un ya célebre párrafo para la historia de la ética (el llamado *is-ought passage*) este filósofo advierte con sorpresa que en todos los sistemas morales por él conocidos las proposiciones que éstos encierran no están conectadas con la cópula ordinaria «es» o «no es», sino con un *debe* (*ought*) o *no debe* (*ought not*). «Este cambio —sigue— es imperceptible, pero resulta, sin embargo, de la mayor importancia» (*Tratado*, 689-690). La importancia radica en lo siguiente. Al decir que algo «debe ser» como preceptuamos, hacemos una nueva clase de afirmación distinta de proclamar que algo «es» como describimos. En cuanto hablamos del primer modo nos hemos de disponer, pues, al igual que en cualquier otro caso, a ajustarla a observación y explicación (*that it should be observed and explained*). Pero al mismo tiempo e inevitablemente —y ahí está su debilidad— vamos a tener que dar razón, para afrontar dicha prueba, de algo que «parece absolutamente inconcebible»: cómo es posible que esta nueva clase de afirmación se deduzca (*can be a deduction*) de otras afirmaciones, dado lo que hemos dicho, totalmente diferentes. Los moralistas no caen en la cuenta de esta circunstancia, por lo que habrá que tomarse en adelante esta *precaución*: estar alertas sobre el problema de la deducción de los juicios con la clave *debe* a partir de los que se construyen con la partícula *es*. Si así lo hiciéramos subvertiríamos, por lo demás, todos los sistemas corrientes de moralidad, pues la distinción, hasta ahora, entre bueno y malo, virtud y vicio, no es nada que dicte la razón ni, menos aún, que se colija de una observación de hechos (*ib.*, 690; Muguerza, *La razón*, 74 ss.).

No hay consistencia en la derivación de un tipo de enunciado sobre valores en general de otro enunciado que versa meramente sobre relaciones entre objetos. Ambos corresponden a niveles lógicos diferentes; unos describen, dicen lo que *es*, y otros estiman valorativamente o, en la moral ya, *prescriben*: dicen lo que *debe ser*. Por lo tanto, que atribuyamos a un acto o carácter moral una determinada cualidad natural no nos autorizará a que tomemos pie en ellos para prescribir nuevos actos o caracteres análogos. Por ejemplo, pasar de la afirmación «Francisco de Sales fue un cristiano lleno de simpatía con los demás», a la que dicta a continuación «Imitemos el modelo de este santo varón», es algo que, por lo pronto, carece de todo fundamento lógico. Es un paso formalmente incorrecto, puesto que en la conclusión se introduce un elemento —el *debe*— que no está en ninguna premisa estructurada con *es*. En este sentido se interpone un vacío entre ambos niveles del discurso.

La crítica o «guillotina de Hume», al decir de Max Black, inaugura lo que en la ética contemporánea se conoce como la *cuestión del es-debe* (Hudson, *The Is-Ought Question*) y representa, más en general, la primera incursión en el análisis del lenguaje mismo de la moral como tarea propia de la ética, ahora ya «Metaética» (Bilbeny, *El discurso*, II, 1). Con aquel pensador se toma conciencia de que ningún juicio preceptivo puede pasar por descriptivo: «Matar es condenable» no implica, aquí y ahora, que el homicidio sea reprobado. Y, a su vez, nos permite reparar que de ninguna proposición descriptiva puede desprenderse un juicio prescriptivo: «Todos rechazamos a los comunistas» no implica la norma «Los comunistas deben ser rechazados». Ahora bien, la pregunta que gravita sobre este planteamiento no puede ser otra que la que se dirige a la validez definitiva de los juicios morales. Si éstos, para un empirista, no se fundamentan en una razón *a priori* de la experiencia, pero tampoco en los enunciados que remiten a esta última, ¿de qué manera es posible, entonces, el discurso de la moral? ¿Deberemos prescindir de normas tan poco demostrables como *No devuelvas mal por bien* o *Respeta a quien no opina igual que tú*, por otra parte tan útiles y aceptadas? Veamos lo que responde el mismo autor.

Tras haber criticado la deducción del *es* al *debe* no es descabellado pensar que sólo quedan dos fundamentaciones posibles de la ética. Por una parte afirmar que sus juicios se justifican por una lógica propia y particular de los «deberes». Por otra, asegurando una correcta deducción, en términos «científicos», de lo fáctico hacia lo prescriptivo. Pero, respectivamente, ni la justificación *deontologista* casaría demasiado con el punto de vista de la experiencia, ni la *naturalista* misma no es claro que sea la que persiguiera Hume con su empirismo crítico. Efectivamente, éste no adopta ninguna de las dos posiciones. La suya es la que se expone junto al párrafo del *Treatise of Human Nature* al que hacíamos alusión. Si nos disponemos, dice, a averiguar en qué consiste un acto vicioso, por ejemplo

—entre otros muchos de significación moral—, no hallaremos, se mire como se mire, ninguna cuestión de hecho (*matter of fact*) que responda en él a la idea de vicio, sino sólo, bajo estos términos, algunos fenómenos psíquicos. *Vicio*, mientras tanto, es un concepto que se apartará de la línea de todos los conceptos que puedan hacer referencia a un hecho. Mas si dirigimos ahora la reflexión hacia nuestro propio pecho encontraremos aquí alojado incuestionablemente un sentimiento de desaprobación. Es esto lo único que da sentido a que califiquemos una acción como «viciosa». Lo bueno y lo malo son, pues, lo que merece, respectivamente, nuestra aprobación o nuestra repulsa y no son nada más que eso. Luego un juicio moral descansa, ciertamente, en una «cuestión de hecho», pero que está siempre en nosotros en calidad de sentimiento (*feeling*), nunca en la forma de objeto natural de nuestro conocimiento. Cuando habla el discurso moral, quien habla, en el fondo, es nuestra *naturaleza*, en la cual arraiga toda la gama de sentimientos hacia actos o caracteres que son, en sí mismos, neutros. Vicio y virtud, malo y bueno, no son, pues, cualidades o propiedades de los objetos, sino, como sentimientos, disposiciones en nosotros mismos o «percepciones en la mente» (*perceptions in the mind*) (*Tratado*, 688-689).

La reflexión dedicada por Hume a distinguir entre los juicios con «es» y los juicios con «debe» ha tenido básicamente dos interpretaciones. Los primeros autores partidarios de la ética como análisis del lenguaje moral —desde el intuicionismo de Prichard hasta el prescriptivismo de Hare— mantienen que el filósofo ha querido declarar con aquélla la imposibilidad de deducir lógicamente juicios prescriptivos a partir de proposiciones descriptivas. Posteriormente, y no lejos de este mismo ámbito analítico, otra interpretación sustenta que la susodicha reflexión no hace sino reclamar una conexión lógica correcta —hasta entonces preterida— entre los enunciados de hecho y los de valor o de alcance normativo (Hudson, *The Is-Ought Question*, 259-261).

Sin embargo, esta posición se reparte entre dos actitudes. Una entiende que el *debe* de un juicio moral es definible en términos de «es querido». Las normas morales serían ante todo una información sobre los sentimientos de quien las apoya. Ésa es, pues, la lectura *emotivista* sobre Hume como filósofo moral (Flew, «The interpretation of Hume»). Otros creen, en cambio, que la partícula «debe» es inferible del *es querido* mismo. He aquí ahora la interpretación *deontológica* según la cual el paso de «es» a «debe» no es rechazable desde un punto de vista lógico, pues si bien este pasaje no es de orden deductivo sí lo es de tipo inductivo: la norma (*debe*) se justifica por el hecho (*es*) de querer que se cumpla algo. Así, MacIntyre, en réplica a Hare (*El lenguaje*, I), conviene que es razonable inferir normas desde juicios de hecho si antes partimos de la observación del *interés común* —un «querer» colectivo— para toda sociedad. Las proposiciones con *debe* se justificarían sólo si se establecen en interés de todos y para un largo plazo de tiempo. El razonamiento es el siguiente. Decir que tal acción «debe» o no realizarse equivale a afirmar que existe una regla que previamente así lo dispone. No se daría ésta si no existiera al mismo tiempo un consenso sobre nuestros intereses comunes. Luego una prescripción puede inferirse de la descripción de tales intereses (MacIntyre, «Hume on "Is" and "Ought"»).

Los intérpretes del *is-ought passage* coinciden no obstante en observar que la exposición de Hume no es *ad litteram* suficientemente clara: no propugna ninguna lógica para sustituir la falta de lógica que está denunciando. MacIntyre sostiene incluso que es un autor «notablemente incoherente» (*Historia de la Ética*, 170). Pero eso no quita que la crítica protagonizada por Hume sea demoledora en relación con el curso anterior de la ética. Pues ya ningún juicio práctico descansa en principios, sean leyes naturales o de la razón, sino meramente en *sentimientos,* lo mismo que todo juicio teórico descansaba según él en puras *creencias*. También, por último, es común aceptar que la ética de Hume *plantea*, más que intenta «resolver» expresamente, el problema de la fundamentación del discurso moral (Hudson, *La filosofía moral*, 251).

EL ESCEPTICISMO DEL JUICIO MORAL

La crítica humeana de la ética incluye asimismo el rechazo de la filosofía moral de otro empirista como Locke, para quien sí existía la posibilidad de demostración de los principios de la moral. Con Hume, igual que más tarde con Marx, Nietzsche y Wittgenstein, la ética parece haber llegado a su fin, pues ya no reside en ninguno de estos «principios», sean inmanentes o transcendentes a la razón humana.

En realidad, nuestro autor piensa al hilo de la meditación iniciada por otros filósofos empiristas británicos, principalmente Shaftesbury y Hutcheson. Éstos sostenían igualmente que las distinciones o preferencias morales no se realizan por medio de la razón y, por consiguiente, que no pueden llegar a ser demostradas. Pero Hume lleva esta convicción hacia un extremo paralelo al de la reforma newtoniana de la ciencia, un espejo para no pocos pensadores de la época. Él quiere evitar también «hipótesis innecesarias» y acude en contrapartida a la busca de lo «simple y natural», lo mismo en el entendimiento que en la guía de la voluntad. Es la naturaleza, y nada más que ella, la que nos determina necesariamente a realizar juicios morales, «... exactamente igual que a respirar y a sentir». No está en nuestra mano prohibirnos enjuiciar tal o cual conducta de los hombres.

Ciertamente se renueva aquí el escepticismo con que concluía la teoría del conocimiento de este autor: los juicios de hecho son la expresión de una creencia. El escepticismo ético dice ahora que los juicios de valor no se apoyan en nada más objetivo que un simple y natural sentimiento del sujeto. Por medio de tales juicios afirma estrictamente lo que aprueba o desaprueba en su interior. Pero, con todo, ya se ve que este escepticismo no es absoluto. Hume lo «modera» en virtud de la confianza que sigue manifestando en la *naturaleza* como soporte y orientación de nuestra andadura en el mundo. Por eso, añade, el que se permita acusarle de destructor de todo juicio del conocimiento y de la voluntad estará dando puñetazos en el aire. Para el discurso de la moral el filósofo se apresura a admitir un fundamento, al menos, en el sentir humano, «... una facultad que ya de antemano ha implantado la naturaleza en la mente y convertido en algo insoslayable» (*Tratado*, 315-316).

Mientras tanto la razón sólo advierte las mismas relaciones de hecho en los actos de la cultura que en los de la naturaleza. Es incapaz de decir dónde está el bien o el mal. Percibe conductas, caracteres, pasiones, pero no el *vicio* o la *virtud*. El sentimiento es lo único que da origen a ideas semejantes: «Tener el sentimiento de la virtud no consiste sino en *sentir* una satisfacción determinada al contemplar un carácter. Es el *sentimiento* mismo lo que constituye nuestra alabanza o admiración» (*ib.*, 692). La evidencia de que la razón no puede suministrar tales conceptos es que ante hechos similares responde arbitraria y artificiosamente de distinto modo:

declara «incesto», por ejemplo, determinadas relaciones sexuales entre los humanos, pero no las mismas en otras especies. Una razón capaz de distinguir entre lo bueno y lo malo debe presuponer, así, que éstos se presentan con independencia de ella. Pero entonces ya no es la verdadera autoridad en la materia: un argumento *a fortiori* en favor del escéptico que juzga de la manera más simple y natural. La razón sola, por contra, no puede más que poner la moral a la intemperie, sumiéndola en la antedicha paradoja. Pues cuando concedemos, con el racionalista, que la moralidad consiste en la adecuación de las acciones a la norma de la razón, contestamos, al ser requeridos sobre ello, que la razón es aquello que examina, precisamente, la moralidad de las acciones. ¿Y no es ésta una curiosa forma de pensar? (*Investigación sobre los principios de la moral*, Apéndice I).

Tras esta última denuncia de la circularidad de sus argumentos la razón práctica ha sido desplazada por Hume de la ética. Ante la razón no es peor preferir la destrucción del mundo que un solo rasguño en mi dedo meñique. El motivo es que en el juicio moral la razón no puede más que ser indiferente frente a los hechos. Sólo el sentimiento, que no lo es, preferiría acertadamente sufrir lo segundo. ¿Cuál es entonces el papel reservado a la razón en la ética? La razón indiferente se ocupa sólo de relacionar ideas resultantes de impresiones de las cosas. Éste es también su papel en los juicios morales, a cuya justificación emotiva, en último término, no afecta en nada. En el ámbito moral la razón informará en concreto sobre los medios a utilizar para alcanzar un fin o nos disuade de quererlo tan pronto muestre su inasequibilidad (*ib.*, I). Pero carece de capacidad para fijar este fin y obligarnos a él, función reservada al sentimiento.

En resumen, y tal como dice Bertrand Russell en su *Historia de la filosofía occidental*, Hume «paraliza todos los esfuerzos para demostrar que un tipo de acción es mejor que otro». A partir de él ya no se puede «demostrar»: hay que *mostrarlo*, señalando lo que sentimos en cada momento. La tarea de la razón en la praxis no es, pues, seleccionar ni prescribir nada: no puede orientar la voluntad ni obligarla. Menos aún podrá suprimir nuestros afectos (Hume, *Tratado*, 614-615). Se limita a ser un instrumento de ellos, para cuando, apoyados en sentimientos, pronunciamos asertos sobre lo que está bien y lo que está mal. No hay primacía de la razón sobre los afectos; o dicho de otra manera, de la razón sobre la *pasión*. Muy al contrario:

«La razón es, y sólo debe ser, esclava de las pasiones (*slave of the passions*), y no puede pretender otro oficio que el de servirlas y obedecerlas» (*ib.*, 617).

Kant, puesto sobre aviso por Hume, se aplicará en demostrar que un juicio moral puede ser también universal y necesario, para lo que recordará —formulándolo de nuevo, pero sin «inventar» nada nuevo— que la razón sí tiene un lugar reservado en la praxis. Esta redescubierta facultad, y no el sentimiento, es precisamente lo único que *impedirá* (nunca lo que podría facilitarlo, en la opinión del autor escocés) que yo pueda preferir algún día la muerte de los otros al más superfluo daño sobre mi persona. Para Hume, en contraste, mientras que el juicio moral arraigue en los sentimientos de cada uno, y ésos sean parecidos para todos, estará asegurada la pervivencia de la moralidad. Hasta ahora los sentimientos básicos de simpatía y utilidad, puestos en nosotros por la naturaleza, han permitido un cierto orden y continuidad de las costumbres. Por donde huelga tener que reformar, pese a todo, el contenido de la moral vivida. Pero amén del conservadurismo social que ello claramente implica, los interrogantes abiertos tras esta conclusión no son menos grandes para la filosofía misma. En efecto, y así lo reconoce MacIntyre (*Historia*, 171), no queda nada claro cómo se producen los sentimientos en el hombre, ni es tampoco fácil acallar la duda sobre su presunta inmutabilidad, lo mismo que sobre la nunca discutida *human nature* que los alberga.

A todo esto, la proximidad de la crítica empirista de Hume con la racionalista de Kant puede cifrarse en ciertos puntos. En primer lugar el autor escocés ha puesto con su escepticismo el dedo en la llaga del racionalismo dogmático. La razón no es suficiente para defender a la razón: el entendimiento por sí solo se autodestruye (*Tratado*, Conclusión). Kant tiene que aprestarse después a suponer varios «intereses» y una «teleología» práctica adheridos a esta facultad del puro entendimiento. Por otro lado, Hume reconoce en esta parte de su obra fundamental que ni siquiera su escepticismo ha podido renunciar al uso de la *reflexión* para poder desarrollarlo. Más aún, afirma que ésta siempre influye en nosotros y es *conveniente* en todo caso ejercerla.

4. La falacia naturalista

LA CRÍTICA DE MOORE AL NATURALISMO ÉTICO

Todo juicio moral contiene un predicado: «Dar al que no tiene es *bueno*». Los predicados morales se enuncian de acuerdo con unos referentes que suelen ser propiedades atribuidas a caracteres o acciones. ¿Por qué dar al que no tiene es «bueno»? Unos dirán porque cumple la propiedad de ser bien visto por todos; otros porque se ajusta a una limpieza de corazón, o porque hace más llevaderas y satisfactorias las relaciones entre los hombres; etcétera. Con todo, podríamos continuar con otra pregunta: «Dar al que no tiene es prueba de una actitud generalizada (o de buen corazón, o de benevolencia, etc.), de acuerdo, pero ¿es eso aún verdaderamente *bueno*?»

Ésta es la pregunta que se hacía el filósofo George Moore a principios del siglo XX, pese a que Sócrates y otros autores venían contestándola desde hacía muchos siglos, e incluso desde ángulos lo suficientemente diferentes como para dar el catálogo de respuestas por agotado. Sin embargo, Moore todavía contesta a la pregunta por lo bueno de un modo original e innovador. Cualquier predicado ético, viene a decirnos su obra *Principia Ethica*, no es equivalente ni reducible a ninguna propiedad natural, sea de cosas, conductas o caracteres de las personas. De suponer lo contrario, en nuestra definición de «bueno» y afines cometeríamos una falacia naturalista (*naturalistic phallacy, ib.*, I, § 12-14). Esto es, utilizaríamos un argumento aparente para sostener que términos no éticos o *naturales* son verdaderamente predicados «morales». Cuando decimos que lo bueno es lo que da placer, por ejemplo, estamos incurriendo en dicha falacia, porque confundimos un predicado no natural con otro de tipo natural, referido, éste, a una propiedad perceptible empíricamente. Así, es falaz concluir de la proposición «Lo que buscamos todos siempre es el placer» el juicio «Lo bueno es el placer», una afirmación, por lo dicho, sólo pretendidamente ética (Warnock, *Ethics*, II; Hudson, *La filosofía moral*, III).

Para Moore las propiedades a que se refieren los verdaderos términos o predicados éticos —empezando por el de «bueno», *good*— no han de asociarse con ninguna clase de propiedad natural. Por donde, y en la línea de lo sugerido por Hume, un juicio moral no puede reducirse simplemente a un juicio fáctico, porque los dos remiten a cualidades muy diferentes.

Al pasar de enunciados descriptivos a prescriptivos cometemos un error de argumentación: la falacia de un discurso «ético» con vocablos, en realidad, naturalistas. Hume nos había puesto sobre aviso en torno a la distinción entre ambos planos del discurso. Pero es ahora Moore quien decididamente declara injustificable el paso del lenguaje del «es» al lenguaje del «debe» o, en términos generales, de lo *bueno*. Respecto a este último término la ética no había conseguido salir de su error. Hacía con él lo mismo que, por ejemplo, con el concepto de «amarillo». A la hora de definirlo nos limitamos a describir sus equivalentes físicos. Pero con decir que «amarillo» se refiere a ciertas vibraciones de la luz sobre un ojo normal no agotamos su definición. La percepción de lo amarillo no está suficientemente reflejada en esta explicación física. Con el concepto de «bueno» ha ocurrido algo análogo: todas las cosas que son buenas *también* tienen «algo más» que escapa a cualquier definición suya en términos físicos. Cuando un número demasiado elevado de filósofos, al decir de Moore, pasa por alto esta peculiaridad de los conceptos de la ética incurre en la mencionada falacia naturalista. Sin embargo, añade, es un hecho que la aspiración de la ética consiste en descubrir cuáles son estas otras propiedades que pertenecen a lo que consideramos bueno (*Principia*, 48).

En realidad, los términos éticos, como «bueno» y tras suyo «justo», «honrado» o «correcto», se refieren en última instancia a cualidades no naturales, es decir, simples e irreductibles. Por lo tanto, se trata de conceptos no analizables —no pueden dividirse en otros— y por esto mismo *indefinibles*. Contrariamente, los predicados no éticos («combustible», «esférico», etc.), puesto que se refieren a propiedades naturales, pueden descomponerse en otros y, en este sentido, ser definibles. «Bueno» designa una cualidad simple que lo es de muchas cosas y, al mismo tiempo, se dice, según se ha apuntado, de muchas maneras. Pero lo que importa es retener su condición resultante de *indefinibilidad*, y que a pesar de ello, y justamente gracias a ello, es posible el discurso de la ética. De otra forma éste sería un lenguaje análogo al de todas las ciencias que tratan de describir la realidad natural. En este caso, al aceptar una definibilidad de «bueno» (el *definitismo ético*, en palabras de Frankena) estamos admitiendo *eo ipso* una concepción naturalista impropia de la ética. Pues ya hemos dicho que el argumento naturalista elude afrontar la innegable especificidad no natural de los predicados morales. En la concepción naturalista la ética se disuelve al fin y al cabo en el discurso de la psicología o de la sociología. Es, no obstante, un error general considerar que el tema de la ética está «limitado a la conducta humana» *(human conduct; ib.,* 84). Forma parte de la misma falacia naturalista: aquí la ciencia propuesta no es la ética, sino la física. En cualquiera de los casos en que sostengamos que «bueno» significa placentero, vital, querido, dulce, estable u otros «objetos del mundo» (*objects of the world*), la teoría que defiende que «bueno» *significa* alguno de ellos no dejará de ser una teoría naturalista (*loc. cit.*).

Las opciones alternativas al no naturalismo ético que defiende Moore son, pues, o bien el naturalismo que identifica «bueno» con algo definible, o bien la presentación del mismo término como una palabra decididamente falta de significado. En el primer caso sucumbimos en la falacia naturalista. En la segunda opción apostamos por una actitud amoral. Sin embargo, es evidente, pensando en este último caso, que cotidianamente nos servimos de palabras con un claro sentido moral: las que se refieren a lo que está bien o está mal en nuestra conducta con independencia de lo que dictan al respecto las leyes jurídicas. El no naturalismo concibe, en consecuencia, que «bueno» no se reduce, en efecto, a ninguna propiedad *natural*; aunque no por ello —y para evitar el absurdo de la ética— dejará de hacer mención a una determinada cualidad: a un objeto único ante nuestra mente. Al ser este objeto *simple*, «bueno» debe ser inanalizable y los juicios construidos con este predicado serán siempre de orden sintético. Los términos morales no son analizables: son nociones simples (*simple notions*) no identificables con otras. Pero aun así se refieren a algo y aportan alguna clase de información (*ib.*, 106). Vemos que, pese a su crítica, Moore comparte todavía con el naturalismo ético 1) la idea de que los juicios éticos expresan propiedades y 2) que al producirse como enunciados son tan susceptibles como los otros de soportar la prueba de su validez.

El ataque de este filósofo al naturalismo ético se dirige principalmente a la teología moral, que identifica la noción de bien con la de un medio para alcanzar la vida eterna, y asimismo al utilitarismo de corte hedonista, que asocia el mismo concepto con el de placer. Centrándonos en este último, cabe recordar que John Stuart Mill partía del supuesto de que en la «naturaleza humana» no hay nada que sea *deseado* por sí mismo excepto la felicidad en tanto que placer. Eso mismo es lo que permite concluir, como criterio de la moralidad, que lo «bueno» significa siempre aquello que produce placer (*El utilitarismo*, 96). Existe en este argumento del utilitarismo clásico una premisa de contenido psicológico-naturalista («El placer es deseado como fin») de la que, no obstante, se hace derivar sin lógica alguna una afirmación valorativa («Sólo el placer es bueno»). «Bueno» no estaba en ninguna premisa anterior a esta categórica estimación.

Mientras tanto, he aquí el más obvio ejemplo de la falacia naturalista, consistente en identificar lo «bueno» con lo deseado. Pero ¿en virtud de qué argumento hacemos coincidir lo «deseable» con lo *deseado*? Ni siquiera el recurso a la experiencia nos lo permite mantener. El paso que se ha dado va mucho más allá y está falto también de toda lógica: la deducción de un «debe» a partir de un «es». Así, escribe Moore: «Mill ha usado la falacia naturalista tan ingenua y desmañadamente (*naïve and artless*) como se hubiera podido desear [...] sólo podéis averiguar qué es deseable si tratáis de descubrir qué se desea realmente» (*Principia*, 118).

CRÍTICAS AL INTUICIONISMO DE MOORE

George Moore y sus seguidores (David Ross, Arthur Prichard) son considerados partidarios del *intuicionismo* ético. Según esta concepción, las propiedades a las que remite cada término moral no pueden ser percibidas empíricamente ni tampoco deducidas por vía racional al margen de la experiencia. En realidad, tales cualidades se nos imponen sin que tengamos necesidad de prueba alguna para creer que ello es así: son, pues, propiedades por sí mismas evidentes en nuestra consciencia. La observación o la demostración no nos permiten tener tan buen conocimiento de ellas como el que nos suministra la intuición.

Platón fue también en su filosofía moral un no naturalista, aunque habrá que esperar a Moore para declarar «bueno» *indefinible*. En el *Filebo*, en cambio, Sócrates defiende frente a Protarco la posibilidad de la expresión del bien en sus justos términos filosóficos. El hecho es que este nuevo no naturalismo invoca para la vida moral cierto tipo de intuición intelectual. Tardamos apenas nada en saber a qué nos estamos refiriendo cuando decimos que «robar es *malo*» o que «respetar al prójimo es *bueno*». Intuimos aquí una cualidad que rebasa el conocimiento meramente sensible o deductivo. Este proceder no es exclusivo, sin embargo, del conocimiento moral. A veces, por ejemplo, intuimos de forma análoga un hecho ocurrido en el pasado o el estado de ánimo de una persona cercana a nosotros: sin poseer más datos sobre estos objetos tenemos de ellos una *evidencia*.

Hay que destacar, por lo pronto, la importancia de Moore como analista del significado de los juicios morales. Después de los *Principia Ethica*, la llamada «ética analítica» se irá articulando básicamente sobre una u otra teoría del significado del lenguaje moral. Ya hemos dicho que para el no naturalismo definido en aquel libro el punto de apoyo de su concepción es la teoría *intuicionista* del contenido de los enunciados. Para los empiristas lógicos y los neonaturalistas se encontrará, por otra parte, en una teoría *verificacionista* del mismo. En cuanto a los autores emotivistas y prescriptivistas, por último, la clave para sostener que los términos éticos no designan ya propiedades de ninguna clase (naturales o no naturales), sino sólo actitudes y preceptos, respectivamente, está, ahora, en la aceptación de una teoría *causalista* de su significado: el lenguaje moral se limita a causar o «dinamizar» nuestra conducta. En cualquier caso, y con su indagación acerca de la indefinibilidad de «bueno», Moore representa prácticamente el inicio de la moderna *filosofía moral analítica*. Según ésta, el hecho moral es ante todo un hecho de *lenguaje* —como hubiera dicho Monsieur Jourdain, el personaje de Molière que súbitamente descubre que habla «en prosa»—, y la ética, consiguientemente, es aquello que asume la tarea de *analizar* este lenguaje.

Ahora bien, el intuicionismo del que venimos hablando, con ser para muchos harto discutible, es también bastante difícil de refutar. Respecto al fondo de la doctrina, ¿cómo rechazar por medio de demostración algo que la excluye expresamente? Respecto a la forma, no queremos dejar sin citar estas certeras palabras de MacIntyre: «Quizá se efectúen más aseveraciones injustificadas e injustificables en *Principia Ethica* que en cualquier otro libro de filosofía moral, pero se efectúan con tal certidumbre acompañada por buenos modales —aunque levemente intimidatoria— que un desacuerdo parece casi una falta de cortesía» (*Historia*, 241). Hay que estar reconocidos, en efecto, con este fino intelectual del grupo modernista de Bloomsbury. Pero quizás uno de los principales descuidos que aún podrían imputársele es el no haber abandonado la convicción de que los juicios morales, pese a tener referentes «no naturales», se construyen todavía mediante términos en cierta manera descriptivos. Las proposiciones con «bueno», «justo», «encomiable», etc., se formulan, al igual que los juicios con «blanco», «cuadrado», «hirviente», etc., en el seno de un mismo y único lenguaje común por el que decimos generalmente algo sobre algo. Eludir la vertiente de una forma u otra *descriptiva* del habla es intentar casi lo imposible. Por lo demás, algo tendrán que describir los predicados morales si se los relaciona al menos, como hace Moore, con una «propiedad» (*propertie*), por más que ésta sea declarada «no natural». Y en este caso, ¿no estaríamos cometiendo de nuevo la llamada falacia naturalista?

Volviendo a MacIntyre, éste observa otros puntos por donde resultaría vulnerable la doctrina de Moore. En primer lugar el intuicionismo nos incapacita para reconocer qué es bueno y qué no lo es. Kant es también un no naturalista, pero suministra al menos la identificación del bien moral con una *forma* de actividad de nuestras facultades superiores (*Historia*, 243). Lo que hace Moore, quisiéramos añadir, es extremar primero la interpretación hedonista de Mill para después abstenerse de dar un criterio firme, aunque fuese formalista, de la aprehensión de lo «bueno». Pero, en realidad, el razonamiento de Mill (si el placer es lo deseado, lo deseable es el placer) no pretendía tanto asentarse en una deducción lógica cuanto en una sencilla afirmación del sentido común: si aceptamos que el placer es lo deseado, sería absurdo no admitir a continuación que lo deseable es el placer. El placer actúa pues aquí más a título de un criterio, entre otros posibles, para conocer lo bueno, que de una definición estricta que agote la idea de bueno. El intuicionismo de Moore no nos ofrece a cambio ningún criterio para sostener algo parecido a esta idea. Por otra parte, y como observa el mismo MacIntyre (*loc. cit.*), tampoco se argumenta suficientemente el paso de la intuición de lo bueno a la realización práctica de actos con esta propiedad. En otras palabras, no queda claro por qué llamar a algo «bueno» proporciona un motivo para obrar de una manera determinada. El intuicionismo se dedica más a suministrar una teoría de la justificación de los juicios morales que a ofrecer un fundamento para la acción moral. En último término no nos especifica lo que resulta capital para ésta: saber por qué y cómo estamos *obligados* a hacer lo que hemos estipulado que es «bueno». Si ya es difícil, por no decir extraño, llegar a un acuerdo entre dos personas sobre lo que es bueno según su intuición, tanto más embarazoso resulta después recomendar que se siga la intuición vencedora. Estos dos problemas prácticos acaban por alejar a la ética intuicionista de una moral realmente práctica.

Moore, sin embargo, consigue con su ética el mérito de haber abierto el fuego para una crítica exigente del discurso de la moralidad. No podía encontrarse un inicio más acertado que tomar el término «bueno» como objeto central de la crítica. Por eso hay que resaltar que aun siendo diferentes en lo sustancial, el intuicionismo propuesto por este autor es comparable al formalismo racionalista de Kant en cuanto a su demolición del naturalismo ético, un presupuesto de muchos sistemas morales por el que se asociaban los juicios normativos a una u otra forma de juicios de hecho. Moore ya admite este parangón histórico en las primeras páginas de los *Principia Ethica*: «Me he esforzado en escribir los Prolegómenos a cualquier ética futura que pretenda presentarse como ciencia» (*ib.*, 31).

Desde luego, la fundamentación del no naturalismo va a ser muy distinta en ambos. Para el pensador racionalista el bien es aún objetivable en una definición; para el intuicionista ya no lo es. Pero en otro sentido, la crítica del primero es, si se quiere, más radical: aunque definible, «bueno» no remite ni siquiera a una «propiedad simple», como todavía admite Moore. Para Kant, *valer* ya no tiene nada que ver con *ser*, sino con *deber ser*.

Segunda parte

LA OBLIGATORIEDAD MORAL

CAPÍTULO IV

LA OBLIGATORIEDAD MORAL

1. El conflicto entre el deseo y el deber

EL TEMA DEL DESEO EN LA ÉTICA

Al estudiar la elección moral decíamos que ésta se basa en la deliberación y la voluntad; pero que a su vez este *querer* puede determinarse bien por la *razón,* bien por las causas que ponemos bajo el nombre del *deseo* (I, 4). Está por ver, pues, el papel del deseo en la moralidad. Esto es: si hay principios en nuestra acción moral que no provengan de la racionalidad, como hemos visto hasta ahora.

Bertrand Russell cree que el deseo es la fuente de la conducta llamada moral (*Por qué no soy cristiano,* cap. 3). En otro extremo, Kant afirma que la voluntad racional pertenece a la misma «facultad apetitiva» que los deseos más irracionales (*Anthropologie,* § 73-74). Es obvio que todo lo que compete al sentir y al apetecer, en particular, se encuentra en nosotros y está presente, de uno u otro modo, en nuestra conducta moral. Pero es evidente también que tendemos algunas veces a contrarrestar —«anularla» es más que dudoso— esta presencia mediante el aliento del «sentido moral» o, análogamente, por el llamado de la *conciencia moral.* Aceptamos, así, que nuestras decisiones en esta esfera de la acción no registran una coacción psíquica absoluta, sino relativa, como se recoge en la contraposición kantiana entre una «voluntad racional» y una (misma) voluntad «patológicamente afectada». La primera es la confirmación de que una fuerza contrarrestadora sobre los sentidos y los apetitos es muchas veces posible. Para no pocas personas seguiría siendo repugnante cometer ellas mismas un fraude legal,

161

un robo perfecto o el aniquilamiento impune de todos sus más acérrimos enemigos con sólo pulsar un botón secreto, y aunque todo ello estuviera en el más vivo de sus deseos. Por más vehementes que éstos sean, el planteamiento del dilema entre el *deseo* y el *deber* no tarda en aparecer ante cualquier sujeto medianamente capaz de razonar.

En la antigüedad clásica surge ya esta contraposición. Demócrito escribía que «ser bueno significa no hacer nada que esté mal y también no querer hacer nada que esté mal» (*Fragmenta Moralia*, 109). Este *no querer* del filósofo, junto con el querer *puro* que introduce la tragedia (el joven Edipo, Antígona, Orestes) anuncian el paso del mundo homérico, el de la *hýbris* y la moral heroica, al mundo socrático del *nómos* y de la ética ciudadana. Poco a poco el mero deseo se ha ido haciendo objeto de la cultura hasta ser observado desde la órbita de lo que hoy llamaríamos el «deber». Platón llega a distinguir entre deseos necesarios e *innecesarios* o superfluos desde el punto de vista de la educación del *polités* (*República*, 859 a). Incluso hay deseos que forman parte exclusiva de la naturaleza del alma (*Philebo*, 34 a-35 a). Pero lo que es más destacable es la tajante dualidad platónica entre el deseo y la razón (*República*, 439 a ss.), de larga influencia posterior.

La versión aristotélica es más modulada. El deseo (*epithymía*) es una clase de apetito o tendencia natural (*órexis*) (*Psicología*, 433 a). Claro es que el primero puede llegar a ser compulsivo y violento —la *cupiditas* medieval—, pero el segundo (*appetitus*) es nada menos que consustancial al entendimiento práctico, puesto que es lo único que lo mueve. Quien no está dispuesto a servirse de este apetito para el bien que la razón ha elegido es «como un esqueleto». Educar es desvelar este apetito para regularlo según la razón o entendimiento práctico. Hay que rechazar, por lo tanto, el deseo incontinente y la confusión del bien con el objeto de aquél, el placer (*Et. Nic.*, X). Deseo y placer deben ser moderados, como enseña también su contemporáneo Aristófanes, por boca del incauto Estrepsíades en la comedia *Las nubes*. Ahora bien, la gran diferencia con Platón, en este punto, se encuentra en la aceptación del placer como parte del bien perfecto (*eudaimonía*) y del «deseo», en tanto que *apetito*, como elemento, también, de la acción que conduce a este bien (*ib.*, VI-VII). Recuérdese que para Aristóteles la elección, el principio de la acción, es «deseo deliberado» (*órexis bouleitiké*);

por consiguiente, no mera *epithymía*, pero tampoco *lógos* puro (*ib.*, 1111 b). Ni siquiera la verdad, objeto común al entendimiento teórico y al entendimiento práctico, puede conocerse al margen del *órexis orthén*, el recto deseo en el alma de quien se acerca a la verdad (*ib.*, 1139 a).

El Estagirita integra y equilibra la función del deseo con la de la razón en la ética. El bien no es el placer, pero tampoco, concluye, elegimos ningún acto que sea contrario a este objeto del deseo. No está demasiado lejos el ideal propugnado por Russell, mencionado al principio: toda conducta nace del deseo, pero debe ser guiada por el conocimiento científico. Epicuro, poco después de Aristóteles, identifica el bien con el placer (*hedonê*). Es un autor, pues, hedonista; pero a pesar de ello propugna asimismo la moderación en los placeres. Éstos no son necesariamente los de tipo físico: el vocablo griego indica «gozo» en un sentido amplio, para contraponerlo al dolor (*álgos*), la aflicción (*lýpe*) y el esfuerzo fatigoso (*pónos*). Tratado de cierto modo, el objeto del deseo no es incompatible con la moralidad: «No es posible vivir placenteramente —dicen sus *Máximas* (V)— sin vivir sensata, honesta y justamente; ni vivir sensata, honesta y justamente, sin vivir placenteramente» (*Ética*, 105). Con todo, hay placeres que no son ni naturales ni necesarios —p. ej., los provocados por el halago—, mientras que otros revisten ambas cualidades: así, los que eliminan el dolor (*ib.*, 113). Pervive todavía en Epicuro el ideal socrático del hombre bien temperado, *eúkratos*, ante el desafío y la presión de la *akrasía o* incontinencia.

Pero con Zenón de Citio y el estoicismo se replantea notablemente este ideal (Diógenes, *Vidas*, II, 7 ss.). La continencia ya no es más la buena mezcla de las disposiciones del alma, entre las que se incluye el deseo de placer. Éste no es ni un medio ni un fin para el sabio (*sophós*), que sólo en la virtud puede encontrar el bien y la felicidad. Deseo y placer, junto con temor y dolor, son las cuatro pasiones elementales que perturban el alma y nos alejan, en cualquier grado, de la vida buena. Ésta exige una serenidad de ánimo que consiste precisamente en la imperturbabilidad (*apátheia)* o ausencia de toda pasión. El *êthos* ha tenido que romper, a diferencia de las escuelas anteriores, con las experiencias del deseo y del placer, calificados hasta el tardío Cicerón como «pasiones» (*Tusculanae*, IV, 6).

Spinoza, que se propone asimismo el ideal del sabio, rechaza sin embargo la noción rigorista que sobre el «apetito» se había ido desarrollando en la filosofía medieval. Recordemos que para Tomás de Aquino aquél estaba vinculado totalmente a la vida del alma y no se le podía identificar con lo que hoy llamamos «deseo» (*Summa*, I, q. 80, a. 1; 81, a. 2). Y no muy lejos de esta posición, Descartes y Locke conciben el deseo con parecido sello negativo —una «agitación» del espíritu, *passion de l'âme*—; pero ahora ya, a diferencia de la Escolástica, como algo que participa del alma. Mas para el citado Spinoza el deseo (*cupiditas*) es el «afecto» principal del hombre: es decir, la forma con que en él se presenta el «conato» del ser. Spinoza piensa que el aumento del afecto favorece el deseo y lo llamamos «alegría». Su disminución deprime en consecuencia el deseo y de ello resulta la «tristeza». El bien moral consistirá en el conocimiento del afecto de la alegría y el mal en el de la tristeza: «El conocimiento del bien y el mal no es otra cosa que el afecto de la alegría o el de la tristeza en cuanto que somos conscientes de él» (*Ética*, 275).

Ahora bien, sea la experiencia de la alegría o de su contrario, un afecto puede siempre revestir dos sentidos. Es ciertamente «pasión» cuando nosotros no somos su causa. Pero cuando es el sujeto mismo quien representa esta causa pasa a ser ya una «acción» (*ib.*, 183). Por todo lo cual el esquema spinoziano supone una gran aportación para la filosofía moral ocupada en el tema del deseo: los afectos, empezando por éste, no son siempre algo dado y «acabado», por así decir. Lejos de ello, pueden devenir de pasión a *acción*. Así acontece con el deseo y de esta manera puede este afecto entrar plenamente a formar parte de la vida moral. A su vez esto constituye un preanuncio de lo que será uno de los distintivos de la Ilustración: la ética que identifica el bien con lo que es *útil* para la realización de nuestros deseos. En efecto, bastante antes que los filósofos utilitaristas del siglo XVIII, Spinoza establece la siguiente *Definición* (*ib.*, 268): «Entiendo por *bueno* lo que sabemos con certeza que nos es útil». *Útil*, claro está, para el aumento de nuestro afecto del deseo en activa alegría, no en pasiva tristeza.

Lo cierto es que el tema del deseo entra en el pensamiento moral contemporáneo de la mano del utilitarismo. Como se ve en una de sus interpretaciones más politizadas, la teoría de la *public choice* (Buchanan, Hayek y otros), se trata de establecer una filosofía del bien y de la distribución de los bienes de acuerdo con una psicología social centrada en el juego de intereses. Pero lo que subyace en ella es una inconmovible concepción del ser humano en tanto que sujeto deseante. Idea lo suficientemente extendida en la filosofía del siglo XX como para situar en el ámbito de lo *neorromántico* al pensamiento que ve en el deseo el germen del «fracaso» (Sartre, *El ser*, III, 3, 2) o el origen del «malestar de la cultura» (Freud, *El malestar*, 75 ss.).

DISCUSIÓN DEL EGOÍSMO ÉTICO

Hemos dicho que el epicureísmo se define por una ética del *deseo* y el estoicismo por una filosofía moral del *deber*, aspectos, ambos —*eudaimonía y areté*—, que en cambio aparecían equilibrados en la propuesta «clásica» de Aristóteles. Con todo, ni la ética del deber se reduce al estoicismo ni la del deseo a la doctrina de Epicuro.

El deseo puede dirigirse, efectivamente, a la obtención del placer, como propugnan este último autor y el hedonismo en general. Pero también a otro tipo de experiencias para las que la *hedoné* o nuestro término «placer» resultan expresiones estrechas. Si Zorba el Griego, por ejemplo, representa el deseo del placer sensible, los personajes de Goethe y Schiller encarnan a menudo el placer intelectual y el triunfo moral, respectivamente. De la misma manera que los de Camus exaltan el placer de vivir y los de Thomas Mann el goce estético. Por su harte, en Scott Fitzgerald celebran los fastos de una «buena posición» social, y en Pavese, muy diferentemente, persiguen la difícil amistad completa. El deseo busca placeres tan adjetivados y hasta experiencias tan poco homologables al «placer» —como retrata la literatura y observa la psicología en nuestro tiempo— que difícilmente podemos poner las concepciones morales orientadas hacia el deseo bajo la especie de un patrón general que sería el hedonismo ético.

El hedonismo ético forma parte de una de estas concepciones. Pero el supuesto que comparten todas ellas es el egoísmo ético, expresable en el principio de que toda acción o no acción moral debe redundar en beneficio de la propia satisfacción del protagonista. El deseo que orienta sus actividades puede dirigirse o no, en los actos morales, a una meta de placer. Mas en cualquier caso no ha de contradecir, en sus objetivos y consecuencias, el hecho incontrovertible del amor hacia uno mismo. Así se expresa el principio del egoísmo ético, tanto en la versión hedonista como en sus dignos parientes —éticas del «amor propio» o del «egoísmo racional»— de común ascendente en el liberalismo capitalista. Es fácil deducir que este prototipo moral entraña a su vez un presupuesto psicológico o que se formula como tal: la conducta humana persigue «por naturaleza» el placer o el provecho propios. El pensamiento, dice Locke, es «simplemente de esta manera»: percibe por naturaleza la idea de placer y a partir de ahí concluimos que las cosas son «buenas o malas solamente en referencia al placer o al dolor» (*Ensayo*, 342). De admitir, pues, que lo «deseado» es el placer u otro tipo de provecho no hay más que un paso para postular que lo «deseable» es una cosa u otra. El argumento de uso general apela más al sentido común que a la lógica: no es razonable querer lo contrario de lo que deseamos.

Bertrand Russell y el neopositivismo del Círculo de Viena son un claro ejemplo de supeditación de la ética al egoísmo psicológico. Emparentado con ambos, Ayer sostiene lapidariamente que la ética no es más que «un departamento de la Psicología y de la Sociología» (*Lenguaje*, VI). Lo mismo que sus ancestros Hobbes y Locke, especialmente el primero, cree que el discurso de la ética equivale a una mera transposición del lenguaje sobre la realidad natural. Pero las críticas no se han hecho esperar. Recuérdese la denuncia planteada por Moore contra el naturalismo ético (III, 4). Ésa es quizá la crítica fundamental: de la apetición del placer no se puede concluir acto seguido su deseabilidad. En el extremo opuesto de la crítica el psicoanalista Jacques Lacan atribuye al naturalismo ético —ahora en clave psicologista— parecida arbitrariedad. *L'homme de plaisir*, nos dice, busca en el placer algo que no coincide estrictamente con la satisfacción natural (*Le Séminaire*, 12 ss.). Es mucho lo que cada uno añade aquí de su parte. La cuestión, según se ve, es que donde pretende haber puesto la psicología por fundamento, el egoísmo ético ha puesto más bien la subjetividad personal que declara «deseable» esto o aquello. Aun en el caso de una verdadera «satisfacción natural» como término del deseo, la ética que confunde lo deseable con lo deseado seguiría siendo subjetivista. Pues un hecho natural en sí no nos da regla objetiva alguna para la acción, so pena que nos dirijamos a él con una declaración de preferencia: «Lo bueno es, *de preferencia*, lo que conduce al provecho o al placer». En cuyo caso no nos libramos totalmente del subjetivismo:

placer y provecho no son los mismos para todos (Kant, *K.p.V.*, Ak. V, 22 ss.; *Anthropologie*, Ak. VII, 130). Hay todavía otra crítica posible al egoísmo ético en razón de su dependencia del egoísmo psicológico. Si atendemos a la misma psicología cabe recordar que no siempre la experiencia nos dice que buscamos el beneficio propio: determinados actos desinteresados y el altruismo en general se han ido sucediendo a lo largo de la historia humana. Los «hechos», pues, que otros aducen para atacarla pueden ser utilizados también para avalar la posibilidad de una ética no egoísta.

Concentrémonos ahora en la corriente más extendida del egoísmo ético, aquella que agrupa las diferentes versiones del hedonismo. Éste comporta un primer reduccionismo, el de lo bueno a lo *deseable*, común, por lo demás, a todo egoísmo ético. El problema vuelve a estar aquí en saber si lo «deseable» es lo digno de ser deseado o bien lo *deseado* mismo, es decir, lo que de hecho se desea. Si es esto último, apoyándonos en el egoísmo psicológico descrito, sucede que tan pronto caemos en una tautología, si la norma tiene un sentido débil («*Quiero* aquello que deseo»), como incurrimos en una contradicción, si la norma de procurar lo deseado se formula en un sentido *fuerte* («*Debemos* hacer lo que deseamos»). Pues entonces lo que haríamos ya no es tanto lo deseado cuanto lo debido. Por otra parte, el hedonismo añade un nuevo reduccionismo al egoísmo ético: la identificación de lo deseable con el *placer*. Moore dice también que éste no está autorizado para ser presentado como lo único bueno en sí mismo, puesto que descarta otros posibles objetos de nuestros deseos y preferencias (*Principia*, 163). Por último, nos encontramos ante la reducción misma del placer a lo *agradable*, desconsiderando por lo general la *fruitio* intelectual, artística o a causa de las relaciones sociales, y en desproporcionada confusión del placer con el bienestar y la seguridad materiales, moneda corriente, con honrosas excepciones —Mill a la cabeza—, entre los diversos utilitarismos.

Por añadidura, reducir «bueno» a «agradable» es algo relativamente factible en el lenguaje no moral. «Hoy hace un tiempo muy bueno» es convertible en «*id.* muy agradable». Pero en el discurso ético esto es problemático, incluso en el lenguaje hedonista, donde se presenta de forma más evidente la contradicción. Pues, en efecto, si en el enunciado «Es bueno procurarse el placer deseado, aunque cueste» sustituimos «bueno» por «agradable» resulta una pura contradicción: una acción no puede ser a la vez costosa y agradable. Por todo ello, el egoísmo ético, incluido el hedonismo, ha sido criticado, en síntesis, por su dificultad para ser traducido en una regla universal. Los utilitaristas, desde Bentham, han replicado a esta objeción argumentando que la moral de la propia felicidad no tiene por qué estar en contradicción con una regla universal de la moralidad. ¿Qué inconveniente habría para que el beneficio público no coincidiera también con el beneficio privado? Buscar la propia felicidad no excluye procurar al mismo tiempo la de los demás.

Sin embargo, es en esta autodefensa *a fortiori,* con visos de cierta consistencia lógica, donde el egoísmo ético pone al descubierto su debilidad esencial. En la *teoría,* es contradictorio que el principio egoísta se presente a la vez como principio altruista. Como paliativo, el egoísmo práctico apela a la virtud de la «prudencia» o a la cláusula de «responsabilidad» ante las consecuencias de aplicar aquel principio. En la *práctica,* una universalidad de hecho del citado principio, en calidad de norma pretendidamente compartida por todos, significaría no sólo dar por supuesta una armonía de la especie humana, hoy por hoy remota, sino una contradicción con el principio altruista que *de hecho,* también, otros comparten como norma que valdría igualmente para todos. Los móviles e intereses de la humanidad no son hasta tal punto idénticos en todos sus individuos.

EL CONFLICTO Y SU RESOLUCIÓN

El choque de intereses y egoísmos lleva a menudo al conflicto. La ética, que estudia aquéllos, tampoco puede ignorar éstos. Uno de los aforismos de Heráclito (n.º 53) dice: «El conflicto —*pólemos*— es el padre de todas las cosas». Y no hay, después, teoría ética que de algún modo no se refiera a él o no lo presuponga.

En primer lugar: la filosofía de la moral *da por supuesto el conflicto* como parte esencial de la naturaleza y de la cultura. Siendo así que sin conflicto no habría necesidad de la moral. Pongamos por ejemplo las controversias entre creencias y la discusión, a menudo, sobre la acción a realizar entre varias opciones posibles. Sin estas tensiones, ¿sería la ética necesaria? Por lo menos sería otra cosa. Así, si no hubiera disputas sobre lo de uno o lo de otros, ¿por qué motivos reclamaríamos la «justicia»? Pero sin conflicto tampoco existirían las *concepciones conflictivistas* de la ética, como a su manera entrañan el naturalismo de un Hobbes, el evolucionismo de un Spencer y el contractualismo de un Nozick. Presuponen individuos o grupos en conflicto, o bien de naturaleza conflictiva. Por eso les importa la ética. Ni existirían tampoco las *concepciones armonicistas* de ésta, como el trascendentalismo de un Platón, el deontologismo de Kant y el consensualismo de Habermas. En diferente grado, las teorías éticas son también formas de respuesta a la guerra de intereses y egoísmos.

En segundo lugar: la filosofía moral, en todas sus concepciones, *se sirve del conflicto* como forma del pensamiento y de su expresión. A) Como forma del *pensamiento*: *a*) el pensar moral es un pensar frente a «cuestiones» desafiantes. No sólo describe, ni hace esto sin más: se ve interpelado y trata de dar respuesta al desafío práctico o teórico que se le presenta. También: *b*) todo pensar moral se «opone» a otro. A veces en abierta polémica: aristotélicos contra platónicos, estoicos frente a hedonistas, empirismo contra idealismo, Kant frente al dogmatismo, Marx contra Hegel, Nietzsche opuesto a Kant, etc. Otras veces de forma tácita o soterrada, como Maquiavelo frente al príncipe cristiano, o Moore ante el utilitarismo. Y asimismo: *c*) existe una «dialéctica» entre las ideas y los temas del pensar moral de cada autor. Los elementos de una ética filosófica no están juntos en líneas paralelas ni en círculo en torno a un centro claro, sino sobre un entramado unido por diferentes nudos que atraen hacia ellos. Raro es el sistema o la teoría moral que no incluye un repertorio de ideas y conceptos con semejante tensión interior, en una suerte de contienda controlada, por ejemplo cuando se ponen en relación principios y consecuencias, deseo y deber, razón y experiencia, libertad y necesidad, y cada una de estas nociones con el resto. Lo cual da lugar a una *dialéctica* interna al conjunto, propia, por demás, de una visión inteligente y rica de la moral. B) El conflicto es también una forma de la *expresión del pensamiento*: *a*) el pensar moral es un pensar de «cuestión» (pregunta, respuesta, debate). Asimismo: *b*) es un pensar que hace frente a la «contradicción» y debe evitarla en su propio discurso. Y aún: *c*) el pensar moral es expresivo de algún «antagonismo» subyacente. La «ética de la sospecha» (Marx, Nietzsche, Freud) nos lo recuerda y pone de manifiesto.

En tercer lugar, la ética *se refiere al conflicto* como una de las cuestiones que configuran su contenido. Casi todas las teorías lo consideran «indeseable», y al mismo tiempo un objeto «dominable» por las facultades, principalmente, de la razón y la voluntad. Pero el conflicto es todavía una *cuestión abierta* para la ética. *a)* Se considera que el antagonismo es inevitable; luego que sólo puede ser «gestionado» (naturalismo, contractualismo). *b)* De modo diferente, se piensa que la contienda es evitable, y por consiguiente que puede y debe ser «superada» (trascendentalismo, consensualismo). *c)* Inevitable o no, el conflicto es para otros pensadores un hecho que en todo caso ha de ser «controlado» (evolucionismo, deontologismo).

Los recursos de la ética ante el conflicto son limitados, pero «insospechados», por decir así. En muchas ocasiones no conseguirá, pese a lo esperado, establecer la paz. La ética no tiene los medios del derecho, de la economía o de la persuasión de uno u otro tipo. Pero en otras ocasiones la ética puede contribuir, inesperadamente, a disminuir el conflicto o incluso a evitarlo. Puede decirse, en todo caso, que la ética es una de las vías, si no la principal, para la resolución de conflictos. Por lo menos es aquella vía que debe intentarse antes de cualquier fórmula coactiva o disuasiva, probablemente más dolorosa y costosa —y menos duradera— que la vía pacífica, dialogada y razonada. Conceptos como «gestión», «mediación», «intercesión» y «negociación» ya incluyen un destacado componente ético de acercamiento entre las partes en contienda. El olivo de Atenea detiene el ímpetu de Poseidón y la furia de las Erinias.

El conflicto se acompaña en la mayoría de ocasiones por la intolerancia y se alimenta de ésta. Pero contra la intolerancia existe la virtud de la tolerancia. Ésta podría ser ubicada entre las virtudes «éticas» y las «dianoéticas» de la conocida división de Aristóteles. Pues la persona tolerante refleja un hábito moral y a la vez una actitud de su pensamiento (*dianoia*). Gran parte de los conflictos se resolverían si dispusiéramos de esta virtud. Aunque ella no basta para evitar que se presenten, ni, a veces, para resolverlos o simplemente gestionarlos. La tolerancia debe entonces ser completada con el reconocimiento y el respeto del otro, lo que va más allá del mero tolerar, es decir, del soportar —esto significa, en su raíz, «tolerar»— al otro. Para ello se precisa desarrollar las *virtudes deliberativas*. Por medio de éstas la relación con el otro se hace consciente, activa y susceptible de incrementar el interés o la curiosidad hacia él. Nos preparan, en otras palabras, para una posible aceptación de su derecho y de la legitimidad de sus pretensiones, aunque no participemos de ellas. Con sólo «tolerar» no se lograba nada de eso.

Recuérdese ahora la importancia de la deliberación para poder *elegir* las acciones y conductas apropiadas en un sentido moral. Y que deliberar pertenece al entendimiento y a la vez implica la voluntad; pues sin estas dos facultades en marcha la elección no sería posible. Así, haciéndonos cargo de la deliberación y sus requisitos, las virtudes deliberativas muestran también su deuda con el entendimiento y la voluntad. La primera de ellas es la *voluntad de entender al otro*. No todos, o, mejor, muy pocos disponen de las aptitudes y del esencial interés para aproximarse a la realidad del otro: su estado físico y emocional, su historia personal, su entorno humano, su modo de expresarse, su imaginario y el trasfondo de sus pretensiones, ahora encendidas por la contienda. Por ello hay que descubrir, aprender y cultivar esa primera virtud deliberativa de la «voluntad de entender» que nos empieza a preparar para la solución del conflicto.

La segunda virtud deliberativa es la *habilidad para entender al otro*. No sólo, y sobre todo, hay que «quererlo» hacer; debe saberse hacer. Entender al otro significa desplegar una serie de habilidades, pues, cognitivas, o relacionadas con el conocer y el razonamiento. Unas de ellas son habilidades más bien «intelectuales», estrechamente relacionadas con ese razonamiento: interpretar al otro, reconocer sus lícitas pretensiones, identificar sus errores o imposturas, elegir bien nuestro propio discurso y adaptar éste a la situación. Poseer, en fin, una visión de conjunto del hecho de discutir con el otro. Pero otras habilidades resultan, mejor, de afinar la percepción sensible del otro y de la situación. Cuánta más sensibilidad, mejor disposición para entendernos con alguien. No basta con la visión de conjunto; se precisa el poder del detalle.

Ahí, pues, son esenciales las habilidades «sensibles» del saber entrar en diálogo con el otro, sin avasallar ni hacer pasar primero los intereses y los argumentos lógicos, antes que la expresión del valor mismo de encontrarse dos o más individuos y de la escena acompañante. Recordar que el diálogo no es una lógica, sino una conversación que se toma su tiempo y tiene sus ritos. El modo directo de dialogar frustra a menudo el diálogo. Se ha querido dar más importancia al argumento que a la persona, y en ética no hay que olvidar que el primer y principal argumento es la persona.

Por otra parte, y del mismo modo que en los conflictos el argumento lógico es débil, también es deficiente la palabra frente al poder, en cambio, del gesto. Un diálogo como conversación se fundamenta bastante más en la comunicación no verbal que en la centrada en la palabra. Los signos están a la vista. Para hablar hay que mirar al otro; para escuchar hay que acercar el oído.

La ética del deber

La ética del deseo, o egoísmo ético, adopta un punto de vista interesado, no imparcial, en el planteamiento de la acción moral. Un punto de vista, por lo contrario, desinteresado o imparcial no puede incluir una primacía del deseo en la orientación de la voluntad, sino que ha tenido que adaptarse a una conciencia y una razón que, en la moral, se conciben siempre, *in thesi* o *in hypothesi*, como funciones *obligantes* sobre la voluntad (IV, 2).

Séneca y Kant representan un extremo de esta concepción. Pero ni siquiera los autores que participan del egoísmo ético, en el otro extremo, pueden evitar la paradoja de encontrarse compartiendo esta misma concepción: seguir el deseo como principio ya es una forma de *obligarse* a hacer algo de cierto modo. En cualquier caso, la ética elige una acción para descartar el resto de acciones posibles, por lo que, con mayor o menor fuerza y agrado, se ha impuesto una forma u otra de sujeción («Actúa conforme a tus deseos»). Es concebible una moral sin «sanción», pero no totalmente sin «obligación», a pesar de lo estipulado por Guyau: *Esquisse d'une morale sans obligation ni sanction* (1885). El que sigue una norma de libertad se ha colocado también bajo una exigencia (así, el personaje de Saint-Preux, en *La Nouvelle Héloïse*). Y aun el más contrario al respeto a la norma conoce o intuye, a su manera, lo que es actuar según ella.

Hay, por consiguiente, una tendencia de la ética, el deontologismo, que concibe abiertamente el *deber* como único móvil de la acción moral, de manera que lo bueno para ella no estriba en el contenido del deseo, sino en la forma *debida* que éste presenta. Los estoicos, Kant y los existencialistas pertenecen, entre otros, a esta opinión sobre el modo de determinar, a fin de cuentas, la voluntad. Por otra parte, en el comportamiento de los pueblos primitivos existen ya fórmulas que expresan el predominio de lo «debido» frente a lo egoísta o meramente impulsivo (Lévi-Strauss, *El pensamiento*, IV). La «compostura» frente a las necesidades naturales y de relación social, fijada al final de la Edad Media en los ambientes cortesanos, preparará a su vez el camino de la *civilité* (Elias, *El proceso*, II), y de ahí, por depuración racional, como piensa Kant (*K.r.V.-B*, Ak. *III*, 489-490), la vía de la *ética* que postula una idea del deber, la cual ya no tiene su justificación última en la naturaleza, como pensaban los antiguos estoicos, sino en la cultura de la razón.

No se puede decir que los griegos conocieran el concepto de «deber». Cicerón, en *De finibus*, introduce el término *officium* para señalar lo más parecido a él: la función que podemos exigir a cada uno en un momento dado. Pero inmediatamente se nos presenta el problema del posible conflicto entre «deberes»: entre el bien moral (*honestum*) y el no moral (*utile*), ¿cuál debe prevalecer? Cicerón, siguiendo a Panecio y los estoicos, entiende que el bien es único y no múltiple, como atribuye a los peripatéticos. No tendría sentido, pues, hablar de un «bien supremo», al estilo de Aristóteles. Así que lo útil y lo recto u «honesto» no pueden ser separados (*Sobre los deberes*, II, 9-10). Con todo, no es la *utilitas* causa de la *honestas*. Ésta tiene sus fuentes en las virtudes morales. Sí, en cambio, hay que añadir que lo recto es siempre causa de lo útil y que éste no tiene otra causa que lo recto. Lo bueno moral es bueno siempre, en cualquier sentido, y no hay otra clase de bondad: «... que todo lo que es honesto es útil y que nada es útil que no sea honesto (... *nec utile quicquam, quod non honestum*)» (*ib.*, III, 11). No puede haber, así, conflicto de deberes si todos consisten en ajustarse a lo correcto moral. Cuando, no obstante, el dilema se presenta entre grados de utilidad para una misma rectitud del acto, Cicerón sugiere una *regla* universal que parte de la «razón natural»: que la utilidad particular coincida con la utilidad para todos (*ib.*, III, 19-26).

La *ratio* dispuesta por la naturaleza es asimismo el criterio para la ética del deber, según el estoicismo de Séneca. El principal ataque se dirige ahora a Epicuro. Sólo es feliz el sabio virtuoso, recto; aquel que gracias a su razón y posterior fortaleza en la virtud ha conseguido librarse (*apátheia*) de pasiones como la tristeza (*Cartas*, III, 29-30). Muy a diferencia, pues, de los hedonistas, el filósofo concluye: «Lo que importa al sabio no es la consecución del fin, sino hacerlo todo rectamente (*recte facere*)» (*ib.*, 32). No se busca lo bueno o recto (*honestum*, también) por nada que no sea él mismo.

Lo recto se hace por deber. De modo que si alguien nos pregunta qué se obtiene por haber hecho algo correcto habremos de contestar: «Haberlo hecho; nada más que esto se te promete» (*Quod feceris; nihil tibi extra promittitur*) (*Dels beneficis*, IV, 1, 3). Para Séneca, el valor de los actos buenos está, en fin, en ellos mismos. Llegamos a ellos con el concurso de la razón natural y muy singularmente, después —otros estoicos latinos no insistirán tanto en ello—, por la fuerza de la voluntad, que se impone como *officium* o deber ajustar la acción a lo dictaminado por la *ratio* (*ib.*, IV, 9, 3).

Su digno sucesor, años mediante, ha sido Kant: en la facultad de la razón práctica está toda la fuente de determinación de la voluntad, con la forma, pues, del *deber* (*das Pflicht*). Si no se orientara en este sentido, nuestro querer sería «patológico», afirmará repetidas veces. Este fuerte adjetivo se justifica por la división establecida entre la «materia» y la «forma» del querer: patológica es aquella voluntad que se rinde antes a su objeto que a su *actitud* o forma de decidirse. Al desviarse de esta condición se habrá afectado —será un querer inferior o pasivo— por las llamadas «inclinaciones». Una voluntad moral, contrariamente, es activa y autónoma. Esos atributos sólo proceden de la atención hacia su forma, lo que nos presta la razón, y el consiguiente móvil de actuar por deber.

El resto de sistemas éticos recomiendan, asimismo, y de un modo u otro, actuar «por deber». Sin embargo, esta expresión significa siempre, para Kant, actuar *en conformidad*, sí, con lo debido; pero además —lo que es más importante en la moral— *por respeto* mismo a lo debido (*Grundlegung*, Ak. IV, 397-398). Es decir, sin dejarse llevar por otro sentimiento que éste, el del respeto que infunde la razón. Hay que hacer lo debido sólo por deber, sin que entre en juego en esta causa ningún otro móvil oculto o declarado, que puede ser un sentimiento o cualquier interés ajeno a la razón. En todo caso se trataría de una «inclinación» (*Neigung*). Bajo este término se designa el «apetito sensible» en general, con toda su gama de manifestaciones: propensiones, impulsos, deseos y pasiones (*Anthropologie*, Ak. VII, § 73-74). Entre ellas sólo dos tipos de «impulso» pueden merecer el título de ser compatibles con un móvil ético: el amor a la vida y el amor a la especie (*ib.*, 276). Sobre las pasiones (I, 4), que a diferencia de las emociones pueden revestir forma de *preceptos*, hay que recordar que por esto mismo representan el tipo de inclinación más contraria a los motivos del deber. Especialmente aquellas que no son naturales, sino adquiridas, y se proyectan como anhelos o manías (*Suchten*): el afán de honores (*Ehrsucht*), de dominio (*Herrschsucht*) y de dinero (*Habsucht*). Estas «pasiones frías», como también las denomina Kant, son, empero, la peor de las inclinaciones: se presentan ante la voluntad en la forma de una máxima y para acabar utilizando siempre al individuo como un simple medio (*ib.*, § 84-85).

La razón no tiene su fin práctico en el bien hecho por inclinación, sino por deber, en el sentido antes aludido. El buen ciudadano no cumple las normas de civismo sólo en conformidad con la ley; también lo hace por respeto a la ley. Pues lo mismo que Rousseau piensa Kant que la razón práctica no tiene su fin en la propia felicidad, actuante como objeto de cada «inclinación». Para esto hubiera bastado con la inteligencia de los instintos, y la naturaleza, de otra parte, no nos habría dado aquella facultad superior de pensar. Adam Smith, en cambio, sostiene que el objetivo de la razón es la buena vida (*Teoría*, 137). Para los autores utilitaristas o afines, como este último, y los adscritos a la «ética material» en su mayoría, la calidad moral de una acción se juzga en definitiva por sus consecuencias. Incluso para los *utilitaristas de la norma*, puesto que la «buena norma» sigue estando para ellos en función de estas consecuencias. Pero según Kant dicha calidad se cifra antes en la actitud de la voluntad —la cual ha de ser una «buena voluntad», *gutes Wille*—, que habrá actuado sólo por deber y no por esperar esto o aquello de su actuación, es decir, por inclinación. Max Brod se permitió romper la promesa hecha a su amigo Franz Kafka con la publicación de *El proceso* y otros manuscritos: éste fue un gran tributo a la literatura, pero un flaco servicio a la ética.

El deber, en conclusión, es la necesidad de actuar por respeto a la ley (*Pflicht ist die Notwendigkeit einer Handlung aus Achtung fürs Gesetz*) (*Grundlegung*, Ak. IV, 400). Esta «necesidad» no es otra que la transmitida por la razón a la voluntad *a priori* del objeto de ésta. «Ley», por lo demás, se refiere estrictamente a la máxima elegida, pero que vale rigurosamente *para todos:* ley *moral.* Otra cosa es, reconoce Kant con realismo, que la acción por deber pueda tener también un móvil oculto en la inclinación (*ib.*, 406-407), como apuntara ya La Rochefoucauld en sus máximas y como sospecha de sí mismo el buen juez Clamence, en *La chute* de Camus. Pero eso hemos dicho ya que nos está privado conocerlo con certeza (I, 3; II, 1). Lo importante, con todo, es tomar nota de un concepto de deber que no se deduce ni depende de ningún «bien» o realidad anterior al hecho de la voluntad: es esta misma, determinada por la razón, la que crea una *necesidad* de actuar que llamamos «deber». Esta necesidad la ha puesto, pues, la sola voluntad autónoma del sujeto. No es extraño, así, que en una obra posterior, la *Crítica de la razón práctica*, el autor se dirija a la idea del *deber* no sólo para recordar que forma parte de la «ley fundamental de la razón pura práctica» (Descripción de los principios, § 7), sino para dedicarle un elogio continuado, a pesar del alto coste que el deber representa. Éste se opone, por definición, a los *goces de la vida*, a los *movimientos del corazón* e incluso, si procede a veces, a la mera *conformidad con el deber*.

Deber, repetimos, es la obligación de actuar por la obligación misma creada por la razón: «por deber» y sólo eso. El precepto de una acción ocurrida por respeto al deber tiene, de este modo, un carácter «sagrado» (*K.p.V.*, Ak. V, 85-86) y reviste toda «majestad» (*Ehrwürdigkeit*): «La majestad del deber no tiene nada que ver con el goce de la vida; tiene aquélla su ley propia y también su tribunal propio, y por mucho que se quisiese sacudirlas juntas para mezclarlas y darlas, por decirlo así, como medicamentos al alma enferma, pronto se separan, sin embargo, por sí mismas» (*ib.*, 89). Sobra decir que estas palabras y una ética del deseo, ética «material», al decir de Kant, se repelen mutuamente.

LA ÉTICA KANTIANA Y LA SENSIBILIDAD

Kant, al igual que los antiguos estoicos, hace prevalecer la virtud —la práctica continuada del deber, en este caso— sobre la aspiración a la felicidad. Sin embargo, el formalismo ético kantiano descarta la felicidad aun de los efectos mismos de seguir la virtud, como se recoge en la moral estoica. Marco Aurelio, por ejemplo, cree que la rectitud de los actos nos acerca, por demás, a un orden superior de felicidad. Nada de esto encontramos en el filósofo alemán, quien extrema la autonomía de la voluntad racional respecto de los móviles y de las consecuencias *sensibles* del obrar, que una mayoría de autores asocian a la idea de felicidad. Ello se debe a que la buena voluntad del sujeto moral obedece al puro imperativo de la razón, mientras que para la Stoa —con la disconformidad de Séneca— la rectitud del sabio proviene, en último término, del conocimiento de la necesidad natural: las pasiones ya eran, para Zenón, «contra naturaleza».

¿En qué lugar queda la sensibilidad en la ética del deber kantiana? Ciertamente apenas ocupa espacio en ella. Otra vez reaparece el esquema transcendental que divide entre lo sensible y lo inteligible. Una facultad apetitiva o de desear —y la voluntad pertenece a ella— que se pusiera bajo el mando de lo primero («apetito sensible»), es decir, de la facultad de la intuición sensible, ordenaría la voluntad por *inclinaciones*. Regida, en cambio, por la facultad intelectiva o de pensar ordena por un elemento superior —más «activo», menos «receptivo»— del conocer, como es el entendimiento, en contraste con la sensibilidad. Hay, pues, un desear de orden también superior y éste es el que se rige por la *razón*, actividad suprema del pensar, y sólo se rige por ella. Justamente por haber eludido lo «sensible» en su determinación puede el desear de la voluntad —ahora ya «inteligible» o *racional*— reclamarse de una ética del deber. De modo que deber y sensibilidad son incompatibles.

Pero son radicalmente «incompatibles» en cuanto a la *determinación* de la voluntad, momento inicial y decisorio del querer con calificativo de «moral». Eso quiere decir que no se descartan otras posibles funciones de los sentidos en la moral. Por lo pronto, cabe en ésta un sentimiento (*Gefühl*), si bien el único aquí admisible es el sentimiento de *respeto* (*Achtung*) al deber, o sentimiento de la moral ante sí misma. Kant matiza que no se trata de un afecto «oscuro» o recibido pasivamente, sino de un «sentimiento *producido espontáneamente* por un concepto de la razón [el deber] y, por consiguiente, específicamente diferente de todos los de la primera especie, los cuales pueden referirse a una inclinación o a un temor» (*Grundlegung*, Ak. IV, 401 *n*). El respeto moral es un sentimiento que sigue a la razón; no le antecede, ni menos le abre paso, como sostienen autores empiristas (*K.p.V.*, Ak. V, 38-39, 85).

En un sentido más general, la sensibilidad está *presente* de modo implícito en la ética kantiana bajo dos formas de negatividad. La primera, como conjunto de móviles y de principios que hay que negar explícitamente para afirmar y demostrar los principios de la razón y el móvil del deber subsiguiente. La segunda, como supuesto real que da *origen* (no «fundamento») a la existencia misma de esta rigurosa ética formal y deontológica. Si se habla de un deber racional es porque conocemos demasiado bien hacia dónde nos lleva nuestro deseo sensible («No es la luz lo que me atrae; es la sombra lo que me empuja», Julien Torma, *Euphorismes*). El mar de fondo de las inclinaciones —especialmente de las pasiones contra la dignidad— «empuja» al albedrío a decidirse por la alternativa de la ley moral.

Pero también la facultad de la intuición sensible está presente en la ética de un modo positivo. Sólo la experiencia sensible enseña por sí misma y para toda acción *dónde* está el objeto de nuestros deseos y qué *medios* hemos de disponer para alcanzarlo (v.g., el placer) (*Die Metaphysik der Sitten*, Ak. VI, 215-216). También, claro está, nos enseña a predecir las *consecuencias* sensibles de la acción. En tal sentido no renunció Kant a hacer una «Apología de la sensibilidad» (*Anthropologie*, Ak. VII, 143 ss.). Mas para la acción moral, en particular, cuya dependencia de lo sensible es nula, este elemento está supuesto y aceptado en tanto que no sea él quien determine el principio moral. El afecto de una madre por su hijo o la deuda de un artista hacia su mecenas no son «objetables» si tales sentimientos no se han puesto como fundamento de la buena voluntad de uno hacia otro, fundamento que reside sólo en el imperativo *racional* de, por ejemplo, desvelarse por la salud del pequeño o llevar con el segundo una relación no fraudulenta. Ningún sentimiento ha de ser negado si la norma de la acción en la que participa se erige, no obstante, sobre un fundamento racional. Así lo afirma explícitamente el cuarto y último teorema de la ética —el de la *autonomía*— en la segunda *Crítica*. Yo puedo incluir un sentimiento de felicidad en la guía de mi conducta si esta guía se rige antes por el imperativo racional de querer también la felicidad de los demás, dejando, así, de regirse por la mera «inclinación» (*K.p.V.*, Ak. V, 3435). En el *fundamento* o justificación de la acción sólo puede estar en la «forma» del querer, su racionalidad; pero una vez cumplido esto, en el *objeto* de la misma acción nada impide que se conserve la «materia» inicial del querer, la sensibilidad. Por donde su negación en la ética no es total, sino en relación estrictamente con el *principio* de ésta.

Hecha esta precisión, la sensibilidad tiene reservado un papel subsidiario, pero no menos contributivo, en lo que Kant llama «metodología de la razón pura práctica». Esto es, en el *modo* de proporcionar la entrada de una objetividad ética en la subjetividad y ánimo de cada uno. Pues «la moralidad tiene que tener tanto mayor fuerza en el corazón humano cuanto con más pureza se exponga» (*ib.*, 156). Para llevar a cabo este paso no sólo hay que procurar hacer una *natural ocupación* del conducirse mediante el juicio bajo leyes morales: decidiendo conforme a ellas y, siempre, por causa de ellas (por «deber»). También resulta imprescindible para la metodología ética experimentar un *interés cierto* (*ein gewisses Interesse*) hacia las acciones éticas en sí mismas. ¿Cómo es esto posible y válido en el racionalismo kantiano? Kant responde a ello con la afirmación de que la cultura derivada de aquel primer ejercicio del método moral —el juicio moral sostenido— *tiene que* producir, en la *razón* misma, esta clase de interés. Más aún, la razón práctica tomará un cariño por sus objetos superior al de la razón teórica o conocimiento científico por los suyos, «... porque sólo en tal orden de cosas [en la rectitud moral] puede hallarse bien la razón con su facultad de determinar *a priori*, según principios, lo que deba acontecer» (*ib.*, 159-160). En cualquier caso, nosotros *acabamos por amar* (*wir gewinnen endlich das lieb*) todo aquello que nos hace sentir el amplio uso de nuestras facultades superiores de conocimiento. Y aquello que más fomenta este uso es, indudablemente, dicha rectitud moral (*loc. cit.*). De nuevo aquí la supremacía kantiana de la práctica sobre la teoría.

La sensibilidad, aunque la de origen racional, tiene ganado un puesto propio en el desarrollo moral de la persona (Tugendhat, *Problemas*, 99 ss.). En cuanto al placer de los sentidos externos, en particular (tema del libro segundo de su *Antropología*), representa para Kant una experiencia de nulo valor en el fundamento de la ética (Teorema I de la *Crítica de la razón práctica*) y de dudosa credibilidad —por ambigua— incluso para una moral egoísta. Pues ésta es capaz de desaprobar objetos *agradables* (el que nos procura, por ejemplo, una «alegría amarga») y de aprobar, al mismo tiempo, objetos *desagradables* (como el que nos ocasionaría un «dulce dolor») (*Anthropologie*, Ak. VII, 237 ss.). Para mantener viva, de otro lado, la facultad sensible, el *maximum* de una sensación agradable debe ser decididamente rehusado. Además de no dar principio ético alguno, la satisfacción absoluta de los sentidos no conviene ni siquiera al hedonista más obstinado.

Para este último la justificación de tal reserva vendría a ser, según Kant, simplemente pragmática. No se rehúsa el placer por seguir un propósito de abstención estoico (*Sustine et abstine*), sino —siguiendo más bien un «refinado propósito epicúreo»— para tener en perspectiva siempre un *goce creciente*. «Esta economía —agrega— con el capital de tu sentimiento vital te hará realmente más rico con el *aplazamiento* del goce, aun cuando al término de tu vida debas haber renunciado en gran parte al uso del mismo» (*ib.*, 165).

IMPORTANCIA DE LA SENSIBILIDAD EN LA ÉTICA

Con los nuevos descubrimientos en psicología y neurociencias constatamos la importancia de la sensibilidad y las emociones en los procesos de razonamiento y de conducta humana en general. La dualidad mente-cuerpo, o entre razón y sensibilidad, no se sostiene científicamente. Y la propia experiencia y reflexión personal pueden suscribirlo por su parte.

Así, cuando obramos por deber sentimos y sospechamos que hay, entre las causas, modos y efectos de este obrar, elementos que escapan al puro razonar lo que es debido hacer. El proceso de «tomar una decisión» es igualmente complejo; no sólo lo racional interviene en él. Ahí están, por otra parte, los «motivos», el «interés», las «creencias» más íntimas. Algo racional y emocional a la vez. ¿Y son los propios «valores» sólo representaciones de la mente? El hecho de que «valgan», para nosotros, indica también su componente estimativo, emocional, el que les da propiamente sentido. Esta es, pues, la *sensibilidad*, en un continuo que incluye desde la percepción sensorial hasta la afectividad y las emociones. El cerebro de los procesos abstractos y el de las impresiones y afectos es el mismo. Ambos procesos de cogeneración informativa se entrelazan en la mente y constituyen juntos el conocimiento. Existe, pues, no sólo una conexión entre ambos grupos de funciones cerebrales, sino una intersección y reciprocidad entre ellos. Tener «interés» por algo, estar «motivado», «creer», o «valorar», son el resultado de este intercambio. El concepto mismo de «moralidad» es intelectual a la vez que emocional.

La mente cognitiva y racional está unida, también en la ética, a la mente perceptiva y emocional. Y viceversa. Las sensaciones son procesadas por la mente y los sentimientos están influidos por las maneras de pensar. ¿Cómo, por ejemplo, se puede «valorar» aquello que no se conoce? ¿Y de qué serviría «conocer» si no desemboca en esta capacidad sensible de sentir y preferir, de valorar? Con la mente intelectual *descubrimos* las ideas y los valores de la ética, pero sólo con la sensible los hacemos *perceptibles* y los *elevamos* a su rango. Hacemos que «importen» para nosotros. Y lo mismo para entrar en el diálogo y la discusión con otros acerca de la moral: la razón nos *informa* de las diferencias (un hecho de mero *acknowledgment*); pero la sensibilidad hace que las *respetemos* y que quizás las lleguemos a *apoyar* (un hecho de *recognition*). Es cierto que en la ética podemos distinguir claramente lo que es de un dominio, el de lo abstractivo, y lo que pertenece al otro, el de lo sensorial y afectivo. Algunas teorías sostienen, además, que así debe hacerse. Pero todas, admitiendo las diferencias entre dichos dominios mentales, y aún primando uno sobre otro, manejan en sus fórmulas elementos mezclados o combinados de ambos géneros. Para conocer el bien y poder realizarlo necesitamos el dominio racional de la mente, pero para apreciarlo y, sobre todo, para quererlo, necesitamos del emocional. En la moral no se puede conocer ni realizar aquello por lo que no sentimos interés ni estamos dispuestos a aprender. La sensibilidad y el sentimiento se encargan básicamente de estas últimas dos cosas.

Kant, por su parte, distingue bien lo nouménico de lo fenoménico, lo inteligible de lo sensible, la razón y la sensibilidad, para optar por el primero de cada par. Pero en su ética está también la convicción del «valor» de las personas, el reconocimiento de que actuar por deber está movido también por un «sentimiento», y la sospecha, en otro orden, de que el «interés» de agrado o satisfacción pueda guiar en ocasiones la más supuestamente recta de las conciencias. ¿Y cómo es posible una razón «práctica» sin que ésta nos permita por lo menos dialogar con la sensibilidad y tenga la capacidad de disuadirla o de negociar con ella? De modo parecido, pero a la inversa, del sentimiento a la razón, si tomamos la ética del «sentimiento moral» de su tiempo, con Hume, Hutcheson o Smith, advertiremos que tras el acento puesto en el sentir emocional, la llamada a servirse también de las razones, las reglas o el sentido común no tarda en producirse.

De la unión de ambos procesos mentales en la ética, el intelectual y el sensible, se derivan para ésta al menos dos importantes consecuencias. Una es de orden teórico: razón y emoción están presentes a la vez en nuestras decisiones morales. La otra es práctica: para decidir bien, sería bueno en cada decisión tener en cuenta qué de emocional y de racional se ha sacrificado en ella, y asumirlo.

2. La obligatoriedad moral

Hay una diversidad de deberes que a menudo se contradicen con nuestros deseos. Los deberes morales de veracidad, de fidelidad a las promesas o de beneficencia, por ejemplo, difícilmente pueden ponerse siempre bajo el principio del amor a sí mismo. En *La república*, Platón sostiene varias veces que sólo el hombre justo puede ser feliz. El tirano ha sacrificado su deber de ser justo a su deseo de ser poderoso, luego no puede ser feliz. El deber de justicia se nos presenta aquí como independiente también del principio de un amor propio.

La incompatibilidad entre deber y deseo se entiende mejor cuando se admite que todo deber moral comporta en sus propios términos una función de *obligatoriedad* para la acción que describe. En una palabra: que todo deber *obliga* a la acción que formula. El deber de justicia, por ejemplo, traba o liga nuestra voluntad —obligación es *ob-ligatio*— hasta hacerla corresponder a su máxima mediante el desarrollo de una decisión: la de una acción justa. Sentirse o estar obligado por un deber es lo mismo que sentirse «trabado» o «ligado» por un acto futuro determinado.

Sin embargo, hay que añadir inmediatamente que esta atadura que comporta todo deber moral no expresa más que la oportunidad de hacer o no hacer una acción de un cierto modo —por deber—, sin que nada ni nadie, fuera de nosotros mismos, nos determine a ello. En la obligación moral no se expresa una necesidad proveniente de la naturaleza o de la sociedad (coacción). La necesidad que constituye todo deber (IV, 1) y, con él, toda obligación moral, es, por lo pronto, en sentido figurado; puesto que «tener que» hacer lo correcto y evitar lo incorrecto no equivale a «estar forzado» a ello. Puedo, en realidad, actuar de modo diferente a como mi deber dispone, aunque esta disposición se acompañe de una obligatoriedad.

La necesidad moral, a diferencia de la «natural», más claramente, puede dejar de cumplirse, dado que se inscribe en la libertad de la voluntad. Por eso mismo la primera puede dar paso a una *obligación* y la segunda no. Lo que se da por necesidad estricta no «obliga» a nada. Decir lo contrario sería redundante. Sólo «obliga» lo que puede dejar de cumplirse alguna vez. Al haber perdido la vista, digo que tengo la necesidad de dejar de pintar; lo mismo que al amenazárseme de muerte inmediata. Pero ésa no es una necesidad moral, como la que se establece cuando me libro a dar lo mejor de mí mismo en mi pintura. Porque sólo en casos como éste es posible y tiene sentido traducir necesidad por obligación. La necesidad moral tiene así que expresarse con un imperativo libremente dado por uno mismo. La necesidad no moral, al rechazar un sentido de obligatoriedad, no puede, en cambio, presentarse en nosotros con la forma de un imperativo. Se nos presenta, *tout à coup*, como una imposición o un hecho inevitable.

Esta necesidad no moral nos determina inexorablemente y por eso decimos que excluye el poder hablar en un sentido genuino —ligándola a la voluntad— de la «obligatoriedad» de una acción. Si he prometido no volver a pisar la casa de alguien, pero un estado de sonambulismo o el tener que recoger en ella a un enfermo grave me fuerzan a ello, se difumina entonces la perspectiva de sentirme obligado ante mi promesa, porque no he podido hurtarme a la necesidad interpuesta en mi libre camino. La obligación moral no se corresponde con ninguna interposición de este tipo. Creer, por lo contrario, que depende de una necesidad imperiosa es un absurdo en los propios términos. Más aún: una obligación moral se define por haberla excluido expresamente. La única necesidad que nos «obliga» es aquella que encontramos tan sólo en el deber moral; y no a pesar, sino por causa, justamente, de estar en nuestra mano poderla quebrantar.

Pero no sólo la determinación inexorable, sea por necesidad natural o coacción social, impide dar cabida a una obligatoriedad moral. La ignorancia, lo mismo que la falta de la libertad del querer también nos lo priva. No puede haber existido obligación en sentido moral para aquel poblador solitario de la montaña, sin medios de información a su alcance, que es ahora acusado de deserción en un país en estado de guerra. Si la ignorancia es inevitable, como prácticamente en este caso, se anula la obligación ética. Ahora bien, si es evitable, la persona sigue estando bajo el requerimiento de actuar de un modo y no de otro. Si aquel mismo robinsón hubiera huido en las vísperas de la movilización, precisamente para desentenderse de una inminente llamada a la milicia, podría acusarse en su conciencia de haber faltado a la obligación, impuesta por un deber moral, de contribuir lo mismo que todos a la defensa. Desde una perspectiva diferente ya a la ética del deber, algunos autores —«casuistas» y utilitaristas, principalmente— piensan que además de la ignorancia y de una posible falta de libertad hay otros motivos que nos eximen de obrar por íntima obligación. Éstos son, generalmente, las «buenas consecuencias» que se conseguirían al margen de lo que sabíamos de antemano que era nuestra necesidad moral. Para seguir con el ejemplo: si en lugar de ponerme libremente a disposición de los míos en caso de guerra, decido, sin mayores perjuicios colectivos, permanecer al cuidado de varios niños que me necesitan.

Desde cualquier punto de vista las cuestiones que primeramente se suscitan ante el concepto de una obligatoriedad moral son el *conocimiento* de lo que pueda ser nuestra obligación y, a su vez, el *fundamento* en que radica ésta. ¿Es su raíz verdaderamente autónoma o «heterónoma», dependiente ésta de algo ajeno a la propia razón del sujeto? Y creemos saber dónde ha sido puesta nuestra obligación —en la razón o fuera de ella— ¿por nuestros propios medios, o gracias, en cambio, a las leyes y las costumbres? Procuraremos responder a todo ello en lo que queda de este capítulo IV. Con estas dos cuestiones está implicada también la cuestión clave, y decisiva para la vida moral misma, que se formula en los términos de por qué se ha de seguir del *conocimiento* de la obligación de un acto la *realización*, en consecuencia, de dicho acto. ¿Por qué hacer lo que «tenemos que» hacer?

La filosofía moral remite, en este caso, a la moral vivida, para responder que esto se da así de hecho, puesto que la obligación implica ya una necesidad de cierta clase. Sin embargo, la misma experiencia moral nos muestra que no siempre, ni mucho menos, que sabemos lo que «tenemos que» hacer lo hacemos finalmente. «Pensar» y «realizar» la obligación moral se presentan, parece, en un actuar continuado, pero descubrimos, cuando se la ha *faltado*, que ambos pasos de la obligación no constituyen, en rigor, el mismo acto. La ética reconoce entonces, por lo común —y pronto también identificaremos alguna posición al respecto—, que el deber mismo no «pone», ciertamente, el hacer, pero sí lo *exige*. Las diversas posiciones éticas girarán alrededor de la naturaleza concedida a esta «exigencia». Por lo tanto, al ser obligarse y cumplir lo obligado actos distintos, aunque generalmente sucesivos por exigencia del primero al segundo, hemos de admitir que en la posible renuncia, por parte de alguien, de lo *debido* que la moral plantea, ésta no tiene a continuación más recursos ni fines disuasorios que la pura *desaprobación* ante la falta manifestada. Verbigracia: «riéndome en su misma cara», dice Kant, frente al que me está mintiendo (*K.p.V.*, Ak. V, 35). O *retirándole mi amistad*, nada menos. Pero no está en la tarea de la ética intervenir aquí con fines y medios coactivos: hasta tanto no alcanza su orden obligante. La ética no tiene capacidad para *forzar* a nadie a su obligación. Pues ella se refiere, en fin, a la moralidad del deber, que atañe sólo a la voluntad, y no a su fisicidad —p. ej., en la resistencia de hecho al deber—, en donde lógicamente la razón y la conciencia se han de ver impotentes.

Antes de pasar a considerar la objetividad de una obligatoriedad ética, y al hilo de lo anterior, procede hacer una breve mención del *casuismo* moral. Se trata de una doctrina que parte del supuesto de que no siempre es clara o viable la aplicación de una obligación de esta clase. Por lo que, según sea el *caso*, habrá que sortear a veces este escollo y el de un subsiguiente conflicto entre deberes mediante el seguimiento de *excepciones* —previa aclaración— a la regla del deber, sin por ello, no obstante, haber tenido que dejar de ser «éticos» en nuestra actuación. Este criterio de evidente complejidad ha sido amparado históricamente por la teología moral de los jesuitas. La ética, según ella, no es como el derecho. Nos pide decidir en cada ocasión la forma y la oportunidad misma de aplicar la norma de conducta, casuismo que no afectaría tanto a las normas del derecho. Inicialmente se pretendió superar con esta cláusula la tensión existente entre los rígidos principios escolásticos y las situaciones concretas, cada vez más necesitadas de un trato «humanista» por imperativo de la época. Sin embargo, el nuevo método condujo a un formulismo del deber superior al criticado, pues las normas y sus excepciones se multiplicaban hasta el número de los casos.

No se hizo esperar la dura crítica de Pascal en sus cartas, *Les Provinciales* (1656), acusando al casuismo de «abominable doctrina de la probabilidad» (*Oeuvres*, 942-943) que relativiza el vigor y el rigor propios de la ética. Más benigno, pero no menos reticente, Kant aducía que dicha doctrina no era tanto una ciencia —como pretende— que enseñe a encontrar algo, «cuanto un ejercicio por el cual se aprende cómo la verdad debe ser *buscada*» (*Tugendlehre*, Ak. VI, 411). Ya había dicho antes este autor que para saber cuándo un caso cae o no dentro de la norma que nos obliga es menester tan sólo aplicar nuestra facultad del *juicio* (III, 2). Parecidamente esta función la había reservado Aristóteles a la «recta equitatividad» (*Et. Nic.*, libro VI) que permite llevar a lo concreto la universalidad de la norma.

Así es que el examen particular de cada caso, examen que un mundo cada vez más complejo nos demanda, para poner lo concreto en relación con lo que el deber nos dicta, es algo que no exigiría, desde éstas y otras perspectivas de la ética, hacer de cada momento de la deliberación moral toda una sesión de barroca casuística.

Carácter objetivo de la obligación moral

El racionalismo ético kantiano, postulante de un primado del deber sobre la astucia, extiende la razón pura hasta la voluntad que precede a la acción. De esa *autonomía* (respecto de otros móviles e intereses) de la voluntad, por obra de la razón, extrae Kant el fundamento mismo de la obligación moral. Necesidad que al mismo tiempo conocemos en la forma de *imperativos de la razón*, que son todas las máximas o reglas que se da una voluntad racional. Estar moralmente obligado equivale a tener la necesidad, objetivamente, pues, justificada, de actuar alguien de una manera determinada, y que otros, en base a la misma justificación —*racional*, como hemos dicho—, se lo puedan moralmente exigir.

Ahora bien, los humanos, por sensibles además de racionales, no albergamos una relación de concordancia «necesaria» entre las máximas de la voluntad y la autonomía de la razón. Haría falta para ello tener una voluntad incontaminada de egoísmo y pulsiones: una voluntad santa. Puesto que no es así, en los humanos aquella relación de concordancia se presenta como «contingente», y es por ello que sólo los que pueden dejar de ser racionales en su decisión se aplican el concepto de *deber* para su decisión. Así: «La dependencia de una voluntad que no es absolutamente buena respecto del principio de la autonomía es la *obligación* (*die Verbindlichkeit*)» (*Grundlegung*, Ak. IV, 439; Sandermann, *Die Moral*, 61 ss.). A partir de ahí la obligación sienta la «necesidad objetiva» (*objektive Notwendigkeit*) de la acción, y esta necesidad de la acción, por demás objetiva (procede de la razón), es a lo que llamamos «deber» (*loc. cit.*). Una obligación de fundamento racional es *objetiva* porque al eludir otros principios —los de la sensibilidad en general— adquiere inmediatamente validez *universal.* Lo que me obligo a hacer por la razón vale también para los otros seres racionales: «... es propiamente un "querer" que vale para todo ser racional bajo la condición que en él la razón sea práctica sin impedimentos» (Kant, *ib.*, 449).

Otra cosa es, añade sutilmente Kant, *cómo y por qué* (o en punto a qué «interés») otorgaremos más valor a esta conducta moral —la obligación por fundamento racional, luego universal y «objetiva»— que a cualquier otra determinación que se precie igualmente de ser moral. Pero aquí la ética debe reconocer también su limitación, pues a la citada cuestión «... no podríamos darle ninguna respuesta satisfactoria» (*ib.*, 450). La razón no puede decir cuál es el motivo por el que tomamos un interés por ella misma. De dónde viene, pues, que la ley moral *obligue,* más allá de la razón que nos explica la obligación en sí misma, eso es algo que no acertamos a comprender: llegaríamos sólo a acertar su *comprensible incomprensibilidad* (*ib.*, 463). Ésta es la conclusión, al menos, de la obra —la *Fundamentación*— en que Kant describe el fundamento de la ética. Que al hombre le resulta imposible explicarse cómo y por qué le interesa, a fin de cuentas, la moralidad.

La respuesta a este enigma se contiene en la segunda *Crítica.* No será, ciertamente, la propia razón la que se justifique o se ofrezca a sí misma como móvil y modalidad últimos de nuestra obediencia a una vida, con la ley moral al frente, siempre de signo «racional». Hasta tal punto no alcanza el racionalismo kantiano. Sin embargo, sí es ella el medio para descubrirnos por qué y cómo nos obligamos a la moralidad. La razón, en su uso práctico —en la *ley moral* que todo individuo racional tiene a su alcance—, es un hecho de conocimiento que nos descubre (y sólo él puede hacerlo) su propia condición en la *libertad* (*Freiheit*), ya que no tiene sentido obligarse moralmente a algo sin disponer antes de la capacidad para elegir hacerlo. De forma que «... la libertad es sin duda la *ratio essendi* de la ley moral, pero la ley moral es la *ratio cognoscendi* de la libertad» (*K.p.V.*, Ak. V, 4). Sólo después de obligarme descubro que soy libre, pero sólo gracias a que soy libre he podido obligarme.

La misma *Crítica de la razón práctica* completa la idea de «obligación moral» introducida en la *Fundamentación.* Para ello recurrirá Kant a dos argumentos: la explicación de dicha idea desde un punto de vista lógico-normativo —la esencial— y la explicación dentro de un orden psicológico-descriptivo. La primera se encuentra en la exposición del cuarto y último teorema de la razón práctica (el de su *autonomía)*. Si limito —escribe— el contenido de mi máxima de acción a la forma de una ley, actuando, en suma, no por inclinación, sino por determinación racional, proporciono con ello una *universalidad* a la regla que me ha guiado: lo que he querido pueden quererlo todos. Pues bien, de la universalidad misma de la máxima limitada a ley se deriva su *obligatoriedad* para la voluntad: «... y de esa limitación, no de la adición de un impulso exterior, pudo sólo surgir luego el concepto de la *obligación*» (*ib.*, 35).

Junto con esa argumentación somete la explicación de cómo surge este concepto a la descripción, ahora, de la dinámica de la voluntad moral. Esta descripción tiene dos momentos. El primero se refiere a la obligación como *exigencia objetiva* de concordancia entre la voluntad y la ley práctica o moral. Y ello se explica del siguiente modo. La relación de la voluntad con una ley práctica es innegablemente la de una *dependencia* de aquélla con ésta, dependencia a la que llamaremos justamente «obligación». Tal relación es, sin embargo, sólo admisible en seres racionales humanos, pues un ser racional puro lógicamente no mostraría ninguna dependencia: su voluntad coincidiría siempre con la ley práctica. Pero éste no es el caso del hombre, que llega a esta concordancia desde una relación de contingencia entre la acción voluntaria y su ley práctica. Por lo tanto, en los humanos la relación de obligación ha de encerrar además en su concepto una exigencia o *compulsión* (*Nötigung*) de la voluntad para actuar finalmente *según la ley moral*, no a causa de otros posibles motivos y por muy a disgusto que la acción se ejecute. Esa compulsión del querer hacia la ley —«una coacción interior (*innerer Zwang*), aunque intelectual»— ya no es, pues, por lo expuesto, como cualquier exigencia arbitraria para actuar de un modo o de otro (*ib.*, 32).

El segundo momento —descrito ya fuera de la Teoremática— se refiere a la obligación como *exigencia subjetiva* que a través de la intención o actitud interior (*Gesinnung*) tiene el sujeto moral de conducir su voluntad a la misma «concordancia» con la ley práctica. Ello se cumple siempre que actuamos no sólo «en conformidad» con ella —hasta aquí la concordancia sería aparente—, sino por íntimo y asumido *respeto* a ella. El respeto (*Achtung*) a la ley moral es la única determinación posible de una voluntad moral, y ésa en el fondo exigencia *subjetiva* es otra de las causas que nos permiten hablar de una obligación moral. «El concepto del deber exige, pues, a la ac-

188

ción *objetivamente* la concordancia con la ley, pero a la máxima de la acción, *subjetivamente*, el respeto hacia la ley, como el único modo de determinación de la voluntad por la ley» (*ib.*, 81) (IV, 1).

«Deber» y «obligación» son en cualquier caso las únicas denominaciones que hemos de dar a la relación de la voluntad con una ley práctica de la razón (*ib.*, 82). Hemos explicado el cómo y porqué de esa relación; pero *de quién* y *para quién* surge, la raíz y el sentido últimos de la causalidad de la obligación y el deber, son, dice Kant, del individuo mismo y específicamente para su *personalidad* (*Persönlichkeit*). La ética del deber kantiana no es una ética de la «razón raciocinante», por así decir, sino de la razón *personal*, producto y productora a la vez de la personalidad, el *êthos* sin el cual no tiene sentido ninguna *ética* (II, 2). La personalidad eleva al individuo por encima de sí mismo —de su mundo pasivo e irracional—, enlazándolo con un orden de cosas que sólo el entendimiento puede pensar. Esto es, con las cosas bajo una ley de libertad o naturaleza moral, «todo de todos los fines» (*ib.*, 86-87). Toda la objetividad que por sus causas hemos atribuido hasta ahora a la obligatoriedad moral concluye, pues, en esta su «raíz» (*Wurzel*) u «origen» (*Ursprung*) que es la cultura de la persona. Ahora bien, ésta no es una instancia amoral, ni siquiera pre-moral, sino plenamente ética, porque la personalidad —añade inmediatamente— no es más que la *libertad* misma, en su sentido *negativo* de «independencia del mecanismo de toda la naturaleza» y *positivo* de «facultad de un ser que está sometido a leyes puras prácticas peculiares, es decir, dadas por su propia razón» (*ib.*, 87). Véase, pues, que la «raíz» del deber coincide, como decíamos anteriormente, con el *fundamento* en principio a él atribuido: la libertad. La ética del deber es una ética de la razón «personal» fundada en la *libertad*.

Es cierto, como se podría reprochar, que el racionalismo ético que estamos describiendo imprime a la moral un sello rigorista. Pero en esta su expresión más *severa* el deber no tiene tanto que ver con el gratuito «escrúpulo», incapaz de dar obligación objetiva, cuanto con la posibilidad razonada del *heroísmo*, ya que no de la *sabiduría* y de la *santidad*, inalcanzables para los seres no puramente racionales. Heroísmo, máxima expresión de una personalidad moral, fue, por ejemplo, la resistencia del general Vasile Milea, bajo amenaza de muerte, a disparar sobre la población civil en los hechos de Rumanía de 1989. O lo que manifiestan, pasando a la ficción, tantos personajes de la obra dramática de Schiller, desde *Don Carlos* hasta *Guillermo Tell* (recuérdese su monólogo en la cárcel sobre la libertad), incluyendo la Luisa Miller de *Cábalas y amor*, que se resiste, en su delicadeza, a obedecer la fuerza bruta. Con todo, claro está, una ética del deber no implica necesariamente un rigorismo heroico. A diario, por ejemplo, se nos habrá presentado antes la alternativa entre algo tan común como decir la verdad y algo tan frecuente como mentir.

Obligación moral y obligación jurídica

Un ejecutivo, póngase por caso, ha de despedir, por imposición reglamentaria, a un viejo amigo suyo de la empresa donde trabaja. Pero decide no hacerlo, por considerarlo irrespetuoso con éste. No se ha cometido, bajo estos términos, ninguna falta «moral», pero sí una falta a la obligación «legal». Pero veamos otro caso. Los dirigentes de un partido prometen reducir los gastos en armamento si aquél gana las elecciones parlamentarias. Finalmente accede al gobierno y, lejos de lo dicho, se aúna con la industria de guerra para incrementar el gasto en cuestión. No hay ahora una falta legal o jurídica, sino claramente *moral*: los políticos han defraudado a sus electores mediante el incumplimiento de una promesa. Puede haber, pues, un conflicto innegable entre la obligación de tipo legal y la de tipo moral, como ya se expresa en el drama de Antígona entre la lealtad al rey y el respeto hacia el hermano. O en el interrogante que se le presenta a Sócrates, en el primer libro de *La república*: sabemos que las armas que hemos prometido devolver van a ser usadas contra la legalidad, ¿qué hacer en este caso? ¿Son radicalmente distintas, como parece aquí, ambas clases de obligatoriedad para la voluntad?

No obstante, a poco que reparemos en ello saltan a la vista los rasgos primeramente «en común» del deber según dichos dos tipos de constricción, la moral y la legal. Así, y por su *forma*, la obligación ética y la jurídica se pretenden justificables objetivamente, más allá de toda arbitrariedad. Con ello aspiran igualmente a la universalidad y necesidad del deber: lo obligado es exigible y lo es para todos. Asimismo, romper la obligación es calificado en ambos órdenes como una falta, con una imputación de culpa a su autor y la subsiguiente sanción. De otro lado, en lo relativo a su *función* también son similares las dos clases de obligación. Ambas existen, por lo pronto, para pautar nuestra conducta global. A la vez están concebidas como una especie de necesidad no natural que apela en último término a la conciencia y a la responsabilidad personales. Aceptan, justamente, que la necesidad natural es uno de los factores, si no el único, que impide su cumplimiento normal. Por último, el tipo de coerción no natural que representan las convierte de suyo en obligación violable. No hay que cumplir la ley moral o la ley civil «inexorablemente»: está en nuestra posibilidad desobedecerlas.

Kant tuvo en su favor la distinción entre los verbos *sollen*, deber en sentido subjetivo, y *müssen*, deber objetivo, que se recoge en la lengua alemana, para reconocer diferencias sustanciales, finalmente, entre la obligatoriedad moral y la de tipo legal. En la Metodología de la razón práctica, al final de la segunda *Crítica*, se opone tajantemente la legalidad (*Legalität*) de una acción a la moralidad (*Moralität*) de ésta, que compete únicamente a su actitud —*Gesinnung*—, o «máxima» por la cual se ha pronunciado la voluntad (*K.p.V.*, Ak. V, 151). Por eso, dice repetidas veces, la moralidad de una acción se mide por la coincidencia de su *máxima* con la *ley* (moral), en tanto que la legalidad de la misma se rige por la concordancia, ahora, entre *acción* y *ley*, independientemente de la actitud interior (Sandermann, *Die Moral*, 235 ss.). Si una acción no ha sido impelida por ese factor interno todo lo más que podemos decir de ella es que ha revestido legalidad —cumple con la «letra» de la ley—, pero no *moralidad*, que exige tener en nosotros presente el «espíritu» (*Geist*) de la ley. Por eso, también, lo que sucede en nuestro interior cuando prescindimos de ese móvil, en una palabra, del *respeto* a la ley —el «aparecer inevitablemente en nuestros propios ojos como indignos»—, no tiene ocasión de ocurrir cuando faltamos, en cambio, a la mera legalidad, en el sentido descrito. En eso, en la presencia constante de un «tribunal íntimo» para el agente, se diferencia también la acción moral de la solamente legal (*ib.*, 152).

Sobre dicha distinción podemos ya contraponer, análogamente, la obligación ética y la obligación jurídica, dependiente, ésta, de códigos positivos o «externos» de legislación. Cuando estamos obligados por una ley positiva sólo nos exigimos la conformidad exterior con ella, sin tener en cuenta la aprobación y adhesión interiores, los únicos factores que cuentan, en contraste, para la obligatoriedad moral. En ésta, por otra parte, la obligación la ha establecido el sujeto mismo: no le viene impuesta. Ha de suponer una libertad de la voluntad y sólo eso, que no se precisa en otra dimensión del deber (Kant, *Die Metaphysik der Sitten*, Ak. VI, 218-221). Asimismo, la obligación moral implica deberes generales y sostenidos en el tiempo, mientras que los deberes de la legislación positiva son particulares, de cumplimiento corto y no requieren, por otra parte, posesión de «virtud» (*Tugend*) en su formulación y cumplimiento.

Este rasgo último es sólo posible en la obligación moral, donde el tipo de sujeción es, como se ha dicho ya, *intelectual*, sin aparato físico, y eso es algo privativo de la esfera moral (*Tugendlehre*, Ak. VI, 412). Así, el cumplimiento de un deber legal, pero contra contra la propia voluntad, no hace perder el menor valor a nuestra obediencia al derecho. Pero cumplir un deber moral contra la íntima intención de no hacerlo —adherirme a una causa ecologista para perjudicar al empresario que compite conmigo— quitaría todo valor a la acción realizada, de la que apenas destacaríamos nada bueno.

OBLIGACIONES SIN DEBER. EL PERDÓN

Algunas conductas morales pueden ser pensadas como obligaciones, pero no como deberes. Para que una obligación moral sea tenida por deber y, por lo tanto, sea vinculante de la conducta, tiene que expresarse como un imperativo moral. Y ciertas conductas, aunque sintamos o pensemos que nos obligan, no pueden ser formuladas de este modo. Así, no podemos hablar del deber de amar, o del de ser felices, aunque nos propongamos una cosa u otra.

Pero existen en la ética ciertas obligaciones de este tipo que merecen por lo general una gran consideración por su valor moral y a las que suele darse, también, carácter de deber. Nos referimos al *perdón*, la *gratitud*, la *promesa* y la *protesta*. No se puede argumentar que perdonar a alguien sea un deber, por mucho que sí lo sea tratarlo con justicia. Ni que sea un deber el mostrarse agradecidos, por más que exista el deber de ser respetuosos. Tampoco que lo sea el prometer, a pesar de que se considere un deber el decir la verdad, e incluso el cumplir las promesas. Ni que sea un deber el protestar, aunque sí el desaprobar o rechazar una acción si ello está justificado.

Estas cuatro conductas que constituyen obligaciones sin deber están estrechamente ligadas a dos factores que afectan al enunciado mismo de la obligación: al *modo de enunciar* y al *tiempo* al que remite el enunciado. Son todas ellas obligaciones que se formulan con y *como* una declaración: «yo protesto por…», «tú me prometiste que…», «te doy las gracias por…», «os perdonamos vuestras faltas…». ¿Qué sería de estos actos sin su *declaración*? En ellos es el propio lenguaje el que hace más que otra cosa: las palabras hacen cosas. En este caso, crean instituciones morales como el perdón o la promesa. El filósofo John L. Austin se refiere a este poder «ilocucionario» de las palabras, por el cual mientras se «dice» algo se «hace» algo a la vez. Por ejemplo: «Declaro inaugurado este local», «afirmo que lo robaste tú» o «te hago responsable de mi hijo» (*Cómo hacer cosas con palabras*, VIII). Lo que es el caso de las acciones morales a las que nos referimos. Son enunciados que no poseen más fuerza vinculante que aquél que les da el ser una declaración ilocucionaria de este tipo. No pueden traducirse en una norma propiamente obligatoria; constituyen sólo (aunque puede agregarse que «nada menos») una obligación *gratuita*. Lo cual, sin embargo, no les resta valor moral, pero sí fuerza obligante.

Además de su poder para hacer cosas con palabras, estas formas de declaración («perdono», «prometo», «protesto», «agradezco») poseen otra singular virtualidad: son palabras que cambian nuestro sentido del tiempo. El *perdón* lo hace con el pasado; *promesa* y *gratitud* con el presente; y la *protesta* modifica el futuro. Pues: 1) el perdón hace que lo que sucedió es como si no hubiera sucedido. Perdonar equivale a llevar el presente al pasado, dándole a éste un nuevo rostro. Lo absuelve. Por otra parte, 2) la gratitud hace lo inverso: tira del pasado hacia el presente, al acordarnos de lo ocurrido y hacerle homenaje desde el ahora, con nuestro agradecimiento. El presente se ve por lo tanto de otro modo. Igual que 3) al prometer: lo vemos modificado, por el hecho de que la promesa atrae el futuro hacia el presente. Cambia también el significado de éste, confortado por posibilidades que aún no son, pero que se anuncia, con el compromiso de la promesa, como si ya fueran hoy. Y 4) la protesta, en fin, que al revés de la promesa, lleva el presente al futuro. Denunciar lo existente y quejarse de él es una forma de romper la fatalidad de lo dado y de ver, así, el futuro de modo más abierto, no como una necesidad.

Todas estas conductas morales «refiguran» la realidad, cambiando su signo. Interpolan el presente, el pasado y el futuro. No obstante, su poder no es tan grande como para que se las tenga como un deber incondicional. No pueden ser «mandadas» y son, pues, de obligatoriedad opcional. Lo cual puede que sea más claro en el perdón que en cualquier otra conducta de éstas. El perdón (tratado modernamente por Hegel en su *Fenomenología del espíritu,* VI, C.c.3) es lo contrario del castigo y del rencor. Y, claro está, sólo puede perdonar quien antes puede castigar. Pero no existe el deber de perdonar ni el de pedir perdón. Ni el derecho a esto último. Son acciones gratuitas que obligan sólo a quien opta por ellas, a sabiendas de que no las puede exigir a los demás, como sucede, en cambio, cuando nos obligamos a devolver lo prestado o a respetar el derecho de otros a expresarse. El perdón es una conducta de generación y muestra de afecto por parte del ofendido hacia su ofensor, de modo que se borran en aquél las consecuencias afectivas producidas por la ofensa de éste. Se supone, con ello, que el perdón es bueno porque evita el coste del no perdonar y facilita el beneficio de una relación cordial entre las personas.

Hay, sin embargo, un perdón «memorioso»: el de quién «perdona, pero no olvida». Otro de carácter «amnésico»: «olvidémoslo todo». Y el perdón «absolutorio»: «olvido, pero no ignoro». Esto es: perdonar, sí, pero no contra la verdad de lo sucedido, ni al precio de la desmemoria. Para que el mal cometido, que ahora perdonamos, sea bien identificado y no pueda volver a producirse. Sin embargo, no es posible dar con un *imperativo* del perdón. Aunque algunos requisitos para éste sí parecen razonables: que quien cometiera el mal, pida perdón y pueda evidenciarse alguna actitud de rectificación por su parte; y que se conozca bien, repetimos, la verdad de lo sucedido. El mal cometido puede ser pasado por alto, pero no ser borrado. Al conocerlo, contribuimos, sin embargo, a que no se repita.

RESPONSABILIDAD Y EXCUSA

El concepto de *responsabilidad* aparece tardíamente en la ética, no antes del siglo XIX. A principios del siglo XX, y en un texto muy citado, el sociólogo Max Weber contrapone la «ética de la responsabilidad» (*Verantwortungethik*) a la «ética de la convicción» (*La política como profesión,* 1919). Y otro referente moderno es el libro de Hans Jonas *El principio responsabilidad,* de 1979.

Nunca antes se había defendido tanto la idea de responsabilidad como en la época contemporánea. Aunque ya los clásicos griegos, al tratar de la *phrónesis* o sabiduría práctica, usualmente traducida como «prudencia», se refieren a un tipo similar de conducta. La llamada aristotélica a la «virtud», y a ésta como gobernada por la «razón práctica», es equivalente a nuestra demanda de responsabilidad en el obrar (*Et. Nic.,* 1109 b 30 – 1114 b 30).

La responsabilidad es la ética: el comportamiento moral reflexionado y capaz de dar razón de sí mismo. El irresponsable o carece de moralidad, o ésta no da cuenta de sus actos, o simplemente es alguien que da la callada por respuesta. Es un individuo sin ética. No hay, por ello, la posibilidad de ser «responsable» pero, mientras tanto, ser amoral o contrario a la ética. Ni al revés: ser éticos pero no responsables. Cabe, pues, decir ahora: la ética es la responsabilidad. Frente a ello, el *legalismo moral,* tan extendido modernamente en sociedades individualistas, es una falta de responsabilidad: admitimos que lo bueno es sólo lo que autoriza o lo que no impide la ley, y que no tenemos más responsabilidad que la que se determina en relación con ésta. Este legalismo moral hace que se esté por lo general más dispuesto a asumir la culpabilidad en sentido legal que la responsabilidad en sentido moral.

Ser responsable es ser capaz de responder. Responder *de* los propios actos y actitudes, y responder *por* los motivos y las consecuencias de ejecutarlos. En otras palabras, la responsabilidad es la capacidad y el hecho de dar cuenta de nuestra acción y de asumirla como propia. Para ello existen unos indicadores: si la acción es «intencionada» o no (*moral intention*); su grado de «voluntariedad» (*moral willingness*); sus «principios» o razones (*moral reason*); el conocimiento del «significado» o valor de la acción (*moral value*); si ha habido o no previsión de su «impacto», especialmente sobre terceros (*moral weight*); y si se ha procurado una «cualidad» positiva de dicho impacto (*moral level*).

Por consiguiente, respecto de la pregunta sobre *quién* es responsable la respuesta es: quien puede reunir las anteriores capacidades. La responsabilidad es, en efecto, de personas individuales. Pero también puede serlo de grupos humanos, instituciones y sociedades. Ante la mafia, por ejemplo, el silencio cómplice representa una falta colectiva de responsabilidad. Por otra parte, respecto de la pregunta de *ante quién* se es responsable, la contestación incluye por descontado a las personas, pero también a colectivos humanos e instituciones. Es decir, ante quien nos puede preguntar por la razón y las consecuencias de nuestra conducta.

No obstante, al expandirse el círculo de la moral, hemos ya de admitir —lo contrario se hace más difícil de razonar— que somos responsables igualmente ante las generaciones del futuro, y en general ante todos los seres y la totalidad de nuestro entorno. Aunque no nos pregunten, nosotros les respondemos, aún sin quererlo, con nuestros actos. Que es un modo de responder también ante nosotros. El individuo que maltrata a su perro o descuida sus enseres nos anuncia también cómo trata a los demás y a sí mismo.

Pero siempre que hay obligaciones, y se espera una conducta de *responsabilidad* de acuerdo con ellas, hay también, de hecho, excusas. Después de mentir, por ejemplo, se pretexta que fue por el bien de alguien, o por temor, etcétera. Pero no debiera haber excusas. La excusa no es excusable. Es una expresión de irresponsabilidad. Si la excusa es tan veraz y creíble, entonces ya no es una excusa, sino una justificación. En ésta, se dan explicaciones y la alegación se hace al final aceptable (John L. Austin, *Problemas filosóficos*, cap. 8). En la excusa prevalece, sin embargo, el contenido y la intención con carácter de *pretexto*: no es creíble ni veraz. Los hechos no están claros y los argumentos menos. Las explicaciones son aparentes. El alegato es inaceptable.

La excusa se produce por un hecho inicial: el incumplimiento de una obligación. Un fallo, hemos dicho, de la responsabilidad. Pero ante ese incumplimiento pueden suceder dos cosas. Una es que no haya acusación, y se considere al incumplidor exculpado, libre de «cargos». La otra, que exista acusación y se le inculpe de lo que ha hecho, haciendo que «cargue» con su irresponsabilidad. En su origen, «acusar» (del latín *accuso*, «poner en causa», *ad causam*) representaba este sobrecargo. Por lo cual, si hay tal acusación, la alternativa siguiente por parte del inculpado es admitirla o no hacerlo. Y esto último viene a ser el motivo inmediato de la excusa: que uno actúa en su «descargo» y busca disculparse.

En este intento, puede entonces defenderse sin alegar nada contra la acusación de que es objeto. Es decir, «desentenderse de la causa». O puede hacerlo de manera alegatoria, alegando los motivos o razones por los que cree que estuvo libre de obligaciones, o que si las hubo no se incumplieron, o que si se incumplieron ello no es motivo de acusación (de estar *ad causam*). El objetivo de ambas formas de disculparse, o de librarse de la «causa», es atenuar la responsabilidad sobre el hecho de que se nos acusa, o simplemente negarla, y por lo tanto que no se ha hecho nada malo, irresponsable, para que exista también inculpación. Se quiere negar a la vez el peso de la culpa. De ahí, pues, la ex-cusa (*excusatio*), el trabajo de salirse de causas contra uno.

Y, como todo trabajo, la excusa genera una cultura: la «cultura de la excusa». Se entiende aquí «cultura» como mero «cultivo» de algo. No se tome la excusa como ideal o modelo de cultura. Pero cuánto más alta es la obligación, más sofisticada es la cultura de la excusa. A parte de que muchas veces nos excusamos tratando de reducir el mal de que se nos acusa, y hasta de cuestionar que este mal pudiera ser evitado, lo común es soslayar la responsabilidad misma sobre el hecho denunciado.

Para eso en ocasiones la descarga se hace en uno mismo: «no tuve más alternativa», «fue un error». O se descarga en los otros: «la mayoría hace igual», «se me obligó a hacerlo». Y en ocasiones la descarga es plenaria, o sea incumbe a los demás y a uno mismo: «así es nuestra sociedad», «todos cometemos fallos», «las normas no están claras». Las excusas son como un triunfo de la imaginación sobre la moral.

3. Las reglas morales

ESTRUCTURA DE LAS REGLAS MORALES

Es evidente que para expresar la obligatoriedad de determinadas acciones no podemos servirnos de proposiciones descriptivas, sino prescriptivas. Por lo tanto, formularemos, como decíamos antes (III, 2), juicios *preceptivos* más que preferenciales o meramente enunciativos. La forma propia y más generalizada de aquellas proposiciones son las *reglas*, enunciados que nos dicen cómo hay que proceder dentro de un determinado ámbito de acción humana. Su misión es, pues, *regular* la conducta en virtud, estrictamente, de un uso del lenguaje en el que se ha primado su función directiva por encima de su finalidad indicativa (A. Ross, *Lógica*, 41 ss.).

Hasta la filosofía del siglo XVII, «regla» es aquel precepto que se justifica por su pertenencia a un «método» generalmente del conocimiento. Pero con la Ilustración es un precepto que involucra también la dirección de la vida práctica, y así se empieza a hablar —como hará Kant— del uso de *reglas prácticas* para la ética, aunque nos parezca una expresión un tanto redundante. Hoy, en definitiva, un observador de la moral tiene en cuenta sobre todo las *reglas* seguidas en una acción fijándose en su rendimiento, claro está, pero también en su formación, posibilidad de conflicto con otras reglas, y en un aspecto aparentemente menos «práctico» como es su fundamentación. Otros elementos sin duda relacionados con ellas, como sus motivaciones psicológicas y sociales o sus últimas consecuencias en el mundo de los hechos, escapan inevitablemente del dominio del filósofo moral, que no tiene por qué ser a la vez psicólogo, sociólogo y físico: su objeto es la voluntad y su tema las reglas mismas que ella se da. No podríamos decir que un acto —una acción o su omisión— es «admisible» o quizá «rechazable» sin que lo pusiéramos al mismo tiempo en relación con una regla de conducta que formule sobre aquél un juicio. Mediante ella pronunciamos nuestra actitud ante el acontecimiento: si digo «estoy de acuerdo en que este robo no merece ser condenado» admito la regla «El robo, a veces, no ha de ser reprobable». El psicólogo Jean Piaget escribe que «toda moral consiste en un sistema de reglas y la esencia de cualquier moralidad hay que buscarla en el respeto que el individuo adquiere hacia estas reglas» (*El criterio moral*, 9). Así está, de hecho, aceptado. Ahora bien, la discusión surge «sólo cuando se trata de explicar cómo llega la conciencia al respeto por estas reglas» (*loc. cit.*). Es ahí donde tiene que intervenir el filósofo moral, explicando no tanto cómo se originan o en qué vendrán a resultar, cuanto en qué se *fundamentan* aquellos preceptos.

Por otra parte, «regla», en sentido moral, no es cualquier precepto, sino aquel que expresa un imperativo o mandamiento para la voluntad. De ahí habremos de distinguir, primero, entre preceptos como simples «instrucciones», o que nos *indican* sólo qué hay que hacer: «Asesórese por el más sabio para salir bien de un mal trago», «Bajen la voz para oír al profesor», «Obedezcan la ley, si no quieren buscarse problemas». Y entre preceptos, en segundo lugar, que verdaderamente nos *mandan* lo que hay que hacer, o puramente ya *prescripciones*, donde la regla moral cobra todo su sentido directivo: «Asesórese siempre por el más sabio», «Bajen la voz en respeto al profesor», «Obedezcan la ley democrática». Para referirnos a un precepto considerado desde este último punto de vista utilizamos, por lo común, el mencionado término de *regla*, pero también análogamente los de «norma», «mandato», «imperativo», «ley» o los mismos vocablos de «precepto» y «prescripción», si bien en cada contexto se resaltan unos en detrimento de otros. Es de notar, por otro lado, que algunas aparentes *prescripciones* —en que consisten las reglas morales— son en realidad *instrucciones*, preceptos que «indican», pero no «mandan» ni regulan directivamente. «Da la razón a todos, si quieres mantenerte» y «La ley natural exige obrar moderadamente» no tienen esta última fuerza obligante, aunque lo parezca. Generalmente las *instrucciones* nos indican qué protocolo de acción hemos de seguir para obtener un fin determinado, puesto más allá de la acción estipulada. Y esta acción —mediadora— por ellas recomendada es lo que Kant niega de raíz —como acción, pues, no incondicionada— que pueda ser considerada nunca «moral», por más que sus avaladores afirmen lo contrario.

Las reglas jurídicas comparten con las morales su apoyo en preceptos algo más que orientativos de la voluntad. También las normas del derecho son prescripciones; luego el ser un mandato para la voluntad no es un atributo exclusivo de las reglas morales. Aquí, de nuevo, como al tratar el tema de la obligatoriedad, habremos de preguntarnos qué distingue una regla de la ética de otra del derecho, ya que comparte además con éstas su universalidad y transmisibilidad. La respuesta corre en paralelo con lo dicho antes (IV, 2). Se trata, en la ética, de preceptos cuya fuerza prescriptiva es interna al sujeto, sin que requiera aparato físico concurrente. Pueden ser infringidos, pues, sin temor a una penalización física como la prevista ante los delitos. Ahora bien, la falta contra la norma moral genera una conciencia de culpa que no provoca, por su parte, la transgresión legal. Otro de los rasgos más distintivos de la legislación moral sobre la jurídica es su mayor capacidad para justificar en términos absolutos una conducta voluntaria, luego también para reprobarla. De hecho, nuestra actitud ante la ley jurídica, para desobedecerla o hacerla respetar, se sirve a menudo del recurso a la ética, mientras que nuestra actitud ante ésta es mucho menos frecuente —y plausible— que esgrima argumentos jurídicos.

Claro es que esta capacidad autojustificatoria de la ética, traducida negativamente en la imprecisión y la flexibilidad de sus normas, algo que intenta a toda costa evitar el jurista, sume no pocas veces al agente o al analista de la moral en un mar de dudas —p. ej., cumplir la promesa o evitar el mal a otros que eso comportaría— antes de optar por una regla determinada. Ésta sí es una clara característica de un conjunto de normas morales. El «conflicto entre normas» es casi lo propio de su aplicación, y contra el *dilema moral* resultante no hay otro recurso a «medios» —siendo eso exclusivo de las reglas morales— que volver a abrir el sumario y *juzgar de nuevo*, de vuelta al cometido de la ética.

SOBRE EL ORIGEN DE LAS REGLAS MORALES

Las reglas morales tienen detrás suyo una génesis cultural y un más o menos amplio consenso sobre su uso y su significado. Tienen, en otras palabras, un origen social. Aunque, claro está, la *decisión* por la que seguimos una regla, y esta regla y no otras, así como el íntimo *asentimiento* sobre nuestra elección —«razón» y «conciencia» morales, pues—, son algo que sólo depende del individuo, a quien la ética pone precisamente el reto de actuar bajo su única y personal responsabilidad.

En todo caso la acción moral es inseparable, en la mayoría de las ocasiones, de la preexistencia de unas reglas, fruto de la cultura, por las que nos decidimos, se tenga o no una clara noción de ellas siempre que actuamos. En otras ocasiones uno puede ser el autor de sus reglas. Podemos tener un firme y asumido compromiso por la justicia, la veracidad o en el combate contra la usura, por ejemplo, pero las máximas de distribución imparcial, decir siempre la verdad o reprobar el préstamo a un alto interés, y desde luego la situación histórica que dio y da ocasión a ellas, no son un producto *ex nihilo* de nuestra imaginación. El «contenido» de las reglas de cada voluntad individual, ya que no su «forma» de determinación —la *decisión* de aquellas reglas—, es inexplicable, por lo general, sin acudir a su origen últimamente cultural, como costumbres, convenciones o normas que pertenecen a la vida social y que sólo excepcionalmente derivan de una fundación individual: de un profeta (por ejemplo, Jesús y su «nuevo mandamiento»), un moralista (Heguesías, que predicaba la indiferencia absoluta) o un filósofo moral

(Nietzsche y su postulado de una «voluntad de poder»). Hasta incluso cuando las reglas son formuladas por los filósofos es, en el común de los casos, para autorizar las reglas implícitas del grupo o la sociedad a la que pertenecen. Así, en el tomismo pervive el feudalismo teocrático, en el marxismo subyace la ideología del partido obrero y en el utilitarismo palpitan los intereses del individualismo burgués. El kantismo, para el propio Marx, no sería más que el sistema jaleador de estos mismos intereses entre la tímida y primitiva burguesía del Báltico (*La ideología*, vol. I, 271 ss.). Las reglas «teóricas» propuestas por los pensadores para la práctica obedecen, en cualquier caso, según otro sociólogo como Lévy-Bruhl, a las reglas «prácticas» realmente asumidas en su entorno social (*La morale*, II, 3).

Los pensadores utilitaristas han recurrido a la antropología social para explicar el origen de las reglas morales. Citaremos algunas conclusiones sacadas al hilo de su argumentación *causal*, pues, en torno a la formación de dichas reglas: 1) No existirían preceptos de orden moral si habitásemos en un mundo ideal, sin dolor, carestías ni conflictos sociales. Tales reglas se dirigen siempre a evitar aquello que estamos demasiado tentados a cometer y al propio tiempo a procurar aquello que casi nunca estamos inclinados a hacer. Forman parte esencial de las pautas generales de conducta que conducen a una sociedad productiva y pacífica. 2) No existirían reglas morales si no contribuyeran a economizar nuestra conducta. Cuando la decisión por una regla no puede ser tomada mediante un proceso estrictamente lógico o mecánico, se recurre a la deliberación moral para decidir «razonablemente» la regla más apropiada al caso. La reflexión ética evita en estos casos permanecer inactivo o bien actuar a ciegas o injustificadamente, por lo que las reglas que nos propone seguir son de innegable utilidad. 3) No habría normas morales si no fuera necesario, además del sistema del derecho, un sistema de normas que controle la acción con la aprobación interior del agente. Las reglas morales son respetadas y obedecidas antes y durante más tiempo que las de tipo legal o jurídico. Por otra parte, no necesitan, como éstas, de un Estado o unas instituciones visibles que las amparen y nos obliguen a su cumplimiento.

Ahora bien, casi todos los filósofos morales han sostenido —por lo menos en teoría— que las reglas de la ética no tienen por qué coincidir necesariamente con las reglas de la moral preestablecida. La antropología social sirve a menudo, ciertamente, para explicar el «origen» de las normas morales; pero este punto de vista no es hasta tal extremo dominante, en la mayoría de las doctrinas, como para intentar dar también la clave del «fundamento» mismo de dichas normas. Calicles, en el *Gorgias* de Platón, rechaza ya este, por así decir, *antropologismo* de la ética —que explicaría su *razón* de ser por la mera cultura recibida— al ridiculizar, frente a Sócrates, las convenciones como el recurso moral de los crédulos: sólo en la posesión de la fuerza hay que ver el origen de la justicia. Sin ir tan lejos, los más críticos filósofos morales de la modernidad, desde Kant y Mill hasta Habermas y Tugendhat, mención hecha de Nietzsche y Moore, han sostenido también explícitamente que la ética supera o se opone a la costumbre y la convención.

Una de las más audaces excepciones de esta concepción extracultural de la normatividad ética continúa siendo el psicoanálisis. Tan sólo una frase encierra la idea de Freud al respecto: «De donde era el Ello, ha de devenir el Yo» (*Wo Es war, soll Ich werden; Introducción*, lección 31a). El *yo*, efectivamente, se enfrenta al *ello*, instancia de las pulsiones (*die Triebe*) en el psiquismo, mediante el desarrollo de su propio «principio de realidad». Sin embargo, esta acción no tiene por finalidad anular al *ello*. Pues la conciencia moral y las reglas de la conducta —el «super-yo»— a que conduce, en fin, el interés por la realidad representado en el yo, no son más que un ardid de la autoconservación del sujeto para evitar su autodestrucción bajo el desarrollo espontáneo de las pulsiones del *ello* («principio de placer» y «principio de muerte»). La cultura del *yo* permite, así, que la instancia primordial contra la que se levantara, la naturaleza del *ello*, siga, en el fondo, objetivamente intacta. El deber, para Freud, tiene la función de alejarnos cautelarmente del objeto del deseo —muerte del padre, posesión de la madre— para que continúe una vez más el deseo (Lacan, *Le Séminaire*, 90-92). Por lo contrario, el deseo acabaría con el deseo y el sujeto entero. El yo, que protege en un primer momento nuestro interés por la realidad, protege también, mediante su desdoblamiento en la ley moral (*super-yo*), nuestro interés por la supervivencia. Emanada del *Realitätsprinzip*, la cultura reprime a la naturaleza, obediente al *Genitalprimat*, sólo para evitar que todo lo natural se acabe autodestruyendo.

Sin embargo, esta cultura es siempre e inapelablemente reflejo del orden cultural paterno, donde cada generación extrae los modelos de censura —el *super-yo* esencialmente «ético»— que asegurarán su propia supervivencia. La cultura es, como la naturaleza, idéntica a sí misma, aunque sólo esta última sea la identidad originaria. La ley moral —ley de la sociedad paterna— cumple en este esquema una función análoga a la asignada en el *Antiguo Testamento* a la ley de Dios padre: sobrevivir en la tierra y multiplicarse en ella (*Deuteronomio*, capítulos 4-8). *Wo Es war, soll Ich werden*: que el *yo*, pues, a través de la ley moral (*super-yo*), vuelve al *ello* o ley natural: una ley tan invariable como aquélla.

LA DISTINCIÓN ENTRE «MÁXIMAS» Y «LEYES»

Calicles, antes citado, se había dado como regla de actuación la dominación sobre los demás. Pero el mismo Platón hace que Sócrates —ahora en el *Cármides*— elija una regla más general y menos particular que aquélla, cuando renuncia, en favor de la sabiduría, a dejarse llevar por su pasión por el joven Cármides. Calicles y Sócrates actúan siguiendo ambos una regla, aunque distinta en cada ejemplo. En el *Peer Gynt* de Ibsen el dilema entre dos reglas que entrañan a su vez dos principios distintos se presenta, de buen principio, en el mismo personaje: el imperativo interior que le exige al protagonista desafiarse a sí mismo y el autocomplaciente dictado del «Ya estás bien como estás».

Parece, así, que en el conjunto de las reglas morales hay unas que poseen más fuerza prescriptiva que otras por ser de validez más general. No es lo mismo decir «Respeta a mi anciana abuela» que decir «Respeta a la gente de edad», y aun que afirmar «Respeta a las personas en general». Todas estas normas son mandatos, reglas directivas —no meramente indicativas— para la voluntad, pero no se puede comparar el alcance universal de la última regla citada con la validez restrictiva de la primera. Un principio implícito en todos los sistemas morales —y «explícito» en buena parte de la filosofía moral— es que la fuerza obligante de las reglas de la acción corre paralela, en último término, con su capacidad de extensión a un máximo de sujetos.

La formulación más taxativa de este supuesto se debe a Kant, que ya en su primer libro dedicado a la ética distingue entre normas que son meras *máximas* (*Maximen*) y normas que son *leyes* (*Ge-*

setzen), porque sólo en éstas se cumple un «principio objetivo del querer» (*Grundlegung*, Ak. IV, 400401). Esta división se argumenta desde el comienzo de la obra siguiente (en la *Definición* de los «principios prácticos») y da pie, en la misma, al enunciado del tercer y penúltimo teorema de la ética, el del *formalismo* de toda ley moral (*K.p.V.*, Ak. V, 27). Las «máximas», al ser subjetivas —se rigen por el objeto o «materia» de la voluntad individual—, constituyen mandatos condicionados, luego de obligación relativa. Por lo contrario, las «leyes», que son objetivas —pues se corresponden con una determinación *racional* de la voluntad, es decir, con la «forma» y no la materia del querer—, darán imperativos incondicionados (para hacer algo *moral* no hay que poner el deseo o el interés condicionales por delante), y, por lo tanto, imponiéndose por sí mismas, nos situarán ya ante una obligación *necesaria* desde un punto de vista moral.

La máxima es valedera, obviamente, para la voluntad del mismo sujeto que la formula; más aún, toda ley, por su parte, tuvo que empezar existiendo en la subjetividad del agente: en este sentido —amplio— no deja de significar también una «máxima». Ahora bien, ésta, por ser un mandato condicional de obediencia relativa, es *sólo* vigente para el sujeto que la sigue; en consecuencia, toda ley, por mandar, en cambio, incondicionalmente, ya *no* es en sentido estricto una máxima: ha pasado a ser «valedera para la voluntad de todo ser racional» (*ib.*, 19-21). Este atributo de *ley* lo tiene, por ejemplo, la «máxima» que es, en primera instancia, «No es tolerable la venganza». Pronto veremos, en efecto, que esta proposición moral reúne las condiciones formales de universalidad y necesidad de una ley práctica (Schnoor, *Kants*, 124 ss.). Sin embargo, «ley» no puede ser «Yo tolero la venganza», aunque se generalice gramaticalmente esta máxima en un «Es tolerable la venganza». Un análisis de ella me mostrará que no reúne las condiciones antedichas, luego que *no* es valedero para la voluntad de todo ser racional. Será, pues, una máxima que se queda sólo en mera *máxima*.

El término moral «máxima», todavía usado por Kant, proviene de la expresión *propositio maxima* de los escolásticos, equivalente a proposición indemostrable por sí misma. No obstante, no es hasta la cultura del Barroco, con Pascal, La Bruyère y las célebres *Maximes* (1678) de La Rochefoucauld que *máxima* adquiere el sentido moral conservado luego hasta Goethe y la literatura aforística del tardorromanticismo. Kant no estaba lejos de este ambiente literario en que los moralistas describían o satirizaban, más que *prescribían*, las formas regulares de conducta —los *caracteres*— de la nobleza, los cortesanos y los propios *hommes de lettres*. Escribe La Rochefoucauld, por ejemplo, que «El amor a la justicia no es más, en la mayoría de los hombres, que el temor de padecer la injusticia» (§ 78). O bien: «La hipocresía es el homenaje que el vicio rinde a la virtud» (§ 218). Pero Kant advierte que tras la sutileza de máximas como éstas, fruto de la observación, no hay una clara y sistemática consideración de las reglas o principios prácticos. Por lo cual propone aceptar como tales sólo aquellas máximas que bajo criterios de racionalidad pueden valer también como leyes. Y con ello parece querer contradecir a la vez al propio La Rochefoucauld cuando éste escribía: «Nunca tenemos bastante fuerza para seguir toda nuestra razón» (§ 42).

Una regla o «principio práctico» es aquella proposición que declara cómo corresponde ser el obrar de una persona. Mas cuando la fuente de determinación de la voluntad que nos lleva a tal o cual acción es la razón *a priori* de la experiencia, y no la sensibilidad, hemos de representarnos estos principios o reglas como *mandamientos* (juicios «imperativos») y además, si son principios dirigidos a la acción moral, en concreto, nos los hemos de representar como mandamientos que obligan *incondicionalmente* a la voluntad (juicios imperativos «categóricos»). Sólo los principios prácticos de esta índole —racionales— determinarán, pues, *inmediatamente* nuestro querer. Y sólo ellos, también, tienen valor «objetivo» o de *ley*, dado que la racionalidad ha puesto consigo la doble característica de «necesidad» y «universalidad» que acompaña a toda ley. Tales características han sido apreciadas ya al describir la forma que tienen dichos principios de determinar *inmediatamente* la voluntad (Martínez Marzoa, *Releer a Kant*, 105 ss.). Un principio práctico o teórico entresacado, en cambio, de la experiencia sensible, no podría dar lugar, según la filosofía transcendental de Kant, a una verdadera ley: «ley» y «experiencia» son conceptos que tienen notas excluyentes entre sí (*K.r.V.-A*, Ak. IV, 144; *Kr.V.-B*, Ak. III, 184). Por eso se recogerá en la segunda Crítica que las máximas de la razón son las únicas capaces de devenir leyes (*K.p.V.*, Ak. V, 20-21) y en la tercera *Crítica*, análogamente, se escribirá que: «Solamente en lo práctico puede la razón ser legisladora» (*K.U.*, Ak. V, 174).

Si se admite que la voluntad puede estar determinada por la razón, como postula Kant, entonces los principios prácticos para una voluntad deben ser asimismo *leyes*. Pero si no se admite aquella posibilidad, todo principio práctico se limitará a una *máxima*. Este tipo de reglas o principios ha de contentarse con decir al sujeto cómo *quiere* obrar: p. ej., la conveniencia del suicidio *para evitar el dolor* o la eliminación de armamento *para evitar mayores costes*. Las leyes, que nos obligan incondicionalmente, dicen al agente en cambio cómo *debe* obrar: p. ej., la regla de no dar un final arbitrario a nuestra vida o la de suprimir todo armamento por ser contrario a la paz. Conforme a esto, sólo puede hablarse de un verdadero deber cuando nos obligamos a actuar por puro respeto a este tipo de principios prácticos *objetivos,* sin mezcla de lo que ha solicitado antes nuestro querer subjetivo (la cosa a obtener o a evitar). La acción por deber es, pues, aquella en que la voluntad ha sido obligada sólo por respeto a la *ley,* no a la máxima subjetiva de la acción (IV, 2). Una vez más hay que entender por «ley» en la ética kantiana la ley *moral,* principio práctico dictado por la razón *a priori* de la experiencia —es decir, al margen de cualquier objeto particular del deseo—, y por el cual, merced a este desplazamiento de la subjetividad por la objetividad, determinamos inmediatamente la voluntad.

Una máxima subjetiva puede ser una ley objetiva, y revestir, pues, moralidad, si coincide con los términos de esa misma ley. Por ejemplo, mi pretensión de no engañar o la repugnancia de matar se adaptan al principio «es malo engañar» y «es malo matar», respectivamente, siendo nada más que esto lo que las hará válidas también objetivamente. Pero en otros muchos casos la contradicción entre máxima y ley es harto evidente, cosa que ocurre siempre que la voluntad ya no se ha determinado por los principios de la razón, sino por las inclinaciones de la sensibilidad. Es, desde este punto de vista, imposible conciliar la máxima subjetiva de venganza sobre las ofensas, por ejemplo, con la *ley* —o «máxima», si se quiere, ahora ya nada subjetiva, por ser no contradictoria— de no actuar en ningún caso vengativamente. La máxima de la venganza es un principio que se contradice: procura unos efectos (escalada de violencia) contrarios a los buscados (anular la violencia mediante otra de nuestra mano). Luego algunas máximas subjetivas son incompatibles con un enunciado con valor de ley y, en fin, con la *moralidad.* Eso no ocurre así con las máximas que no se destruyen a sí mismas a poco que probemos su consistencia. Sólo ésas podrán ser una *ley* o regla apropiada para la moral.

Las reglas éticas como reglas racionales no han de hacer suponer que la moral de ellas resultante sea terreno abonado para el frío cálculo lógico o el puro lucimiento intelectual. La ética kantiana no es, en este sentido, una *moral del ordenador*, más propia, por otra parte, de las doctrinas utilitario-consecuencialistas apoyadas en la lógica estratégica de la *theory of games*. Las reglas morales pertenecen a aquel conjunto de reglas que no es suficiente con aprendérselas de memoria o saberlas deducir lógicamente de una serie de informaciones dadas para poder finalmente formularlas y aplicarlas bien. Han empezado por ser *máximas* que se da el sujeto en función de su experiencia y de una cierta oportunidad que se le presenta para poder aplicarlas. En este sentido son como las reglas elementales del cálculo aritmético, de la urbanidad o de la voz en el canto operístico. Es imposible asimilarlas sin haber desarrollado *antes*, aunque bajo otros criterios o sin apenas tenerlos, aquello —tal actividad o tal otra— que ellas mismas tratan de modificar mediante, ahora, la sujeción a principios. Pese a que puede parecer lo contrario, el niño no puede llegar a entender la regla de sumar números de tres dígitos o de utilizar el cuchillo del pescado si *antes* no ha practicado la suma de uno y dos dígitos y la puesta a la mesa sirviéndose de un cuchillo.

Del mismo modo, no podemos formular una regla moral ni ser capaces de usarla si antes no hemos sido introducidos en un terreno donde tenga sentido decir —con mayor o menor justificación, eso se verá después— que hay actos «mejores» que otros y que «debemos» hacer aquéllos y no éstos. Las reglas de utilización de un ordenador o del manejo de un aeroplano no permiten llegar a ellas por este mismo procedimiento: hay que conocerlas todas y bien, desde un principio, para poder levantar el vuelo o aplicar un programa. No son, pues, *máximas* como las reglas antes citadas, incluidas las morales, que empezaron por ser máximas también. «Máximas», en sentido general, y sin contradicción con lo prescrito por Kant, son aquellas «reglas cuya correcta aplicación forma parte del arte que ellas dirigen» (Polanyi). Y no hay que olvidar que por muy *leyes* que sean, las normas morales obedecen también a esta particular descripción. Las reglas éticas son dictadas *para* la moral, pero este dictado es parte ya *de* la moral.

4. El imperativo categórico

Hemos dicho que Kant empieza por distinguir entre «máximas» y «leyes». Pero inmediatamente después, también en la *Definición* de los principios de la razón práctica, asigna el valor para las primeras de «imperativos hipotéticos» (*hypothetische Imperativen*) y para las otras de «imperativos categóricos» (*kategorischen Imperativen*), sin posibilidad alguna de interpolación entre sí (*K.p.V.*, Ak. V, 20) (III, 2).

El mandato que contempla una necesidad condicionada o «hipotética» de actuar («*hoy por ti* (si) *mañana por mí*») es ciertamente un precepto práctico y no carece de principio. Pero no tiene la consistencia racional y la fuerza obligante que poseen los mandatos que se corresponden con una ley, donde la necesidad de actuar («*hoy por ti*», sin más) se presenta incondicionada o «categórica» (*loc. cit.*). Toda ley es un imperativo categórico y todos estos imperativos son una ley. Por lo demás, cuando decimos que toda ley moral es un imperativo *categórico* no evocamos un concepto extraído de la disciplina militar, sino de la lógica vigente en tiempos de Kant. «Categórico» era la expresión de un hecho afirmativo; «hipotético», la de un hecho condicionado, como «Si sube la temperatura, se fundirán los hielos». El término, pues, quería denotar en aquel entonces el carácter no hipotético, plenamente afirmativo, también, del *deber* moral, cuyos mandatos o «leyes», en consecuencia, «han de determinar suficientemente la voluntad como voluntad (*Willen als Willen*), incluso antes de que yo pregunte si tengo la facultad necesaria para un efecto apetecido o qué tengo que hacer para producir ese efecto» (*loc. cit.*). Una ley moral no «categórica» en este sentido no es tal ley moral.

La obediencia moral categórica es incondicionada, mientras que la obediencia militar «categórica» —para continuar con el símil— es justamente un caso prototípico de obediencia *condicionada*: al reglamento, al jefe, a mi interés por no pasar el fin de semana en el calabozo. Sólo el deber moral supera en rigor al deber castrense, pero es precisamente su opuesto en relación con la libertad. En un imperativo militar —o civil, o religioso— la voluntad se ha plegado a su objeto: evitar, por ejemplo, un arresto o una amonestación. Pero cuando se trata de un imperativo verdaderamente categórico la acción no se realiza por el fin antepuesto a la voluntad o el resultado previsto en esta acción: no se hace *propter finem*. Bajo este tipo de precepto la acción es necesaria por sí misma, o lo que es lo mismo: la voluntad no ha estado condicionada a su objeto. «Si quieres que te respeten, sé ecuánime», es un imperativo que se dirige a una voluntad, la de ser ecuánime, *condicionada* a la respetabilidad en primer término buscada. «Sé ecuánime», en cambio, dispone una acción necesaria por sí misma, donde la voluntad no discurre tras el objeto que ella misma puede haber inicialmente dispuesto, sino de acuerdo con un principio práctico racional o «ley». Y ésa no es otra que una voluntad *incondicionada* respecto de cualquier fin anterior a su decisión por ley o, también, por «imperativo categórico».

El imperativo categórico formula, por lo tanto, la *ley moral* (*das Sittengesetz*) o «ley fundamental de la razón pura práctica», y ésta, por ser racional, es una ley *universal*. La formulación dada por Kant en la *Crítica* es la siguiente: «*Obra de tal modo que la máxima de tu voluntad pueda valer siempre, al mismo tiempo, como principio de una legislación universal*» (*ib.*, 30; *Grundlegung*, Ak. IV, 421 ss.). Veamos ahora sus elementos. 1) «*Obra de tal modo...*»: la ética se dirige a los *actos* y a la *actitud* («modo») con que éstos se desarrollan. 2) «*Que la máxima de tu voluntad...*»: luego no trata de la acción en un sentido físico o psicológico, sino yendo a parar a la *norma* que la dirige, a través, claro está, de la *voluntad*. La ética trata de la manera de «querer» hacer o no hacer algo según una consigna. 3) «*Pueda valer siempre, al mismo tiempo...*»: pero esta consigna o máxima debe plegarse a un criterio de *valor objetivo*, no subjetivo. No es cuestión, para ser moral o correcto en un acto, preguntarme cómo «quiero» yo que sea mi norma de actuación, mi máxima, sino qué *vale* ésta por sí misma, al margen de mi predisposición ante ella, para que pueda querer, ahora, hacer esto o lo otro. De lo contrario, nuestra acción consistiría en una veleidad. El querer moral —la voluntad— es un criterio de la acción, pero no de su máxima, que exige precisamente oponerse al juego de preferencias. 4) «*Como principio de una legislación universal*»: toda máxima o regla práctica posee un «principio» por el que ella dispone algo, pero vale objetivamente sólo aquella cuyo principio es *extensible a todos* (*allgemeinen*). Actúa, en fin, de modo que tu máxima tenga valor de *ley*, y que valga no por lo que tú «quieras» de ella, sino por lo que ella *valga* de suyo. Con el imperativo categórico el criterio de legitimidad en la ética ha pasado del espontáneo *querer* al ya más razonado *poder querer*.

El *quid*, sin embargo, de la cuestión, está en los términos «legislación universal» (*allgemeinen Gesetzgebung*) como prueba del valor objetivo de una norma. Que ésta valga en sí por ser «extensible a todos» no quiere decir que la pauta de su valor esté puesta en el *consenso* obtenido en torno a ella. Esta pauta de la «universalidad» la pone únicamente la *racionalidad* con que ha de ser formulada la norma. La prueba de la moralidad de un acto, es decir, de la demostración de su validez universal, está en la capacidad de resistencia a la contradicción que posea la norma que lo ha inspirado. Y esa cualidad de una máxima es lo que hará de ella una ley. Esta *no contradicción* que la moralidad persigue se ha de entender ante todo en su sentido *lógico* o formal: la norma de hacerce rico «a toda costa» no es ética porque de seguirse por todo el mundo desaparecería la noción de propiedad. No obstante, no es a veces suficiente —o no procede— utilizar este criterio. Así, una regla que se contradijera, ahora, con las reglas más generales o «universales» de la *naturaleza* (p. ej., la del suicidio: acabaría desapareciendo la especie), no sería tampoco una regla ética. Véase a este respecto lo que decíamos acerca de la llamada «típica del juicio» (III, 2). Y en último término, cuando ya no sea posible asirse ni a la lógica ni a los principios más generales de la naturaleza para determinar la consistencia, y por lo tanto la universalidad de una máxima, habrá que razonar si esa consigna que me dispongo a seguir valdría ella misma como un nuevo o hasta ahora desconocido principio general de la naturaleza. Si así puedo admitirlo actuaré, en este caso, *como si* (*als ob*) la ley moral pudiera ser razonablemente precursora de una ley natural. Y ése será también un criterio racional —sólo a falta de los otros dos— para decir que mi acción puede ser igualmente querida por los demás (*K.p.V.*, Ak. V, 44; Patzig, *Hechos*, 147 ss.).

La suposición, en cambio, de otros criterios que estos referidos, en suma, a la *no contradictoriedad* de la máxima, como prueba de su validez universal, sería la puerta falsa por la que haríamos entrar en los principios racionales de la acción principios de otro origen, que ya no tienen sentido —en el momento, al menos, de su fundamentación— en una ética regida por el entendimiento activo y consecuente. Estos otros criterios alternativos de la universalidad, como los basados, por ejemplo, en la idea de «acuerdo por consenso», de «adecuación de la ética a la homeostasis natural» o de «sujeción a las leyes de la Providencia» —criterios no fundados en principios de la razón *a priori*—, no tienen, en verdad, tal validez general. Y es que en la consideración de la validez de una acción por imperativo categórico no pueden entrar aquellos conceptos que pertenecen a otro momento de la ética, el de la llamada por Kant *dialéctica* de la razón práctica: los correspondientes a los fines, medios y consecuencias de la acción. A ellos sólo compete atender cuando previamente la voluntad, justo en el momento clave de la moral, se ha determinado por ideas independientes de la experiencia. En resumen, la universalidad de la acción, como piedra de toque de su validez, se juega en el instante mismo de la *decisión* de una voluntad que se debate entre la razón y otros principios. Y se gana, por así decir, desde aquel momento en que hemos adoptado el único criterio de la *no contradictoriedad* para nuestro principio del obrar.

Con su reducción de la normativa ética al enunciado del «imperativo categórico» Kant identifica una norma moral genuina, cualquiera que sea su contenido, sólo con la forma de un imperativo de la razón práctica para todos los seres dotados de la misma razón práctica. El entendimiento activo y consecuente es el *sole arbiter* de la moralidad, que concede a la facultad de pensar una superioridad —en orden a su mayor «actividad»— sobre las facultades ligadas al sentir, que sólo nos conectan con un mundo insustancial de «fenómenos». El sujeto moral, en contraste, se cualifica como un ser pensante y activo: como una *voluntad razonable*. Esto, por otra parte, no es decir nada esencialmente nuevo en la tradición intelectual y moral de Occidente. Según ella, desde el profetismo bíblico y el racionalismo griego hasta hoy, todo forma parte de un orden natural, excepto las *acciones* de los seres racionales, lo único capaz de sobreponerse a aquél, y ello gracias a la facultad reflexiva de tales seres. Luego una ética de la razón práctica (el sujeto «actor» frente al simple «espectador») podría parecer «incomprensible» para la tradición de Oriente y meramente «inadmisible» para los que, aun ligados a la occidental, priman no obstante los derechos de lo sensible o «natural» sobre los derechos de lo reflexivo: o de un orden *recibido*, si se quiere, frente a un orden *nuevo*.

La *explicatio* kantiana de un *Homo rationabilis* coloca al agente moral, definido por su uso consecuente de la razón, en un plano muy distinto del que le reservan los sistemas que parten de la *explicatio* natural (la *Human nature* empirista) o puramente religiosa (el *Homo Dei creatura* según la teología moral). Éste es ahora el plano, hecho justamente posible por la universalidad de la ley moral (primera fórmula del imperativo categórico), del sujeto merecidamente *fin en sí mismo*, por ser *autor* de dicha ley (segunda fórmula) (II, 2), y, últimamente, del sujeto como ser *autónomo*, por depender su acción tan *sólo* de esta ley puesta por la razón (tercera fórmula) (V, 1). En este sentido, cualquier ejemplo a imitar, o ley a seguir en la acción de un individuo, han de ser juzgados antes en sí mismos, para ver si se adaptan a un imperativo como el propuesto y saber si son dignos de ser tenidos como principios morales. Kant dice nada menos: «El mismo Santo del Evangelio tiene que ser comparado ante todo con nuestro ideal de la perfección moral, antes de que le reconozcamos como lo que es» (*Grundlegung*, Ak. IV, 408). «Universalidad», «humanidad» y «autonomía» son tres enunciados sucesivos de este mismo y único principio o *ley* —principio universal y necesario— de la razón pura en su uso práctico, ley que llamamos, por su referencia a la voluntad que determina, *imperativo categórico*, y por la forma resultante de esta voluntad, *ley moral*. (Por otra parte, recuérdese que la estructura lógica de este imperativo, que toda regla moral debe poseer, corresponde a la de un juicio «sintético *a priori*») (III, 2).

Es cierto que el razonamiento que Kant nos propone con su imperativo categórico no deja de ser a veces poco claro y hasta duro de seguir, si bien ambas dificultades —razón no formalizable y conducta a contracorriente de lo apetecido— son habituales en la ética. Pero es al menos un *razonamiento*, y además planteado desde la máxima exigencia formal y «material» (la persona nunca tomada como medio). Un imperativo categórico dista mucho de ser un *good judgement*, como piensan todos aquellos —p. ej., los autores intuicionistas— que creen que la reflexión moral no pertenece a la razón práctica. Se trata siempre de un juicio y un mandato argumentables sobre principios racionales y de aplicación máximamente general, lo que en la frecuente situación de un conflicto entre normas, o de una norma que ha sido puesta en cuestión, el recurso a la citada formulación no resulta desestimable para nosotros. Y si aun así se presentaran dificultades en la decisión, éstas provendrían más de una imperfección corregible en el proceso del razonamiento que de una falta de consistencia de la regla misma propuesta para este proceso (*ib.*, 309).

EL PROBLEMA DE LA JUSTIFICACIÓN DEL IMPERATIVO CATEGÓRICO

La exposición del imperativo categórico pertenece al núcleo de la ética kantiana. Ésta se propone estudiar los principios de la buena voluntad que manifiestan *de hecho* muchas personas en determinados actos. No se «inventa», pues, ninguna moral. Con el mencionado imperativo esta clase de voluntad, unida ya a principios (por ser *leyes* sus máximas de acción), no es otra cosa, en fin, que la misma *razón práctica*. La explicación está en que para derivar acciones de *leyes* se precisa inevitablemente dicha facultad de razonar (*Grundlegung*, Ak. IV, 412). Asimismo, si es la razón lo que en la ética determina, según vemos, a la voluntad —hasta el punto de confundirse, sólo en la moralidad, ambos términos—, entonces la acción querida será tenida a la vez por el sujeto como objetivamente y también subjetivamente necesaria. Ésa es la acción *buena* que se corresponde con toda *buena* voluntad y sólo con ella. Como escribe Kant: «... la voluntad es una facultad de no elegir nada más que lo que la razón, independientemente de la inclinación, conoce como prácticamente necesario, es decir, bueno (*als gut*)» (*loc. cit.*).

De todas maneras, con la *formulación*, únicamente, de la ley moral (a la que Kant dedica su primera obra sobre la ética, la *Fundamentación*) no se agota todo el núcleo de la nueva interpretación kantiana de la ética. Hay que pasar a estudiar (como hará efectivamente la segunda *Crítica*) la posibilidad y el modo de *justificación* del principio hasta ahora sólo «expuesto».

Por lo pronto, hay que recordar lo dicho acerca de la obligatoriedad moral: que nos es *desconocido* el interés por el que obedecemos la ley moral en lugar de renunciar sistemáticamente a ella (IV, 2). La misma conclusión vale para la pregunta ¿*cómo es posible* o se «justifica» el imperativo categórico de la moralidad?, que es la misma cuestión planteada acerca de nuestro «interés» por obedecer la ley moral. También la *justificación* de la ley moral en sí misma está fuera de nuestro alcance: nos es imposible explicar con indudable certeza por qué un hecho de razón influye sobre los hechos del mundo. Así concluye al menos la *Fundamentación de la metafísica de las costumbres* (*Grundlegung*, Ak. IV, 461), con el agravante, para mayor perplejidad nuestra, de tener en la otra mano el dato de las leyes físicas, las cuales sí poseen esa justificación que les falta a las leyes morales (*cf. K.r.V.-B*, Ak. III, 107 ss.).

Kant intenta salir al paso de esta interferencia en su estudio de los principios de la ética, haciendo seguir, en la llamada «Analítica» de los principios de la razón práctica, el tema de la *deducción* inmediatamente después de la mera *definición* de tales principios (*K.p.V.*, Ak. V, 42 ss.). La *deducción transcendental*, sea dicho a un tiempo, es la operación principal del «método transcendental» del conocimiento. «Deducir», en sentido kantiano, es dar la *prueba* —o «justificación», en el mismo lenguaje jurídico-procesal— de la validez de un conocimiento mediante la demostración, en suma, de los caracteres de necesidad y universalidad de los principios o leyes de los cuales depende este conocimiento. Éstos son, según la *filosofía transcendental* en su conjunto, los caracteres que pone en el conocimiento la idealidad del sujeto, por ciertas formas del entendimiento y de la sensibilidad que no dependen, en su origen, del contenido de la experiencia. Pero lo que importa ahora en el «conocimiento práctico» —en la ética— es saber si también es posible demostrar para sus leyes —para la *ley moral*— unos semejantes caracteres, de modo que al final podamos declararlo tan válido como eran el conocimiento teórico y sus propias leyes. En una palabra, habrá que *deducir* o «justificar» los principios o leyes de la razón en su uso *práctico* siguiendo el mismo método transcendental. Queda, por lo tanto, descartada desde un principio la posibilidad de *inducir* las reglas morales, sea respecto de la experiencia, sea de un esquema metafísico no transcendental de la naturaleza o del hombre, como el suministrado por Aristóteles.

En el conocimiento teórico, los principios eran deducidos a través de las *categorías* transcendentales del entendimiento, pero a partir, sin embargo, de nuestra percepción fenoménica de la realidad sensible. Esta percepción constituye, así, nuestro hilo de contacto con la realidad ajena al yo y nos impide caer en el puro solipsismo idealista. Sólo después de este contacto sensible la idealidad transcendental hará posible que la pasiva sensibilidad se estructure y unifique en forma activa de *experiencia*. Con todo, el proceso de esta deducción no es aplicable en el conocimiento moral, porque aquí, en el uso *práctico* de la razón, 1) no hay en el origen percepción fenoménica que valga (¿dónde *sentimos* lo «bueno», lo «justo» o lo «deshonesto»?), y 2) es sólo, en cambio, la moralidad como un *hecho de la razón pura* (I, 2) lo que cuenta. Recuérdese que todavía para el uso *teórico* de la razón la representación de un objeto (sensible) podía ser causa de la voluntad. Pero en el uso *práctico* o moral ocurre muy de otro modo: siempre la voluntad —una «buena voluntad»— es, al revés, causa de la representación de sus objetos (una «buena acción» en esta o aquella circunstancia) (*ib.*, 44). Por eso decíamos también que sólo en su uso práctico puede la razón ser verdaderamente *legisladora* (III, 1).

Estamos, pues, en que no puede existir una deducción transcendental de los principios prácticos, por no estar vinculada la voluntad ética con ningún objeto sensible como su causa. Sólo existe, por lo pronto, posibilidad de justificación para las leyes de la ciencia, puesto que ellas sí están unidas a un *factum*. Pero en los principios de la ética no se ve cómo es posible la «deducción transcendental» que debe partir del dato sensible. El imperativo, por ejemplo, de *no acusar en falso* no puede venir justificado por ningún hecho empírico que se corresponda con «alguien no está acusando en falso». ¿Dónde, sin ir más allá, puede descubrirse al individuo «libre» o «justo»? Pese a todo, no dejamos de notar también que estos principios no deducidos transcendentalmente siguen siendo formulados y respetados por la razón: aun injustificada por el sujeto transcendental, la moral *sta ferma*. «Así pues —debe reconocer Kant—, la realidad objetiva de la ley moral no puede ser demostrada por ninguna deducción, por ningún esfuerzo de la razón teórica [...] Sin embargo, se mantiene firme sobre sí misma» (*ib.*, 47).

La explicación de esta conservada estabilidad de las leyes prácticas sobre un vacío de justificación teórica radica en la *práctica* misma, cuyos argumentos —no todo lo claros que querríamos, dicho sea de paso— vienen a sustituir los que vanamente habíamos intentado encontrar en el terreno de la teoría. Los principios prácticos, la «ley moral», ciertamente *no son deducibles* de nada y no están «justificados» sobre ninguna otra instancia que no sea, en fin, la *razón práctica*: es decir, sobre sí mismos. Más aún, y al contrario, los principios prácticos son ellos mismos principios de deducción no deducidos, pues la ley moral, en una palabra, es lo que nos permitirá deducir la *libertad*. La moralidad es lo único que deduce la libertad y la libertad es todo lo que deduce la moralidad. «Sólo», pero «nada menos» que la libertad es lo que la ética nos permite descubrir.

La ley moral no es «deducible» de nada, sino *deduciente* de algo: de la libertad, la cual no conoceremos de otro modo que a través del uso *práctico* de la razón en la llamada «moral». La libertad que la razón teórica simplemente «admitía» como *posible* —se permitía por lo menos «pensarla», sin contradicción, como «la capacidad de iniciar *por sí mismo* (*von Selbst*) un estado», *K.r.V.-B*, Ak. III, 363—, ahora la razón práctica, nuestra actividad y capacidad morales, puede ya «demostrarla» como *necesaria* deduciéndola («justificándola», si se quiere) de sus propios principios (Allison, *op. cit.*, 314 ss.). Por consiguiente, la razón práctica nos permite, en un grado más alto, *conocer* la libertad (no sólo «pensarla» en abstracto), ya que ella ha tomado *realidad práctica* con la ley moral, de donde se va a deducir. De modo que: «La ley moral es, en realidad, una ley de la causalidad por la libertad» (*ein Gesetz der Causalität durch Freiheit*) (*loc. cit.*).

He aquí, entonces, la *autoposición* de la moralidad, que de sus propios principios deduce su fundamento o posibilidad de ser en la libertad. Tamaña conclusión, la de un fundante (la libertad) conocido por un fundado (la moralidad) que es, paradójicamente, deduciente de aquél, es imposible rechazarla como no sea rechazando también la idea de que *el pensar tiene algo que decir en la práctica con independencia de lo que dispone en la teoría*. De admitirla, tendremos que consentir la tautología de una moral que se autojustifica como *razón práctica* y se autofundamenta —por deducirse, hemos dicho, de sus propios principios— como pleno anuncio de la *libertad*.

LA RAÍZ RACIONAL DEL IMPERATIVO CATEGÓRICO

Kant da por supuesta la moralidad. Todo lo que corresponde hacer al filósofo es enunciar y justificar sus principios, demostrando su universalidad y necesidad, del mismo modo que el científico natural formula y explica los principios de la física sobre hechos preexistentes. La «capacidad moral» (*moralische Anlage*) es, según su *Antropología*, una cualidad natural característica de la especie humana, por la que en definitiva el hombre puede «obrar respecto de sí y de los demás con arreglo al principio de la libertad bajo leyes»: es decir, con arreglo a un *imperativo categórico* (*Anthropologie*, Ak. VII, 324) (I, 2). No se pone en duda esta capacidad asociada a la especie y que nos permitirá decir, con seguridad, que «las buenas personas existen». A propósito de este hecho evidente fundarán su ética, además de Kant, autores tan distintos y distantes como Platón y en nuestro tiempo Agnes Heller (*cf.* Heller, *General Ethics*, 175-176).

El imperativo categórico es el principio práctico más consistente con la evidencia de que actuar «moralmente» es actuar de acuerdo con un precepto que vale para todos, o, en otras palabras, de acuerdo con la razón. Mediante tal imperativo conseguimos determinar la voluntad según una *exigencia*, en lugar de brindarla al capricho, al escrúpulo o a la fuerza arbitraria de un deber no asumido. Esta exigencia es la de *universalidad* y *necesidad* para la norma —cualquiera que tomemos— de la voluntad. De modo que podemos ya decir que no es ningún *deber* particular preexistente el que nos dicta cuál ha de ser nuestro imperativo categórico, sino que es este mismo *imperativo* —la norma, cualquiera, universal y necesaria de la voluntad— el que establece por su cuenta cuál ha de ser nuestro deber ante un caso particular.

No habría sido posible trasladar también la «revolución copernicana» a la filosofía moral (el paso de la ética «material» a una ética *formal*) si todo el acento del nuevo *imperativo categórico* no se hubiera hecho recaer en la *razón* o raíz intelectual de la decisión moral, antes que en su raíz psicológica. Puesto que podría pensarse que el centro de gravedad del imperativo en cuestión se halla en la *voluntad*; y sin embargo no es así. No es el «querer» en sí mismo, cual hecho bruto psicológico, el determinante, para Kant, de una regla ética genuina. Vamos a explicarlo aclarando dos cuestiones relativas a la voluntad.

En primer lugar, y como puntualiza de nuevo la *Antropología*, con el imperativo categórico no expresamos ninguna consigna del tipo «querer es poder» (*ich kann, wenn ich will*) que subsume la capacidad de obrar y su idoneidad moral a una tan enérgica como opaca disposición psicológica (*Anthropologie*, Ak. VII, 147). Por otra parte, debería reconocerse que traducir el imperativo categórico al lenguaje llano de un «querer es poder» —paralelo al también fáustico «conocer es poder»— supone una considerable tautología. Ciertamente, en el mandato de una *voluntad racional*, que es dicho imperativo, lo que se «quiere» hacer es ya lo que se *debe* hacer, y lo que se «debe» hacer es también lo que se *puede* hacer. ¿Por qué? Sencillamente porque «la razón no mandará nunca lo imposible» (*ib.*, 148).

¿Cómo habría de ser de otro modo, si precisamente nos hemos plegado a la *razón,* la llamada facultad cognoscitiva superior, como guía de nuestra voluntad? Luego es una tautología decir «querer es poder»: en la ética racional lo primero es ya lo segundo. El peso del imperativo se decanta así hacia la razón, no hacia el hecho sólito de querer. En este último caso («querer es poder») la norma moral apuntaría tan sólo a una posibilidad subjetiva, el querer mismo. En la formulación kantiana del imperativo, recordatorio de un previo «poder querer» (la voluntad ceñida a la razón), se apunta, en cambio, a lo que es para el sujeto una necesidad práctica.

En segundo lugar, refiriéndonos también a la incorrección de asimilar la norma de la ética al dictado de un *voluntarismo,* no se puede olvidar que en el trasfondo de una ética racional como la propuesta está la presuposición de que la voluntad humana es ante todo imperfecta, es decir, tan pronto aliada de lo cuerdo como de lo irracional (a este respecto, Kurt Baier cree que la pregunta inicial de la ética no debiera ser «¿Por qué somos morales?», sino «¿Por qué somos inmorales?», *The Moral Point of View,* I, 4.) Si no fuera así, no tendría sentido formular la idoneidad de una ética de la voluntad «perfecta» o *racional.* Apreciamos la música de Mozart justamente por su contraste con el ruido o la mala música. Lo mismo cabe decir de una ética de la voluntad racional: tiene sentido justamente porque la voluntad es muchas veces irracional. El voluntarismo pone en primer término sólo la voluntad y una voluntad «integral». La ética del imperativo categórico pone al mismo tiempo la voluntad y la *razón,* aceptando de la primera sólo su parte *racional.* No se puede decir, en rigor, que sea una ética voluntarista. Y eso lo da, como venimos diciendo, el hecho de una voluntad oscilante entre las dos dimensiones, sensible e inteligible, que se revuelven en nuestra humana condición. No somos sólo cuerpo ni sólo inteligencia. Lo sensible y lo suprasensible actúan a la vez en nosotros, cada uno con sus leyes: leyes, en última instancia, de la «naturaleza» y de la «libertad», respectivamente. De ahí que proceda pensar la ley moral —la ley de la libertad— necesariamente como un *imperativo* o mandato constriñente sobre la voluntad. «Resulta de aquí —escribe Kant— que aunque, por otra parte, me conozca también como perteneciente al mundo sensible, habré de conocerme, como inteligencia, sometido a la ley del mundo inteligible, esto es, de la razón, que en la idea de la libertad encierra la ley del mismo y, por tanto, de la autonomía de la voluntad; por consiguiente, las leyes del mundo inteligible habré de considerarlas para mí como imperativos, y las acciones conforme a este principio como deberes» (*Grundlegung*, Ak. IV, 453-454).

En cuanto seres sensibles, la ley moral, que proviene de nuestro ser inteligible, no puede sino dirigirse, y ahí está todo su sentido, a una voluntad que se deja por otra parte afectar por las leyes naturales. O en otras palabras, el imperativo de la voluntad racional presupone una «voluntad patológica» que será toda la función de la ética mantener a raya. La raíz inteligente de la decisión moral prevalece sobre la raíz volitiva o deseante de este acto. Esto es: la acción se ha hecho por puro respeto al principio de la moralidad (la *forma* del querer que estipula el imperativo categórico), no en previsión de un fin o interés puesto de antemano en la así «afectada» voluntad (la *materia* del querer en que hasta Kant se suele justificar la ética). Aquello que *debe* hacerse ha de determinarse, pues, por normas que sean válidas *independientemente* de los efectos y las consecuencias resultantes de su aplicación, normas que conocemos bajo la especie de «imperativo categórico».

Tómese el ejemplo, entre otros muchos literarios, de Jean Valjean, en *Los miserables* de Victor Hugo. Un hombre con poder y reputación decide revelar su verdadera identidad, aun al precio de ir a presidio, antes de ver que un inocente es procesado injustamente por los delitos que en otro tiempo él mismo cometió. En la vida real, seguramente en casos la mayoría menos severos, se actúa de un modo parecido siempre que lo hacemos con *independencia* de todo lo que no concierna a nuestra capacidad de juicio consecuente. Y esta autonomía es la ética.

CRÍTICAS AL IMPERATIVO CATEGÓRICO

Muy pronto se han ido sucediendo las críticas contra el rigorismo ético de Kant, semejante al retratado por Ibsen en el protagonista de su *Brand*. ¿Por qué ayudar espontáneamente a un amigo no ha de ser propiamente «moral», se pregunta Schiller en el poema «Escrúpulo de conciencia»?

De hecho, y como no podría ser de otro modo, casi todos los ataques se han dirigido al formalismo con que se concibe el imperativo categórico: «El frío deber es el último hueso aún no digerido que queda en el estómago», escribirá Hegel (*Lecciones*, 446). Tales ataques toman por punto de apoyo un viejo o renovado teleologismo metafísico y las últimas verdades, en otro flanco, sobre la psicología y las ciencias sociales. Desde un punto de vista kantiano cabría devolverles la réplica recordando simplemente lo argumentado contra las éticas «materiales» en los cuatro teoremas que encabezan la *Crítica de la razón práctica*. Se trata, en fin, de dos figuras generales de la ética irreductibles entre sí.

Schiller (*vid.* también el final de *De la gracia y la dignidad*) y Schopenhauer (*El mundo*, Ap.; *El fundamento*, II) se exclaman ambos del carácter *escrupuloso* (un «hecho hiperfísico», dirá el segundo) del imperativo categórico que da paso a la nueva perspectiva formalista. Más distante, Hegel rechazará este formalismo por *abstracto* (*Fenomenología*, VI C; *Fundamentos*, § 129-141). Lo mismo arguye más tarde la fenomenología, especialmente con Scheler y su *Ética*. Desde Mill (*Utilitarismo*, caps. 1, 5), el utilitarismo conviene además que de tal abstracción se hace imposible derivar normas dotadas de *concreción*. Así, por ejemplo, en Sidgwick (*The Methods*, Ap.), Broad (*Five Types*, V) y Rawls (*Teoría de la justicia*, § 40). Parecida vaguedad es reprochada en pensadores de lo «viviente»: Bergson (*Las dos fuentes*, I); Lévy-Bruhl (*La morale*, II, 3) y Lacan (*L'Éthique*, 93 ss.). No faltará tampoco la objeción al formalismo por su reverso todavía «material»: como filosofía del individualismo burgués, en Marx (*La ideología*, *loc. cit.*), o del ascetismo platónico-cristiano, en Nietzsche (*Más allá*, § 4, 188; *El crepúsculo de los ídolos*, «Los cuatro grandes errores»). Por otra parte, los precursores positivistas de la filosofía moral analítica, con Ayer (*Lenguaje*, IV, VI) y el Círculo de Viena al frente, declararán sin más como *falso* un imperativo ético cuyos enunciados no puedan jamás verificarse en los hechos. El mandato kantiano expresaría, así, sólo el sentimiento o la actitud de la persona que lo formula: «Sé pacífico» corresponde en realidad a «*Deseo* que seas pacífico».

Sin embargo, hay otro orden de críticas, no menos contundentes, que se dirige tanto más a la *argumentación* seguida por Kant que al formalismo ético de ella resultante. Lo que se discute ahora es, centralmente, el paso de una máxima a *ley* en virtud de la universalidad de su enunciado. Veamos algunas de estas críticas. 1) Kant afirma que las máximas subjetivas se autodestruyen porque se contradicen en sí mismas. Pero no advierte que si *todas* las máximas existentes fuesen objetivas ...éstas no tendrían nada que regular, ¡nadie prometería ya en falso!, ¡nadie robaría ya! La reflexión se debe a Franz Brentano en *El origen del conocimiento moral* (§ 13). 2) Todos pueden permitirse pensar, siguiendo al mismo Kant, que su propia máxima es ya de validez universal. El criterio impersonal de objetividad de la norma no queda suficientemente definido con la invocación a su «generalidad» (*Allgemeinheit*). Hace falta reforzar el criterio de rigurosa *universalizabilidad*, y hacerlo no para aplicar la norma a cualquier situación que se presente, sino únicamente ante un grupo de situaciones análogas (Hare, *The Language*, I, 2).

3) El valor objetivo de una máxima es una condición «necesaria» para su moralidad, pero todavía no *suficiente* (Frankena, *Ética*, 42). Kant admite, en cambio, que sí lo es, desde el momento en que no reconoce ninguna posible excepción a la máxima objetiva, por más razonable que sea esta excepción: no se puede por una vez dejar de decir la verdad aunque ello perjudicara a lo más querido por nosotros. Un ejemplo como el que sigue mostraría, para algunos, la insuficiencia, a veces, de una máxima no contradictoria u objetiva como garantía de su validez moral. En 1987 la Audiencia de Barcelona decidió absolver a una mujer, madre de familia, acusada por su marido de ejercer la prostitución. El juez tomó en cuenta que fue llevada a ella por la ineptitud laboral y el alcoholismo de su cónyuge, así como por las acuciantes necesidades de sus hijos. Parece que la *excepción* a la máxima objetiva («No consentir la prostitución por ir en contra de la dignidad») fue tenida en este caso por más valedera que la regla misma. El criterio de «suficiencia», pues, para la moralidad, no estaría resuelto con el imperativo categórico, que nos dice con claridad, por ejemplo, que no hay que mentir, pero con escasa precisión que no hay que mentir *nunca*. Se necesita algo más para la ética que admitir que nuestras normas son universales, y es saber cuándo podemos admitir también una norma menos universal que la propuesta (Frankena, *ib.*, 44-46).

4) El punto débil de la universalidad de la máxima moral reside en que el criterio que la fija es *personal*. En efecto, el *poder querer* que lo que estoy dispuesto a hacer valga también para todos los demás, según refiere explícitamente la primera fórmula del imperativo categórico, no está claro si se trata de una condición verdaderamente formal, como parece disponer Kant, o si alude a un presu-

puesto psicológico o acaso apunta a una capacidad técnica de obrar al alcance de todos. El problema está en la dificultad de imaginar qué puedo querer yo que pueda quererlo también no sólo otro, sino todos los otros. El intuicionista David Ross afirma que desde un punto de vista lógico es absurdo preguntarse si los demás querrían lo que yo quiero... porque no añade nada nuevo a la pregunta sobre qué quiero yo. Ahora bien, desde un punto de vista psicológico sí sería admisible formularse la cuestión de la pluralidad, porque ésta corresponde a la actitud del «espectador imparcial» propia de la ética. Este ataque afecta, sin embargo, al núcleo lógico del imperativo categórico, puesto que pone en entredicho el criterio mismo de la universalidad que lo define. Podría muy bien ser que lo que uno admite que «puede querer» (la validez del matrimonio entre homosexuales, la Revolución Permanente o un mundo de hadas) no fuera admisible por otros en aras a una idéntica exigencia de universalidad del querer. Inevitablemente, según los intuicionistas, el *poder querer* que da sentido al imperativo categórico es un criterio meramente psicológico y depende tan sólo del punto de vista particular. Ante eso se ha argüido que mejor hubiera sido formular tal imperativo en sentido *negativo,* para decirnos al menos con seguridad que las máximas que *no* podemos querer son las máximas propiamente inmorales (Frankena, *loc. cit.*). Sin embargo, no se nos oculta que dependeríamos nuevamente de la perspectiva personal.

5) Aunque aceptáramos la prueba dada por Kant para hacer de una norma una ley moral —la prueba de su universalidad—, la pregunta que se puede formular ahora es: ¿de dónde se extrae la *norma* o máxima en consideración? La cuestión está relacionada, como se ve, con el problema anterior del punto de vista particular de la ética formalista. Kant, a este respecto, no suministra dato crítico alguno acerca del contenido de una actitud moral, que es de donde parecen irradiar todas nuestras máximas de acción. El absolutismo del *cómo* de su ética estaría acompañado, así, de la incógnita sobre su *qué* íntimo: sus orígenes y objetivos expresados en un previo parecer personal como punto de partida de la tarea moral. Por este motivo MacIntyre no duda en acusarlo de conservadurismo (*Historia,* 192-193).

El imperativo categórico como principio o ley fundamental de la moralidad no es ni todo lo riguroso que pensaba Kant ni todo lo flexible que agradaría a sus críticos que fuera. Pero ante el supuesto de que el ser humano está capacitado para pensar consecuentemente es, hoy por hoy, uno de los principios éticos más convincentes por su adaptación y consistencia con este supuesto de la racionalidad. Al menos, como reconocía Ross, es admisible desde el punto de vista psicológico, y en este sentido puede ser también la norma kantiana una de las más eficientes para el obrar no instrumental.

Cuando desaprobamos la crueldad o el mezquino servilismo no podemos aspirar a hacerlo en nombre de un criterio más «universal» todavía que el de la incondicionalidad de un principio de la razón o del pensar consecuente, como mejor o peor estatuye el imperativo categórico de Kant. Su autor puede legítimamente ser acusado de *inflexibilidad* (y muchos gustarían añadir lo que dijo Danton de Robespierre: «Es incapaz de freír un huevo»), pero sólo si se le concede, a la vez, que la ética no consiste en elegir entre una inclinación y otra inclinación, sino *entre una inclinación y el deber*. Lo que subyace en esta conclusión atraviesa como hilo conductor todos los períodos del pensamiento de dicho autor: el hombre es un ser mixto, sensible y racional, y únicamente este último rasgo le da el estatuto de *agente* y no de mero espectador en la vida. Si se presentan, por otra parte, posibles deberes en conflicto, «sólo» (aunque no será muchas veces *nada fácil*) habrá que decidir por el deber más incondicional frente a los afectos o los intereses egoístas. Si hacemos una excepción a ello, nuestro obrar puede ser más beneficioso para nuestros intereses o afectos, pero nunca será beneficioso para la credibilidad moral de la norma general rechazada. En todo caso no será un obrar «ético».

Esta concepción de la regla única y formal —un «monismo deontológico», si cabe— fue en su origen muy propia y adecuada para un tiempo de crisis, como resultó ser el final del Antiguo Régimen. No obstante, y dado precisamente su formalismo, ha sido susceptible de ser aplicada en toda época posterior de crisis de la «razón común» o del «sentimiento que nos une». Es más, ciertamente, lo que nos permite pensarlo así que lo que nos impide hacerlo. Por ejemplo: para nuestra época presente de pérdida del sentido de pertenencia comunitaria y, por lo tanto, de los deberes de altruismo y solidaridad. Con todo, una de las principales objeciones que se lanzan contra el imperativo categórico es su falta justamente de «racionalidad» en el contexto actual de la «información» y de la «optimización» exigidas en una toma de decisión «ética» o «política». Pero ya hemos dicho que la razón práctica empieza a actuar donde y cuando la razón computerizada ya no puede hacerlo; y sin embargo actúa sin tener que abandonar el respeto a la forma *lógica* del razonar. Por otra parte, cabe añadir que en el paso de una máxima a ley la necesidad de poseer un buen número de datos para concluir la no contradictoriedad de la segunda es algo que el enunciado del imperativo categórico sienta también por sí mismo. La razón práctica que está en la base de este imperativo es siempre, pues, una razón *autocorrectora*.

Otro grupo de críticas (Brandt, *Teoría*, 46), dudosas también de la raigambre moderna del imperativo categórico, apunta al carácter de mero disfraz de dicho imperativo sobre la vieja «regla de oro» de la humanidad: «*No hagas a otro lo que no quisieras que te hicieran a ti*». Eso dice Tobías a su hijo en el *Antiguo Testamento* y muchas madres sensatas lo repiten todavía hoy a los suyos, sobre todo cuando un hermano fastidia al otro. Bernard Shaw pensó, bien es verdad, que la regla debería rezar, en cambio: «No hagas a los demás lo que te gustaría que te hicieran a ti. Puede ser que sus gustos sean diferentes». Mas, ironías aparte, lo que hace Kant con su imperativo es propiamente *invertir* aquella regla del sentido común y de la anciana sabiduría. El yo es lo que prevalece en la divisa tradicional, que viene a significar: «Lo que quieras para ti, quiérelo también para los demás». El *todos,* en contraste, es lo que prima en la regla kantiana de la ética, equivalente a decir: «Lo que quieras para todos, quiérelo para ti también» (Reiner, *Vieja y nueva ética*, 79 ss.). La dificultad sigue estando en saber qué cosa pueden querer todos para que también pueda quererla yo. Pero seguramente el problema sería mayor si prescindiéramos de esta incómoda pregunta.

Mientras tanto, sin el esfuerzo por la validez universal de las reglas morales no habríamos conseguido ir más allá, en nuestros actos libres, de la llamada *conciencia escéptica* o acaso de una «mala conciencia». Muy distintamente, y aunque pueda desagradar la expresión, la ética supone la actividad de una *conciencia legisladora*. Ésta no existiría, a su vez, si el pensar al que pertenece no fuera consecuente también en lo práctico y no persiguiera la validez universal de las reglas que dará paso a la ética. Un «imperativo *categórico*», una «moral *categórica*» apelan, en efecto, a este tipo de conciencia y de pensamiento en general que rehúye lo *hipotético* o condicionado —justo lo que impide su «universalidad»— de los principios con que afrontamos la vida práctica.

La conducta moral o es *categórica* o se trata de otra clase de conducta, tan aceptada o aceptable, desde otros supuestos, como se quiera. Téngase siempre en cuenta que aquí «categórico» no quiere decir, cual estamos inclinados a pensar, «concluyente» o «terminante» (lo *tajante*, también, de la disciplina militar). Antes bien, indica sencillamente lo *afirmativo* e incondicionado frente a lo dubitativo y condicionado.

Esta categoricidad de los conceptos prácticos se encuentra recogida, por lo demás, en los grandes ideales éticos de la humanidad. Asimismo, está presente en cada acto de la vida real en que, como Ulises, la *exigencia* del que lleva él su juicio le salva de actuar por alicorta *concesión*: al cruel capricho de Polifemo, a las vanas promesas de Calipso, al peligroso manjar del país de los lotófagos.

LOS AFECTOS MORALES

La razón es humana y el sentimiento o los afectos, en general, también. La ética, tanto en sentido teórico como práctico, cuenta con ellos. Es fácil ver ya en niños de cuatro o cinco años de edad, es decir, en la formación de su personalidad, afectos tales como el amor propio, la compasión, la vergüenza o la fascinación.

Para unas morales y sistemas éticos el juicio de aprobación depende de la afectividad; para otros, no es así. Entre los estoicos, por ejemplo, el sentimiento era una «perturbación del alma». Pero en todas las concepciones de la moral, sentimiento y razón están presentes y actuantes en el sujeto de la moral. Desde Platón y Aristóteles, hasta el «emotivismo» y los diversos «naturalismos» éticos del siglo XX, el tema del sentimiento o de los afectos (*pathos, affectio, sentiment, Gefühl*) es constante, y se observa en continua discusión. Son capitales las reflexiones de Aristóteles en su *Retórica* (II, 1-11), a propósito, entre otros, de la «indignación». O las de Hume en el *Tratado de la naturaleza humana* (II, 3, 1). Éste, autor de la frase «La razón es, y sólo debe ser, esclava de las pasiones», entiende que hay pasiones que no se pueden desvincular de la voluntad ni del sentido del bien y del mal, como el deseo y la aversión, la alegría y la tristeza, la esperanza y el miedo.

La ética se ve aquí al menos con dos problemas. Primero, se encuentra ante la realidad psicológica de que la afectividad humana no es como una cuadrícula, sino un «continuo» desde el agrado hasta el desagrado. Comprende también desde las emociones fuertes (como ira, pánico, abatimiento, celos) hasta los estados de ánimo más cultivados, como la serenidad, la concordia o el goce intelectual. Resulta muy difícil separar en esta línea continua los distintos segmentos del sentir, y pensar, además, que nunca se asociarán entre sí, como ocurre en cambio al coincidir la admiración con la envidia, o la antipatía por alguien con el reconocimiento de su valor personal. El otro problema es filosófico. Así, en la ética: ¿hay que vincular la razón y sus juicios con la emoción? Si es así, ¿debemos colocar el sentimiento antes o después de ellos? ¿Qué grado de afectividad puede en todo caso estar presente en un juicio de aprobación o desaprobación? Respecto a esto último, Kant pensaba que ninguno. «La razón —escribe en la *Crítica de la razón práctica*—, en una ley práctica, determina la voluntad inmediatamente y no por medio de un sentimiento de placer y dolor que venga a interponerse, ni siquiera por medio de un placer en esa ley misma, y sólo el poder ser práctica como razón pura le hace posible ser *legisladora*» (Teorema 2.º, observación 1).

Pero el mismo Kant pone a la conciencia moral en la dimensión íntima del sujeto, como influencia y efecto de la ley moral en la subjetividad. Y admite a su vez otros «fenómenos de la disposición de ánimo» (*Erscheinungen von der Gesinnung*), como consecuencia de esta misma ley. Fenómenos, por otra parte, que nos «predisponen» a cumplirla. Es el caso, principalmente, del que es el único «sentimiento moral»: el de respeto (*Achtung*) a la ley moral (*ibíd.*, al inicio del cap. III, y en la Aclaración crítica). Pero también de la autoestima y del amor al prójimo (*Metafísica de las costumbres. Doctrina de la virtud*, Introducción, XII). Así, aunque la voluntad sólo puede estar determinada por la razón (fundamento objetivo de la ética), el sentimiento hace que nos sintamos impresionados por obrar así y, por lo tanto, que estemos motivados para actuar de este modo (fundamento subjetivo de la ética). Con una observación que hacer: no se puede considerar un «deber» tener dichos afectos o «disposiciones». Porque son afecciones, nada que pueda ser mandado. Pero, en contrapartida, hay que recordar que son «naturales», luego que toda persona las tiene, y gracias a ellas puede sentirse «obligada». Son como «motores» de la moralidad.

Algunas afecciones presentes en la moral suelen existir al margen de ésta. No son, pues, afecciones morales: alegría y tristeza, amor y odio, simpatía y antipatía, compasión y aversión, temor y esperanza. Para poder hablar en rigor de afecciones morales éstas han de estar ligadas a nuestro razonamiento y juicio de los actos, bien para predisponernos a lo moral, bien como su consecuencia, bien como ambas cosas. Así, (1) cuando la acción se tiene por «debida» o correcta, y la «aprobamos», el juicio se acompaña de una atracción hacia lo debido que se expresa como un sentimiento de *aprecio* (Kant dice de «respeto») hacia quien obró de este modo. (2) En un tono mayor, si la acción es, más que ajustada a lo correcto, «meritoria», y la aprobamos, pues, con «admiración», el juicio vendrá asociado con una atracción hacia lo meritorio, manifestada con un sentimiento, más que de respeto o aprecio, de *estima,* ahora, hacia quien hizo tal acción. Y (3) si la acción es, todo lo contrario, «indebida» o incorrecta, y por consiguiente la «desaprobamos», lo que suele acompañar al juicio en este caso es un rechazo a la falta cometida, con la expresión por ello de un sentimiento de *desprecio* (Aristóteles se refiere a la «indignación»).

Se sigue de ello que el rencor o el castigo no son formas de penalización tras un juicio moral, respectivamente, de censura o desaprobación. Toda penalización consiste en la ética en hacer este juicio y manifestarlo, a lo sumo, con un sentimiento de rechazo. Un rechazo —como cuando le retiramos a alguien la amistad—, que ha de ser compatible siempre con el respeto debido a toda persona, aunque la reprobemos. El castigo es asunto de los tribunales de justicia, no del juicio moral.

CAPÍTULO V

LO BUENO MORAL

1. Autonomía y heteronomía

Recurriremos a un nuevo ejemplo. Una mujer gestante descubre, mediante una prueba diagnóstica, que el hijo que espera es un discapacitado psíquico. Se le presenta el dilema de interrumpir o no su embarazo. Su médico le instruye que, si lo desea, puede abortar sin impedimentos clínicos de ninguna clase. Pero un sacerdote pretende convencerla para que aparte decididamente esta posibilidad. La mujer permanece perpleja ante la diversidad de criterio de las fuentes consultadas. Religión, ciencia y hasta legalidad civil (si demora demasiado su decisión, infringirá el plazo legal para abortar) le ofrecen, cada una por su lado, criterios encontrados sobre la licitud moral del propósito de impedir aquel nacimiento.

Si ella obrase en conformidad con cualquiera de estas fuentes, pero sin haber reflexionado antes, a su propio y personal criterio, sobre la conveniencia de su acción, tendríamos que decir que ha decidido según una voluntad *heterónoma*. Literalmente, según una ley o disposición ajenas. Si, por lo contrario, cualquiera que haya sido su opción, ha atendido previamente a lo que disponen su razón y su conciencia, esta mujer habrá decidido según un querer *autónomo*, es decir, según una voluntad no predeterminada por disposiciones diferentes a las de su «propia ley» o autonomía.

Kant es el filósofo que ha declarado con mayor énfasis y rigor la identificación de un obrar moral con la condición de una *autonomía de la voluntad* (*die Autonomie des Willens*), lo que suministra a la moral el rasgo fundamental e inalienable de su autonomía (*Autonomie*), según nos recuerda el tercer enunciado del mismo imperativo categórico (IV, 4). La clave de esta, a primera vista, «majestuosa» *autonomía moral* del ser humano —y hay que añadir: como ser racional—, reside, pues, en la concesión de este atributo de independencia de la voluntad respecto de todo lo que no es su propia determinación. Ahora bien, el que se postule una «autonomía de la voluntad» no quiere decir, en la formulación kantiana, que se renuncie en la voluntad y en la moral, en suma, a un *principio* que las fundamente como verdaderamente autónomas. No se trata de presentar la ética autónoma cual el resultado de un simple querer autoafirmativo, todavía presente en el ultraliberalismo, o de un gratuito querer al buen albur, como vemos en los personajes de Gide. La autonomía de la voluntad es rasgo o propiedad del querer que, a su vez, se constituye en *principio* (*Grundlage*) suyo. Es principio porque coincide con la determinación de la voluntad según su forma de elegir, no según la materia de su elección. Esto último es lo que daría a la voluntad su «objeto». Aquello, en cambio, significa su estricto repliegue a la racionalidad de la decisión, es decir, a su valor de universalidad y necesidad. Cuando es, por consiguiente, la «actitud» misma del querer, y no su objeto conducente, lo único que decide la elección de un acto, se cumple al mismo tiempo el principio de una autonomía de la voluntad.

Se ve, a todo esto, que este principio coincide con el principio supremo de la moralidad: el que se formula con el «imperativo categórico» que dará a la moral su única *ley*. «Ley moral» y «autonomía moral» son, para decirlo de una vez, el mismo —y único— principio de la moralidad. La autonomía de la voluntad y la voluntad sometida a leyes morales son uno y lo mismo: el mismo y único principio o regla fundamental de la moralidad. Con lo que se puede decir también que la autonomía de la voluntad y la libertad de obrar son lo mismo. Más aún: que esa autonomía significa *el acto libre* por excelencia —«liberado» y a su vez «liberador»—. Y ello es así porque es un acto puramente racional; independiente, en la raíz de la decisión, de todo móvil sensible (el «objeto» de su decisión). Dedúcese con ello que el sujeto es autor *autónomo* —valga aquí la redundancia— de la ley moral, no en tanto que mero individuo, o que individuo agraciado con la facultad de responder muy distintamente ante un mismo estímulo, sino en tanto que representante de la razón común, de la que es depositaria —como su más excelente rasgo cultural— toda la humanidad. El agente moral está sujeto a su *propia legislación* —por la razón—, pero esta su «propia legislación» es, no se olvide, una *legislación universal* (*allgemeine Gesetzgebung*), por la independencia de que es capaz la razón respecto de la sensibilidad en general. Hecha esta consideración de la unidad de la autonomía con la universalidad de la ley moral, podemos ya reproducir los términos con que Kant traduce el principio de la autonomía de la voluntad en la forma específica de una regla para la acción moral: actuar bajo la idea de la voluntad de todo ser racional como voluntad legisladora universal (*die Idee des Willens jedes vernünftigen Wesens als eines allgemein gesetzgebenden Willens*) (*Grundlegung*, Ak. IV, 431). Así reza el tercer enunciado del «imperativo categórico», que pasa a ser inmediatamente la versión de la ley moral según una *regla de la autonomía de la voluntad*.

El sujeto racional es capaz de una «voluntad legisladora universal», luego de *moralidad*, y al mismo tiempo de *autonomía moral*. ¿Cómo se aplica esta última, en tanto que principio y regla que es de la acción? La respuesta corresponde de nuevo al mismo Kant: «Según este principio, son rechazadas todas las máximas que no puedan concordar con la legislación universal propia de la voluntad» (*loc. cit.*). Ya más no se puede decir de la ley moral, sino haber hecho explícito ese su carácter de *principio* o *regla de la autonomía*, en la que, en último término, viene ella misma a consistir. Lo último que corresponde recordar, en relación con un fundamento de la moral, es, pues, que la voluntad ciertamente sometida aquí a *ley* lo está, sin embargo, «como legislándose a sí propia» (*als selbstgesetzgebend*) (*loc. cit.*), es decir, en condiciones siempre de *autolegisladora* o autónoma. Huelga decir, con todo, que además de su explícita condición de universalidad, una voluntad tal exige la condición implícita —supuesta en la primera condición— de que el primer obligado por la ley que ella produce sea, a fin de cuentas, el propio sujeto legislador (*ib.*, 440). Al mismo tiempo, sólo gracias a su autonomía este sujeto podrá hacer posible y creíble el discurso sobre los valores morales, empezando por el valor fundamental, inherente a todo ser racional, de la *dignidad* (*Würde*) de la persona humana. Éste es, por así decir, el valor de valores. El ser humano no tiene «precio», sino «dignidad». Eso mismo recoge Séneca en su carta LXXI a Lucilio, al tener que referirse a los bienes materiales: *His pretium quidem erit aliquod, ceterum dignitas non erit* (*Cartas*, II, 69). Pero en Kant la afirmación de la *dignitas* es coextensiva al uso de la racionalidad práctica, más que al logro de una *virtus*, como quiere el estoicismo, acorde con un conocimiento de lo natural. Posee dignidad todo aquel «ser racional que no obedece más ley que aquella que a la vez se otorga él mismo» (*Grundlegung, op. cit.*, 434). Es un valor que se corresponde, pues, con el principio de una autonomía de la voluntad.

La ley moral comprende asimismo, y como colofón, una autonomía de la voluntad, con lo que el fundamento de la ética viene a ser este *principio de autonomía del querer*, llamado ahora «principio supremo de la moralidad». El imperativo categórico, que hemos tratado en el capítulo anterior, no ordena finalmente ni más ni menos que esta misma *autonomía*. En términos prácticos, ello supone: elegir sólo de forma que las normas autodictadas de la propia elección estén a la vez incluidas, en el acto mismo del querer, en una legislación universal (por la *racionalidad* acompañante —claro es— en este querer personal) (*ib.*, 440). Una obra posterior, la segunda *Crítica*, insiste en que este principio de autonomía de la voluntad es el *único principio* de toda legislación moral y de todo tipo de deberes *conforme con ella* (*K.p.V.*, Ak. V, 33). Sólo una voluntad autolegisladora —en las condiciones antedichas— es capaz de fundar *obligación* para el sujeto que la ejerce (IV, 2).

El porqué de ello es tan sencillo como impenetrable por otro conocimiento de las cosas que no sea la experiencia moral misma. La explicación es que la autonomía en cuestión es la propia *libertad* (*die Freiheit*). No otra cosa podríamos decir que es una voluntad que se rige 1) con *independencia* de su objeto o «materia», y 2) que se presenta, por consiguiente, como *autolegisladora*, en virtud de acogerse sólo a la «forma» o racionalidad de la ley. Muy distintamente, en la voluntad heterónoma, no autolegisladora, ya no es posible fundar ninguna obligación, pues es el «objeto de un deseo» (*das Objekt einer Begierde*), no la libertad, lo que establece su condición de posibilidad. Un querer movido desde este fondo no podría suministrar normas verdaderamente obligantes, en un sentido moral, para el sujeto (*loc. cit.*). Con todo, no se crea que es el *deber*, como algunos presumen en la interpretación de Kant, y ahora mismo nosotros podríamos figurarnos, lo que constituye de por sí una voluntad autónoma, sino, como acabamos de referir, la *libertad*, y sólo ella. Si primero identificábamos la razón práctica con una voluntad autónoma, ahora identificamos la voluntad autónoma con la libertad, con lo que unimos del único modo posible, a través de la voluntad autolegisladora, el *principio* de la moralidad, el imperativo de la razón práctica, con la que es toda su *condición de posibilidad*, la libertad.

La concepción de una autonomía de la voluntad consuma la separación entre el ser (de la naturaleza o de la cultura) y el *deber ser* a que apunta una moral de la *razón práctica*. Una razón práctica, empero, no «sustancialista», como en Aristóteles y la metafísica especulativa; ni «instrumental», cual aparece en el utilitarismo contemporáneo; sino *procedimental*, fijada sólo en la forma o procedimiento del pensar, a fin de que sus principios sean válidos en un sentido universal. Con dicha separación la ética se independiza en su raíz de doctrinas o normativas de cualquier signo material: científicas, políticas, metafísicas o religiosas. Al mismo tiempo, la ética da razón de una *moral autónoma* sólo con fundamento en el ejercicio consistente del razonar. Éste sí puede admitir luego, pero ya como «objeto» de la moralidad, todos aquellos elementos materiales de la cultura que se adapten al requisito de la universalidad. Elementos que tuvieron que descartarse, en principio, como *fundamento* o raíz de la moralidad.

Seguir pensando, pese a todo, la autonomía de la voluntad como una libérrima y gozosa «emancipación» de cualquier condicionante del querer, no sería, de acuerdo con lo explicado, más que un craso error. Aquí no se ha ofrecido una teoría *negativa* o sólo «emancipacionista» de dicha autonomía, porque tan pronto como una moral de la razón práctica procedimental, en los supuestos kantianos, tiene que conceder espontaneidad o independencia al querer, *sujeta* por lo mismo a éste —por la *libertad*— al canon imperativo, la *ley moral*, que ha permitido el descubrimiento de nuestra autonomía y libertad. En la independencia de la voluntad moral de toda otra suerte de leyes, pasa a depenerse, nada más, pero nada menos, de la propia ley moral que ha hecho posible dicha independencia. De este modo la autonomía de la voluntad ha podido rehuir tanto la heteronomía cuanto el puro azar o indeterminación del querer.

Hasta aquí hemos explicado la autonomía como «propiedad» de la voluntad que a la vez es *principio* y *regla* de un querer moral. Sin embargo, ese concepto fundamental del conocimiento práctico lo es también, en buena medida, del conocimiento teorético de la persona. Pues la autonomía de la voluntad se traduce en este otro plano como aquel estado del individuo por el que éste consigue desplegar todas sus «disposiciones» o aptitudes (*Anlagen)* del psiquismo en sólidas capacidades o «facultades» (*Vermögen)* del conocer en general.

En la ocasión, así, de la autonomía moral, se pone de manifiesto que estas facultades son propiamente «poderes», *posibilidades de acción*. Las facultades manifestadas con la autonomía moral van a permitir que el sujeto sea, a la postre, un ser *activo* más que receptivo entre los otros seres (*Anthropologie*, § 7). Esto es, que obre con espontaneidad frente a la naturaleza y a toda imposición de sus congéneres.

LA CRÍTICA DE SCHELER A KANT

El autonomismo ético de Kant se remonta hasta los orígenes de la filosofía moral. Sócrates y las llamadas «escuelas socráticas» abogaban por el descubrimiento en uno y por uno mismo de todos los principios morales. Mientras que los sofistas se proponían apartar a éstos de los principios naturales, con la consiguiente situación de escepticismo para la ética de entonces, Sócrates cree que el hombre puede buscar por sí mismo la verdad a través del arte mayéutica (*Teeteto, Menón)*. En la ética éste conduce, tras el proceso de diálogo *ad extra* y *ad intra* que lleva en sí, a tomar por única ley de la voluntad el principio, pues, del razonamiento o pura reflexión. El hombre moral sólo depende de la razón y ésta es algo que sólo depende de él.

También en los antiguos cínicos, antes incluso que los estoicos, vemos algunos trazos de lo que será después doctrina de la autonomía moral. Valga, siquiera, la referencia que nos da Diógenes Laercio (*Vidas*, VI) de Antístenes y de Diógenes de Sínope, al que Platón tildaba de ser «un Sócrates enloquecido». El modelo cínico, *bíos kynikós*, nombre impuesto por sus propios detractores, ensalza la *enkráteia* o autodominio como principal excelencia del carácter. El *enkratés* —opuesto así al que padece *akrasía* o incontinencia— recoge en su conducta los ideales, por otra parte, de la *autárkeia* (en nuestro lenguaje, «autosuficiencia» de uno mismo) y de la *apátheia*, o impasibilidad frente a los estímulos de la sensibilidad. El autocontrol propugnado por estos filósofos socráticos marginales huelga decir que requiere esfuerzo (*pónos*) y firmeza (*kartería*): por eso toma como modelo al héroe Heracles. Pero sólo de quien posee esta virtud de la fuerza sobre uno mismo podrá decirse que es «ciudadano del mundo» (*kosmopolités*) o individuo cuyo estatuto moral es válido en todo lugar.

La ética formalista de Kant, coronada con la afirmación de la autonomía como principio y valor de la voluntad, significa, en otro tiempo y contexto, el mismo alegato en pro de un autodominio del querer. Pero justamente por centrar este atributo en la voluntad, y sólo en ella, va a recibir por parte de Max Scheler, más tarde, una de las más afortunadas críticas a su concepción de la autonomía y, por ende, de la ética formalista. Para el *personalismo* ético de Scheler la autonomía moral debe predicarse del agente en toda su actividad espiritual. De otro modo, como hiciera Kant, sería caer en una pobre versión subjetivista de la autonomía: aquella que identifica a ésta sólo con el querer, y con la *forma* sólo del querer.

He aquí, muy brevemente, el hilo de la argumentación contenida en su *Ética* (1916). Kant, dice Scheler, establece la autonomía en tanto que predicado de la razón «... siéndolo solamente —añade— de la persona como de la incógnita que participa de una actividad racional» (*ib.*, I, 301). Queda negada la autonomía como predicado de la persona en cuanto tal. Eso es debido a que el autor de la *Crítica* no ha tenido en cuenta que hay, en realidad, dos modalidades de autonomía moral. Por un lado ésta existe en la *intuición* como sentimiento intencional de los valores humanos en general (*Wertgefühl*). Con esta intuición peculiar el espíritu reconoce, aprecia y prefiere tal o cual valor en particular. Por otro lado hay una autonomía del *querer* mismo. Si ella faltara tendríamos que hablar de una voluntad forzada. El caso es que para que haya auténtica autonomía de la persona, con el consiguiente «relieve moral» (*ib.*, 302) de ésta, dice Scheler, deberán reunirse ambas clases de experiencia. No hay plena autonomía con el solo acto del «querer» considerado por Kant, sino con todos los actos concernientes al espíritu, empezando por aquella intuición de los valores que pertenece a lo emocional del espíritu (*das Emotionale des Geistes*). Pronto, sin embargo, aparece lo más distintivo del planteamiento del asunto. Scheler afirma que una buena acción no es necesariamente una acción autónoma de quien particularmente la ha llevado a cabo. Podemos, en efecto, preferir un acto bueno sin autonomía, por nuestra parte, en la intuición de este acto (p. ej., como propuesto a nosotros por la tradición) y, no obstante, no por ello dejará de ser bueno dicho acto. Lo único que no habrá habido es «relieve moral» o autonomía plena de la *persona ejecutante,* aunque todo acto moral sea, en general, proveniente de «la» persona (*loc. cit.*).

Como se ve, la discrepancia con Kant es manifiesta. Nuestro autor de ahora recoge, sin duda, la huella nietzscheana de la importancia concedida a la cultura y a los «valores» en la ética, hasta el punto que él querrá hacer de la suya una *ética material de los valores.* La conducta moral, piensa conforme con ello, puede ser heredada, aprendida de otro, y con todo seguir siendo buena en sí misma. Kant negaba expresamente esta posibilidad: ni siquiera la imitación, sin más, del acto bueno merecía llamarse acto bueno. Es lo que Scheler llama el «giro subjetivista» de la ética emprendido por su antepasado alemán. Un querer autónomo ha de poder ser compatible, en cambio, con una intuición no autónoma de lo bueno. De otro modo: ¿cómo podrían ser buenos aquellos actos realizados por emulación?, ¿cómo sería posible la transmisión de la cultura moral? El filósofo escribe entonces: «No tendría sentido poner como condición de toda conducta buena que nos es imputable el seguir la intuición propia al enjuiciar cada uno de los proyectos particulares de nuestra voluntad, puesto que podemos llegar a la intuición de que otra persona, con arreglo a su esencia individual, es moralmente mejor y superior a nosotros mismos» (*ib.*, 308).

En el concepto kantiano de autonomía se excluye, según Scheler, toda «educación e instrucción morales», e incluso —lo que sería más elevado— el «seguimiento del ejemplo puro y bueno ofrecido intuitivamente por la persona buena» (*ib.*, 309). Nuestro autor admite, en contraste, una idea de la misma como participante en una comunidad de valores, donde los valores son esencias *a priori* con una jerarquía propia y que se proponen a sí mismas (*selbstgegebene*) ante una intuición emocional (*Wertgefühl*) del sujeto dispuesta *ad hoc* para ello. De modo que todos los valores lo son, al fin, de la *persona* (*Personwerte*). En el esquema de Scheler la plena autonomía individual, el *relieve moral* de la persona, se logra cuando además de la autonomía del «querer» se da una autonomía del «intuir» esos valores objetivos. Pero mientras se conserve al menos la primera, aunque esta segunda se dé sin *explícita* autonomía, indirectamente a través de la imitación de otro captador, podrá seguir hablándose 1) de una acción *moral* y hasta 2) de una genérica «autonomía de la persona»: si no pensamos, en este caso, en la figura del agente no autónomo, sino en la del modelo personal que ha seguido. La autonomía siempre es predicado de la persona, nunca de una sola de sus facultades.

El formalismo de Kant no hubiera admitido, por su parte, ninguna autonomía moral si ese mismo esquema scheleriano del «intuir» lo hubiéramos aplicado al «razonar». Pero eso, repetimos, habría sido aún, según Scheler y su *ética material de los valores*, recaer en el subjetivismo moral, que implica el naufragio de la cultura como heredad.

La heteronomia moral

Heteronomía (*Heteronomie*) moral es para Kant el valor de una voluntad condicionada a su objeto —al revés de lo ocurrido con la autonomía moral (*Grundlegung*, Ak. IV, 441)—. Ello quiere decir que la voluntad, según sea la naturaleza de su objeto —físico o mental—, ha tenido que obedecer una «ley otra» (ley natural o suprasensible, respectivamente) que la ley moral que nos hacía hablar, en cambio, del valor de una *autonomía* de la voluntad, y, con ella, de la moralidad: «Dondequiera que un objeto de la voluntad se pone por fundamento para prescribir a la voluntad la regla que la determina, es esta regla heteronomía» (*ib.*, 444).

En la heteronomía el principio de determinación del querer reside en la *materia* de su máxima (el «objeto» del querer). En la autonomía el mismo principio lo suministra únicamente la *forma* de la máxima, es decir, su carácter racional, con la inmediata validez general que ello supone. Damos, pues, el valor de autonomía a una decisión moral cuando ésta es el resultado de una *autodeterminación* de la voluntad. Aquello que se hace valer aquí es la voluntad en sí misma, sin relación con su objeto, lo que sería calificado, por lo contrario, como una heteronomía de la decisión moral. Una moral heterónoma es aquella, pues, cuyo principio no radica en el querer mismo. Así, por ejemplo, el eudemonismo, el hedonismo, el utilitarismo, el positivismo o la teología moral, no representan una moral autónoma porque sus principios coinciden con lo que está, de antemano, al término del querer —el cielo, el bienestar, la sabiduría, etc.—, no con el tipo del querer mismo, y más explícitamente con el querer no condicionado a su término.

Kant establece dos clases de principios que pueden dar origen a una voluntad heterónoma. Los hay empíricos, o derivados de un principio general de *felicidad*; y racionales, provenientes del principio general de aspiración del querer a la *perfección*. Estos últimos suelen pertenecer a la ontología y a la teología. Los primeros, a la psicología de los sentidos y del sentimiento moral. Todos, sin embargo, tienen su origen fuera de la voluntad, son «doctrinales» (*Lehrbegriffe*), por lo que no podremos más que construir imperativos hipotéticos sobre ellos: haz tal cosa si quieres tal otra. Conducen, en fin, a una voluntad condicionada a su objeto. En este caso: «La voluntad no se otorga a sí misma la ley, sino que es un impulso extraño el que le da la ley por medio de una naturaleza del sujeto, acorde con la receptividad del mismo» (*loc. cit.*). Esta heteronomía de la voluntad es la fuente de todos los principios falsos (*unächten Prinzipien*) de la moralidad que referíamos antes. Cuando, así, la *forma del querer* (*Form des Wollens*) no es fundamento de la decisión moral, sino que ésta se ha basado en principios extraídos del objeto mismo de la voluntad, no puede mantenerse, según la heteronomía revelada con ello, que estos principios y aquella decisión sean propiamente morales. La moral no puede concebirse, sin hacer burla de su propia ley, como el medio para la satisfacción de un fin extraño a ella, sea puesto por la Naturaleza (v.g., el instinto, el sentimiento) o la Cultura (v.g., el deseo, el interés). Si éstas, a través de principios, se ponen en lugar de la ley moral, la decisión resultante no es autónoma ni moral siquiera.

Para que haya tal cosa es preciso una autodeterminación de la voluntad, con el consiguiente valor de autonomía atribuible a ésta. Así concluye la teoremática de la razón práctica en la segunda *Crítica*, cuyo cuarto teorema recuerda que la heteronomía del querer —expresada en principios *doctrinales*— no funda obligación moral alguna. El principio *único* de la moralidad es la autonomía que se expresa con la ley moral, un principio no material, formal, vacío de «doctrina» cualquiera. Sin embargo, sólo él nos obliga en sentido ético. Si una norma, una decisión *valen para todos*, tienen ya identidad y fuerza obligante moral. No es aquello que la elección refiere lo que nos dice de su moralidad, sino la validez general que acompaña a dicha elección. Únicamente ella nos habla de su moralidad y del valor de «autonomía» de la voluntad que se ha pronunciado con ella (*K.p.V.*, Ak. V, 33).

«Felicidad» y «Perfección», como quieren las éticas heterónomas, no son el fundamento de la moral: es ésta, a la inversa, el único fundamento de aquéllas. Éste es el corolario de la ética autonomista de Kant, que despega así a la ética de los principios dados al margen de una determinación racional de la propia voluntad. Estos principios eran los mantenidos en su tiempo por el empirismo, de una parte, y el racionalismo dogmático, flanqueado por la teología moral, de otra parte. Pero aún hoy la ciencia y la religión, principalmente, siguen dando ocasión a la heteronomía de la voluntad, con todos sus consiguientes «principios falsos de la moralidad», como diría Kant. Bien es verdad que ya hubo un amago de crítica a la heteronomía científica en la denuncia de Hume hacia los juicios con «debe» derivados inadvertidamente de juicios con «es» (III, 3). Incluso un teólogo moral, Tomás de Aquino, había pensado, mucho antes, que no puede haber en la ética una heteronomía religiosa completa: el conocimiento de la religión no es esencial en la justificación moral (*Summa*, I-II, q. 93, a. 2). Pablo de Tarso sostiene algo análogo: «En efecto, cuando los paganos que no tienen ley cumplen por inclinación de la naturaleza los preceptos de la Ley, ellos, sin tener ley, son ley para ellos mismos; así demuestran que las obras de la Ley están escritas en sus corazones» (*Rm.*, 2:14-15).

Sin embargo, tanto la ley religiosa como la ley científica reemplazan a menudo en la ética la función de la ley moral. O, en otros términos, frecuentemente derivamos las reglas morales de principios de fe o de principios de la experiencia. Ello abre paso a las diferentes *teorías institucionales de la justificación moral*. Se trata de todas aquellas doctrinas éticas que extraen el fundamento de la moral de instituciones como las mencionadas —ciencia, religión—, aunque también de otras ordenaciones culturales: costumbres, códigos de grupo, opinión pública, legislaciones jurídicas. Conceden, pues, a la moral un principio heterónomo. Algunos filósofos han admitido este tipo de justificación institucional y heterónoma de la moralidad. Descartes y Hegel, por ejemplo, creen que siempre que exista un conflicto entre la opinión privada y la opinión pública, ésta debe prevalecer sobre aquélla. La cartesiana *morale par provision* (*Discurso*, III), con su llamada prologal a observar, en cualquier caso, las leyes, costumbres y religión del propio país, es quizás el más resuelto homenaje que un pensador haya rendido a la heteronomía moral. Pero una justificación de tal guisa no es consistente a la luz de la argumentación. Volvamos ahora a la ciencia y a la religión. Sin ir más lejos: ¿cómo justificar racionalmente una moral sobre la ley de un Jehová que gusta de la venganza y del sacrificio de los suyos?, ¿cómo justificar imperativos de respeto y amor, por otra parte, sobre los postulados de la etología de Lorenz, que admite «por naturaleza» la agresividad? Ni lógica ni psicológicamente las normas derivadas de una y otra legislación parecen demasiado convincentes.

No se da autonomía de la voluntad si no es mediante una decisión por argumentación racional. Por eso los ataques más duros contra la ética autonomista han provenido de los autores religiosos, que anteponen las verdades de fe a los juicios de razón, o, en otras palabras, la «teonomía» a la ética. El agustinismo, la Escolástica y el calvinismo son capítulos históricos que expresan la renovada hostilidad de la teología moral hacia la ética de la autodeterminación racional. Mientras tanto, y pese al indudable respeto que a veces infunden sus preceptos prácticos, la moral religiosa —cuando no *religionista*— marca en la voluntad una impronta de heteronomía como apenas la moral más «científica» que se preciara llegaría a conseguirlo. Esto se debe, a nuestro juicio, a dos motivos fundamentales.

En primer lugar, en la heteronomía religiosa no es posible atender a contraargumentación alguna a la hora de proponer y defender normas para la moral. Ante el dogma o la creencia de fe, actuantes en principios prácticos de orden moral, un aporte cuando menos de *información*, a fin de rectificar tales principios, es algo que está desautorizado ya de antemano. A la inversa, en la heteronomía científica los principios son susceptibles de cambio por mor de la información. En segundo lugar, el grado de heteronomía mayor que observamos en la moral religiosa se cumple al mandar ésta sobre la voluntad acudiendo a un determinante sobrenatural. Conforme con éste, dicha moral nos dice aquello que *debemos* hacer, lo que constriñe más a la voluntad que aquélla que por sí misma, como por ejemplo la moral «científica», sólo nos puede decir lo que es predictible o «natural» que hagamos. En una palabra, la heteronomía religiosa supedita más nuestra voluntad, porque a diferencia de la heteronomía experimental sólo ella nos hace sentir *obligados* por algo.

Reparemos ahora en la heteronomía científica. La tesis de «seguir la naturaleza» no es demasiado más consistente que la de seguir la ley de lo sobrenatural: entiéndase que hablamos del plano de la conducta *ética* y sólo de éste. El dictado de hacer lo natural lleva seguramente al sacrificio de todos los que lo aplican. Filósofos empiristas, como Hobbes y Mill, reconocen que hemos de superar el estado de naturaleza, donde ni siquiera la compasión es un sentimiento garantizado. Escribe Mill en *Nature and the Utility of Religion* (1874): «Incluso el amor por el "orden" que se considera como una consecuencia de los hechos de la Naturaleza, es, en realidad, una contradicción de ellos. Todo lo que la gente acostumbra a condenar como "desorden", y sus consecuencias, son precisamente una imagen de los caminos de la Naturaleza. En injusticia, en ruina y en muerte, la Anarquía y el Reino del Terror son superados por el huracán y la peste» (Mill, *Tres ensayos*, 74-75). Por la misma época, la filosofía próxima al darwinismo admite que no hay que seguir las leyes de la naturaleza sin hacer distinción entre sus objetos. De lo que se trata, dice Spencer en *The Data of Ethics*, es de seleccionar aquellas leyes que expresen la tendencia *más evolutiva*. Ahora bien, si hemos de moderar la heteronomía experimental de la voluntad según órdenes de leyes que se impongan sobre otras, vamos a tener que enfrentarnos con algunos problemas insolubles. Así, si la naturaleza toma muchas direcciones, ¿cómo adivinar, desde un buen principio, cuál de ellas es la mejor, la más «evolutiva»? Los criterios para seleccionarla son varios y divergentes, atendiendo incluso al estricto enfoque científico de la elección. Unos, por ejemplo, tratarían de promover al hombre de mente creativa, mientras que otros lo preferirían con una inteligencia meramente adaptativa. Entonces, cuando decimos que hay que desarrollar una tendencia natural con preferencia a otras, ¿no estamos ya actuando al margen de las premisas experimentales, donde es absurdo esperar ver tendencias «ideales»?

Un autor célebre por su defensa de la heteronomía moral de signo científico es el psicólogo conductista Skinner. Sus propuestas concluyen en una teoría de la educación y, a pesar suyo, de la «moral», por cierto duramente criticadas por su compatriota el lingüista Noam Chomsky. Puede tomarse como referencia su novela utópica *Walden Two* (1948) —reconsideración, a su vez, de la *New Atlantis* de Bacon—, pero para nuestro caso es más útil referirnos a *Ciencia y*

241

conducta humana (1953), uno de sus tratados más sobresalientes y comprometidos con la ética. La ciencia, nos dice, conduce inevitablemente a un modelo práctico de conducta. Hemos de estar preparados para adoptarlo, pero pocos están dispuestos a imitar, en este sentido, el ejemplo de Darwin y Copérnico. Con todo, debemos reconocer, desde un punto de vista científico, que nuestra conducta está determinada y regida por leyes naturales (*Ciencia*, 38). Si alguien nos espeta, sin embargo, que no menos determinantes son en la vida práctica los «juicios de valor», nos corresponde aclararle que ya hay teorías científicas que vienen a defender lo mismo que tradicionalmente se defiende en las doctrinas morales. Lo que ocurre es que éstas no han demostrado hasta ahora casi ninguna capacidad para producir los cambios que proponen (*ib.*, 39-40).

Con los modelos de vida sustentados desde la ciencia no va a pasar lo mismo. El viejo mandato *ama a tu prójimo*, por ejemplo, puede ser mucho más creíble y operante si lo traducimos científicamente por 1) «la aprobación de tu prójimo es algo positivamente reforzante para ti», y 2) «amar a tu prójimo merece la aprobación del grupo del que formas parte» (*ib.*, 451). Vemos, pues, que lo verdaderamente decisorio para un modelo de conducta es un medio ambiente social respetuoso con la ciencia. El «hombre interior libre» es una entelequia precientífica. No el individuo, sino el medio cultural científico, en concreto, va a ser el agente de la expulsión de prejuicios tales como la libertad y la dignidad (*ib.*, 469-470). Con todo eso, sólo habría una cosa esencial que objetarle a Skinner: si la cultura científica, y no la pura naturaleza, es lo que determina y transforma al hombre, ¿no es acaso el hombre el que ha determinado y transformado antes a la cultura con una forma tal? La heteronomía, al igual que en la ética evolucionista anterior, conduce aquí a la misma aporía de una conducta «científica» sobre un supuesto extracientífico o «moral». Apuntando a esta aporía, al final de la citada obra se dice expresivamente: «Pero también las culturas cambian o perecen, y no debemos olvidar que han sido creadas por la acción individual y que sobreviven sólo debido a la conducta de los individuos» (*ib.*, 470).

Desde cualquier perspectiva heterónoma de la ética es muy difícil explicarse, para poner un caso, una conducta como la seguida por la joven Alcestis, según el drama de Eurípides con el mismo nombre. Ella es la única hija que pese a las presiones de Medea y sus otros hermanos no participa en el asesinato de Pelias, su padre. También es la esposa que por amor a su marido y a sus hijos se ofrece a dar su vida a cambio de la de aquél. Alcestis actúa por el más puro amor desinteresado. Platón dirá de ella, en *El banquete*, que representa la esencia divina del amor. Claro es que un obrar autónomo no significará siempre una acción heroica como ésta. Pero decir simplemente la verdad, aun cuando ello nos perjudique, y actuar con un recto sentido de la justicia, aunque no esperemos de ello el premio o el castigo de un Juez supremo, son acciones, entre otras que llamamos correctamente *morales,* que disuelven la más leve duda sobre la posibilidad de una autonomía de la voluntad.

Incluso al margen de lo que disponga una ética de la autodeterminación racional, un valor de *autonomía* para la voluntad queda manifestado también en la experiencia cotidiana a través de conductas tan variadas como la revisión generacional de los jóvenes, la autodefensa de los grupos sociales más oprimidos o el histórico combate de muchas personas de ciencia y de letras contra el dogma y la superstición. Por lo demás, es mucho más común todavía el hecho de que tendemos antes a estimar y a declarar como propiamente moral la conducta realizada *a pesar* de los obstáculos físicos o ideológicos interpuestos a la voluntad, que a hacerlo sobre aquella que —incluso con iguales o superiores buenas consecuencias— se ha realizado siguiendo la inclinación del sentimiento, del deseo o del interés egoísta, que conducen a la voluntad directamente y sin trabas hacia su objeto.

Aclaración sobre la autonomía

La autonomía de la voluntad es una cualidad y a la vez un principio de dicha facultad humana. Ambas cosas hacen posible la autonomía moral. No de otro tipo, como la autonomía física, psicológica o política, aunque la autonomía moral ayuda también a éstas.

Con la autonomía moral no se defiende, sin embargo, la autosuficiencia del sujeto, la personalidad individualista, ni la ideología, en particular, del liberalismo político, con su «yo» como estricto portador de intereses. La autonomía moral es compatible con la existencia y el reconocimiento de un yo *interdependiente,* no descargado de sus vínculos inalienables con la familia, la comunidad, su entorno cultural y desde luego consigo mismo, en tanto que este yo forma parte de un cuerpo y está afectado por necesidades e inclinaciones de todo tipo.

La ética occidental, especialmente desde la Ilustración europea, está basada, en cambio, en un yo como una especie de «preferidor racional» que tiene por función elegir soberanamente entre intereses en conflicto, sin la presión de otros agentes ni de sí mismo, por ejemplo afectos o temores. Pero este yo «descargado», además de una entelequia, se parece demasiado al yo del individualismo occidental como para continuar pensando que es un yo imparcial y libre de deudas con la naturaleza y la cultura. Ya Hegel criticó en este sentido a Kant, y Marx lo hizo después con Hegel, y la filosofía postmoderna y multiculturalista con la propia Modernidad, hasta Habermas y Rawls. Así, escribe la feminista Carol Gilligan: «La psicología de las mujeres, descrita consistentemente como distinta, por su mayor orientación hacia las relaciones y la interdependencia, implica un modo de juicio más contextual y un entendimiento moral diferente. Dadas las diferencias en la concepción del yo y de la moralidad, las mujeres traen al ciclo de la vida un diferente punto de vista y ordenan la experiencia humana en términos de las distintas prioridades» (*In a different voice*, I).

La autonomía moral se basa en el individuo, pero no en éste como agente separado y en competición con el resto. Supone también la autocomprensión del sujeto, es decir, capaz de interrogarse a sí mismo y, en la práctica, de determinar sus propios actos. Lo que no equivale a considerar al individuo como simple portador de intereses egoístas. Y la autonomía supone, claro está, la libertad individual, pero añadiendo —para utilizar la distinción hecha por Isaiah Berlín— a la «libertad negativa» de estar libre de obstáculos la «libertad positiva» de responsabilizarse de uno mismo. Autonomía no es independencia absoluta, sea de la naturaleza, de la comunidad, o de la propia identidad personal, con sus memorias e inquietudes. La autonomía es, pues, interdependiente. La ética no se produce en el vacío.

Una moral autónoma no es una moral heterónoma, y viceversa. Pero más allá de los principios, no hay una antítesis clara entre la autonomía y la heteronomía de la voluntad, si consideramos por lo menos las condiciones, medios y contexto de aplicación de ésta. La voluntad, o *capacidad de motivación* de la conducta, es un conjunto de disposiciones naturales y culturales del individuo, y por lo tanto no hay antítesis en su interior, sino diferencias de grado. Si trazamos un número determinado de intervalos sobre una línea continua entre el polo de la autonomía y el de la heteronomía, veríamos que la autonomía comprende un máximo de intervalos a partir de este polo en dirección al opuesto; y la heteronomía lo mismo, pero desde este otro extremo.

En unas ocasiones la libertad de decisión estará poco a nada condicionada por elementos tales como la salud, la cultura, la situación económica o el entorno político, y hablaremos, en correspondencia, de menos o más autonomía de la voluntad. En otras, estos elementos presionarán con mayor intensidad o totalmente sobre la libertad de decisión, y hablaremos, respectivamente, de menos o más heteronomía. Dicho de otro modo, entre la autonomía y la heteronomía existe un continuo, y cualquier acción moral se sitúa en algún punto de esta línea. No hay una zanja entre el mundo personal más propio y el mundo impersonal de nuestra biología o de la realidad natural circundante. Menos aún entre este mundo propio y el mundo transpersonal de la sociedad de la que somos miembros.

Es por ello una ilusión, un «espejismo del sentido», pensar que ser autónomo es como estar fuera de dicha continuidad entre la libertad y la necesidad. En algo seremos aún heterónomos, y quizás queramos a veces que así suceda. En especial, con nuestros seres más queridos, o ante cualquier entidad o representación de la que libremente queramos depender. Hablar de una autonomía interdependiente no es ningún contrasentido.

2. Lo bueno moral

En el drama *Julio César*, de Shakespeare, Bruto se dirige a la multitud para justificar el asesinato de César. Se escuda en las virtudes republicanas y consigue la adhesión del pueblo. Pero a continuación habla el viejo amigo del dictador, Marco Antonio, y logra con su discurso funerario exaltar al gentío contra Bruto. ¿Cómo es posible que un mismo espectador, ante una misma acción —el asesinato de César— e idénticas circunstancias sea capaz de cambiar tan radicalmente de opinión? Lo que nos sugiere esta mutación es, por lo menos, que existen diferentes maneras de concebir lo que está *bien* y lo que está *mal*, y que esto depende, en parte o totalmente, de la perspectiva moral adoptada en nuestra opinión.

VARIEDADES DE LO BUENO MORAL

Hemos tratado con anterioridad sobre las reglas morales y la autonomía de la voluntad que algunas de ellas presuponen (V, 1). Pero ninguna norma ética se establece sin que se acompañe, a su vez, de alguna idea de lo *bueno* enlazada con nuestra acción bajo dicha norma, para darle contenido o «sentido» de acción de *alguien* y para *algo*.

El «bien» o lo bueno moral, sin más, es una cualidad atribuida a nuestra voluntad, a nuestra acción en general, o al *objeto*, en particular, de esta acción, cuando consideramos en cualquier caso que se ajustan a lo «deseable» o «debido» desde un punto de vista moral. Esta afirmación admite implícitamente que hay un doble sentido de lo bueno. En efecto, podemos hablar de algo bueno en un sentido moral. Pero también como algo que no tiene nada que ver con la moral. Si digo «lleva una buena vida» no representa lo mismo que decir «lleva una vida buena». En este caso me refiero a lo bueno moral. En aquél a lo bueno no-moral, al estilo de «este cuchillo es bueno» —no de «éste es un buen gobierno»—. Hay, por lo tanto, una frontera entre lo bueno moral y lo bueno no-moral, si bien, como toda frontera, es litigiosa. Aproximativamente puede admitirse, ayudados de Moore (III, 4), que lo bueno moral, el «bien», es irreducible a propiedades naturales o descriptibles empíricamente, mientras que lo otro bueno sí puede descomponerse en propiedades de esta índole. Semejante compromiso provocaría el rechazo de algunos filósofos empiristas, pero no pocos de ellos se alinearían con él, yendo en este punto a la zaga no sólo de Moore, sino de la filosofía griega y de Kant; por lo menos.

Aunque fuera así, no habría obstáculo, por otra parte, para dar por cierto, tal como reconoce Von Wright en *The Varieties of Goodness*, que la idea de bueno moral es derivativa, por génesis cultural, de la noción de bueno en un sentido no-moral: de lo «bueno», por ejemplo, de un carácter o de una obra para satisfacer tal o cual perentorio propósito. Con el andar del tiempo ese «bueno» se convertirá en bueno moral y aun en el «bien». Es decir, en una cualidad o predicado válidos ahora ya por sí mismos. Una transformación, por lo demás, sobre la cual abominaba Nietzsche, puesto que implicaría una *inversión* de valores (*Umwertung der Werte*): de lo bueno como «noble», por apropiado a una realidad afirmativa, a lo bueno como «puro», por negador de ésta (*Genealogía*, I, § 5-8). Admitido, pues, que genealógicamente *bueno* o *bien* derivan de «bueno» en sentido no-moral, todavía cumple distinguir entre otras dos acepciones del primer término. El hecho es que dentro del contexto ético se utilizan hoy, muy distintamente, *bien* o *bueno* unas veces como adjetivo («Juan es un buen chico») y otras como sustantivo («Juan sabe lo que es hacer el bien»). En el primer uso nos referimos a la cualidad de un objeto: la bondad es predicado y sólo eso. En el segundo hemos sustantivado ya aquella cualidad. Nos encontramos ante un «transcendental»: el Bien. Sin embargo, dentro del mismo contexto ético es más usual tomar *bien* o *bueno* en aquel sentido que en este último, prácticamente desaparecido ya del lenguaje ético contemporáneo, tanto común como académico.

Hasta aquí hemos citado algunas variedades *pro forma* de la idea de lo bueno. Hora es de recordar que no son éstas, sino las múltiples versiones *doctrinales* de dicha idea lo que ha motivado que muchos filósofos, a lo largo de la historia, se hayan preocupado de averiguar qué cosa es lo bueno moral para todos y en toda ocasión. Es, si se quiere, la tradicional pregunta sobre el *bien*. Una cuestión que no se plantearía sin haber antes levantado acta sobre las muchas opiniones existentes en torno a este concepto: así, lo bueno como lo asociado con el placer, la utilidad, el ideal, la actitud, etc., según cada individuo, grupo o sociedad que lo piensen. En las páginas que siguen mencionaremos algunos de los más conocidos planteamientos en torno a esta idea, agrupándolos, para seguir un cierto orden, en aquellos que relacionan su naturaleza con el principio de la *perfección*, los que la cifran en la *felicidad* y, finalmente, ya en el próximo capítulo, en aquellos que la sitúan en la perspectiva de una *autonomía* personal.

Veamos, en primer lugar, el *teologismo platónico* del Bien. Sócrates, en el *Gorgias,* le responde a Calicles que la antítesis entre lo bueno y lo malo (*agathón* y *kakón*) no es reducible, sin caer en el absurdo, a la dualidad de placer (*hedoné*) y dolor (*álgos*). El mal es un empeoramiento del alma, el resquebrajamiento de una voluntad entera. Y la peor de las cosas malas es cometer una injusticia (475 c), algo más lacerante todavía que tener que padecerla: puede convertirse en un mal *crónico* que deje al alma *gangrenada e incurable* (480 b). El filósofo aduce, por consiguiente, la naturaleza moral de los conceptos de bien y mal, recordando, de paso, que lo placentero y lo doloroso no son, como se piensa, términos opuestos (495 e). Pueden incluso coexistir juntos: el dolor de una picadura y el agrado en refregarla. De modo que Sócrates distingue ya muy bien entre el dolor y lo ciertamente displacentero, una distinción que se admite hoy, en ocasión, siquiera, de los que hallan en el dolor verdadero placer.

En el *Filebo* la concepción del bien se adapta al canon del clasicismo cultural griego. Dícese que son buenos el placer y —ahora— el conocimiento. Pero ninguna de estas cosas es buena por sí misma. La vida buena es una mezcla de todas esas cosas que llamamos buenas, pero siempre en una mezcla justamente proporcionada. La primera nota del bien es, pues, la *symmetria* de sus partes (61 b). Siendo así que lo bueno se corresponde con lo bello (*kalós*). De esa correspondencia surgió, en fusión, el reconocido ideal ateniense de «íntegra probidad» del ciudadano: la *kalokagathía.* En la *República,* por otra parte, el Bien —el supremo bien— es la felicidad (*eudaimonía*), pero entendida ésta como «contemplación» de la idea o «forma» (*eidos*) del bien mismo. Esta experiencia es privativa del filósofo, pues el Bien es idea o *forma en el alma* de algo que está «más allá del ser». Luego es forma «suprema», también, que merece su identificación con la vida mejor. Dice Platón de esta forma o idea que es como el sol del mundo inteligible, y aun pone en boca de Sócrates que el propio sol es «hijo del bien y sumamente semejante a éste». El Bien no es sólo un universal moral, un objeto del conocimiento, sino causa asimismo de éste, ya que proporciona la verdad a todos sus objetos, como la luz del sol ilumina a todas las cosas. Por esto es claramente superior a toda idea «en cuanto a dignidad y poder». Entonces Glaucón no puede menos que exclamar ante Sócrates: «¡Por Apolo! ¡Qué maravillosa superioridad!» (VI, 508 b-511 e).

La vida y sus actos son buenos si participan de la idea absoluta del Bien, con realidad inteligible subsistente por sí misma. Nada, fuera de ella, tiene bondad *per se*, viene a decir la teoría platónica de lo bueno moral. Finalmente, en *Las leyes* esta teoría se identifica con la contemplación de la idea divina: la perfección moral del alma se hace a rendida imagen de la perfección divina. Platón ya se había extendido varias veces (*Cratilo*, 386 ss., *Teeteto*, 152 ss.) contra la célebre sentencia de Protágoras *el hombre es la medida de todas las cosas*. En este diálogo de madurez vuelve a lo mismo para postular que todo hombre sensato «debe disponerse a ser de los que sigan al dios». Por donde *el dios, ciertamente, ha de ser nuestra medida de todas las cosas* (716 b-c). No es de extrañar, así, que el pensamiento religioso posterior siga en esto a Platón. Vamos a referirnos ahora al *teologismo cristiano* del Bien, igualmente basado en el principio de perfección del alma. Pero del alma en tanto que «espíritu» movido por una fe en Dios. Eso mismo va a hacer que en la Patrística y en la Escolástica el Bien no sea, sin embargo, algo independiente de las esencias, como recoge Platón. El Bien cristiano es también trascendente, pero además, y ahí está lo nuevo, *personal* para todo aquel que vaya confiadamente en su seguimiento. Ya no es el Bien encerrado en una objetividad que consiente sólo en ser «participada». El Bien alcanza también a los actos de quien lo persigue y la subjetividad que los sostiene. Se hace asimismo «subjetivo»: es un *appetibile*. Pero sin olvidar, por descontado, que si hay un apetito es porque existe antes algo apetecido. Sólo resta que la moral elija adecuadamente entre los apetitos para entresacar aquel que conduce a su bien supremo.

El Bien es lo *deseable*, pero lo «deseable» siempre en modo *necesario*, nunca gratuito o contingente. Pues lo ético, siguiendo lo religioso, es desear en conformidad nada menos que con un objeto divino. Si en Platón la ontología precedía, en la *República*, a la ética, en los filósofos cristianos no hay duda que es la teología quien la antecede. En ambos casos, el Bien, *appetibile* o no, es la noción de un absoluto metafísico situado en lo trascendente del ser y condicionante de nuestro deber, jamás derivable de éste. Agustín de Hipona hará coextensivo el bien inmutable de la verdadera felicidad (*beatitudo*) con el Ser creador hacia el que nos volvemos libre y amorosamente (*Confesiones*, IX, 18; XIII, 43). Para Tomás de Aquino, por otra parte, el *bonum* perfecto, constitutivo análogamente de la felicidad, se alcanza sólo con la visión de Dios, perfectiva de nuestro espíritu. De forma que Dios es bien y el único bien *necesario* para la felicidad: es *Summum bonum* (*Summa*, I-II, q. 4). Hay para los dos pensadores una consustancialidad entre el Bien y este Ser divino. El mal, por consiguiente, consiste en un mero «alejamiento» voluntario de este último.

La perspectiva de la felicidad

Con todo, la verdadera felicidad sólo es alcanzable, para la teología moral, en la vida futura. El bien perfecto queda, así, aplazado desde la vida presente. Nada de eso había sostenido, en cambio, Aristóteles. Sigue igualmente el eudemonismo ético de Platón, pero desde un principio de felicidad *realizable* que incluye siempre lo bueno en claro sentido inmanente. Su ética no quiere desbordar los límites de una «filosofía del hombre» (*anthrópeia philosophia*).

Antes de formular la identificación del bien con la *felicidad*, Aristóteles establece el primero en relación con su propio sistema de teleologismo metafísico: todo bien es un *fin* (*télos*). Puesto que cualquier acción tiende a un fin, éste será el bien (*agathón*) de toda acción (*Et. Nic.*, 1094 a). Luego, también, si hay distintos fines para distintas acciones, habrá indudablemente distintos bienes. El bien, como el ser, es analógico: se dice de muchas cosas y al mismo tiempo de muchas maneras.

Que hay bienes muy diferentes lo había sostenido ya Platón: los llamados exteriores, los del alma y los del cuerpo (*Las leyes*, 697 b; *Eutidemo*, 279 a). Sin embargo, pronto descubrimos que hay un bien por encima de los demás en razón del fin al que se adscribe. Cuando voluntariamente, en nuestra acción, nos proponemos un fin no condicionado a otro fin, o querido «por sí mismo», es evidente que éste corresponderá a lo *mejor* (*áriston*) de entre lo bueno (*ib.*, 1094 a 18). Este bien esencial, fin incondicionado, es la felicidad, el bien más noble de todos (*agathón kalón*). Los otros bienes se subordinan a él: el placer, la fortuna, la utilidad, etc., tienen, pues, en la perspectiva de un fin final, y aun siendo fines, la consideración de medios. Son los bienes que «contribuyen» a la felicidad, como el bienestar o la amistad, pero sin identificarse nunca con ella. A este respecto, los escolásticos distinguirían más tarde entre *bonum simpliciter*, o bueno por sí mismo, y *bonum secundum quid*, lo bueno «accidental».

La felicidad no es un bien meramente privado. Si es el más noble y perfecto de los bienes es por su naturaleza pública también. La felicidad consiste en «vivir bien y obrar bien», donde no se puede separar lo que es bueno para el ciudadano y lo que es bueno para la ciudad. Puede decirse, pues, que el bien más noble es un bien político y que su estudio pertenece a la *politeía*, la ciencia suprema —y que incluye lo que nosotros llamamos «ética»—, porque trata sobre el fin que han de cumplir todas las demás ciencias en la ciudad (*ib.*, 1094 b-1095 a). Si hay acuerdo, por lo visto, en que el *nombre* del bien en sí mismo es «felicidad», sinónimo de «vivir bien y obrar bien», no lo hay, en cambio —puntualiza Aristóteles—, sobre el *objeto* o contenido de esta idea general. Pues según sea el «género de vida» elegido, así será el contenido de la felicidad que nos proponemos encontrar. A su metafísica añade ahora una buena dosis de realismo: los hay que se inclinan por la vida voluptuosa (*bíos apolaustikós*), quienes prefieren la gestión de la ciudad (*bíos politikós*) y aquellos, menos, que eligen la «vida contemplativa» o encaminada al saber (*bíos theoretikós*) (*ib.*, 1095 b-1096 a). ¿Con cuál de las tres deberemos asociar la felicidad?

La respuesta empieza con una refutación del eudemonismo teologista de Platón y de los académicos que habrían pronunciado la última palabra sobre lo que debe tenerse por sumo bien. No puede haber una idea universal y única de Bien. En principio esta palabra se dice en la categoría de ideas muy diferentes entre sí: hablamos de lo bueno como cosa, medida, oportunidad, virtud... Si adoptáramos una sola idea absoluta para este término, la palabra «bien» ya no podría ser usada, por lo contrario, en todas las categorías en que conviniera hacerlo: como *sustancia, cantidad, cualidad, relación, tiempo, lugar* y otras (*ib.*, 1096 a 30). Si, en conclusión, el bien perfecto, la felicidad, fuera la idea platónica del Bien, las diversas especies de bien para una vida terrena de acción existirían en vano. No es el bien algo común en virtud de una idea; y si, además, ésta existiera por sí misma, como piensa Platón, «el hombre no podría realizarlo ni adquirirlo». Cuando, justamente, lo que buscamos en la acción es la posibilidad efectiva de unos actos y una vida buenos (*ib.*, 1096 b).

El bien querido por sí mismo, la felicidad, es del hombre y para el hombre. Además, la felicidad para él no es sólo un bien «perfecto», sino *suficiente:* pensamos que ella sola «hace deseable la vida».

Por lo cual habremos de admitir que el bien es común no en función de una idea o un dios, sino de «ciertas acciones y actividades», las que llenan de contenido la felicidad, y de la manera correcta, con arreglo a *virtud,* mediante la que desarrollamos todas estas cosas (*ib.,* 1098 b 10-32). En el libro X y último de la *Ética nicomáquea* se identificará la «felicidad perfecta» (*teleía eudaimonía*) particularmente con la actividad contemplativa o teorética (*theoría*). Ella nos abre las puertas del conocimiento («la parte más divina que hay en nosotros») y nos hace, asimismo, autosuficientes. Pero esta actividad no se realiza sin una virtud moral que le es propia, la *sophía* o sabiduría, la más intelectual de las virtudes. Por eso la clase de vida que resulta de aquélla es la que hace verdaderamente al sabio (*sophós*) (*ib.,* 1177 a).

EL EUDEMONISMO HEDONISTA

El libro VII de la *Ética nicomáquea* trata sobre la relación entre el bien y el placer. Para Aristóteles, a diferencia de Platón, lo agradable a los sentidos no es siempre, como afectación sensible, un obstáculo para la vida buena. Los placeres de la actividad contemplativa son un estímulo, incluso, para la felicidad (*Et. Nic.,* 1153 a), que por ser bien «perfecto» no admitiría carencias de este tipo (*ib.,* 1153 b). Placeres propios de la vida corporal y de la fortuna son asimismo contributivos de la felicidad —quienes lo niegan mienten bellacamente—, aunque deben usarse en equilibrio y con moderación, sabiendo de antemano que ellos por sí solos no constituyen la felicidad (*loc. cit.*).

No piensan así, sin embargo, los filósofos «hedonistas», que asocian el bien con el placer en general. El *eudemonismo* adoptará rápidamente este signo hedonista con Epicuro, en especial, y más modernamente con los autores utilitaristas. «El placer —escribe el primero en la *Epístola a Meneceo* (§ 129)— es el principio y el fin de una vida feliz, el bien primero y connatural a nosotros» (*Ética,* 95). Con todo, no hay que ver aquí una apología del placer indiscriminado. Todos los placeres naturales son buenos, pero unos, los de la amistad y el intelecto, son elegibles y otros no. Más todavía: el auténtico placer no es el que se da con el goce, «sino al no sufrir dolor en el cuerpo ni turbación en el alma» (*ib.*, 99, § 131). A veces el propio placer nos conduce a estos males, notoriamente cuando surge de la pasión. De modo que el máximo placer deberá ser, en cambio, negativo o «catastemático» (de *katástasis*, restauración del equilibrio), pues aquello que lo define es la eliminación de la inquietud (*alypía*) y del dolor (*aponía*). La vida feliz consiste en semejante estado de plena serenidad —*ataraxía*—, ganada, sin embargo, mediante la activa sabiduría, lejos de cualquier místico quietismo. El bien ya no se identifica platónicamente con la perfección. Ni es igual, según vimos después, a una felicidad de orden intelectual. Ante un tiempo de crisis y para hacer frente a la misma, lo bueno se perfila en la ética de Epicuro como la conquista o el reencuentro de una gozosa tranquilidad en la cercana convivencia y en la cuidada meditación. Lucrecio dirá de estos términos que son «los más dignos, en todo tiempo, de vida perdurable» (*De la naturaleza*, III, 13).

Un filósofo de la Ilustración, John Locke, desarrolla otra filosofía de la felicidad basada en el placer, el cual es definido como una aprehensión de la sensación. La felicidad es un deseo puesto en todos los hombres por la naturaleza, a la vez que ésta pone, por otro lado, la aversión a la miseria (*Ensayo sobre el entendimiento humano*, I, 26, 3). Es ley de la naturaleza (*law of nature*) que el hombre persiga el placer. Y el placer principal es la felicidad. Sin embargo, por esta «ley de la naturaleza» entiende Locke el «decreto de la voluntad divina» —decreto descubierto por el conocimiento humano—, que nos ordena actuar según el fin por el cual existimos. Este fin es actuar según la razón. Por ella nos sabemos en la búsqueda natural del placer, cuya más importante expresión es la felicidad; justo lo contrario, pues, del malestar. Bueno es, en efecto, lo que causa o intensifica el placer y a la vez disminuye o anula el dolor (*ibíd.*, II, 28, 5). De modo que las cosas son buenas o malas sólo en relación al placer o el dolor, y la felicidad, la cosa mejor, es el máximo placer y el mínimo dolor. Para ello, la razón nos ayuda, haciendo que evitemos todo proceder o idea moral cuyas consecuencias creen malestar.

Bertrand Russell dirá más adelante que Locke se equivoca, porque éste piensa que el deseo se debe al placer, cuando es al revés. Para Russell el placer se debe al deseo. No se puede negar —pensamos por nuestra parte— que desear, sentir que se desea, y sobre todo sentirse *capaz de desear* (la autopercepción, en suma, del deseo), antes que colmar el deseo, o que tener un deseo u otro, es para muchos individuos (optimistas, personas con un proyecto en la cabeza) un motivo de felicidad mayor que cualquier otro placer. En este sentido, el «deseo de desear» sería el primero y principal de los deseos. Pero, volviendo a Locke, y puesto que para este filósofo el placer es anterior al deseo, la felicidad, que es placer, lo es también. En lo natural del individuo, la felicidad es la causa del deseo; y en lo moral, la felicidad es el fundamento de la libertad. La libertad no es concebible sino por la felicidad, y también para la felicidad. Locke, que es uno de los padres del liberalismo ético y político, deja bien clara esta divisa. Que el sentido de la libertad es que sirva a la felicidad. No al éxito, tal como ha derivado el liberalismo contemporáneo, perdiendo así de vista su sentido originario. En resumen, para Locke, tanto el deseo como la libertad, dos potencias (*powers*) del hombre, existen por y para la felicidad.

EL UTILITARISMO

El utilitarismo representa aquella filosofía práctica que más puntos en común mantiene con el antiguo hedonismo de Epicuro y Aristipo de Cirene. En tanto que «eudemonismo», también, guarda una analogía con la ética aristotélica, cuando ésta, además de la felicidad, postula que el bien está en el *fin* y que el máximo bien, la felicidad, es de naturaleza *política*.

El caso es que la decidida identificación de la utilidad *(utility)* con el único principio práctico universal que nos lleva a lo bueno es algo indisociable de una filosofía política, la del liberalismo reformador e ilustrado, que al fin y al cabo la justifica y sustenta. Jeremy Bentham, escritor y político inglés de finales del siglo XVIII, encabeza esa doctrina moral y política a la vez. El utilitarismo, con más o menos variaciones, tiene ya dos siglos de existencia e incluye asimismo otros autores punteros: James Mill, John Stuart Mill, Sidgwick, Moore, Toulmin y Singer (Brandt, *Teoría ética*; Smart, Williams, *Utilitarismo*). En una primera obra política, *Fragmento sobre el gobierno* (1776), Bentham define la *utilidad* en los términos de una «tendencia» que posee todo acto para procurarnos la *felicidad*. Ha aceptado, de antemano, que la felicidad es el bien y que éste se encuentra al término de nuestros actos. Lo contrario a aquella «tendencia» no puede ser más que prejuicio en nuestras mentes o inconfesable interés en nuestros propósitos (*ib.*, Prefacio, § 54). Corresponde a un espíritu libre y benefactor tomar a la utilidad como única ley universal para aprobar o desaprobar, así, cualquier otro precepto y, en general, todo acto e institución (*ib.*, § 55).

De la anterior exposición se deduce que la aplicación del principio de utilidad determina la disminución o el aumento de nuestro «bien», que es la felicidad. Pero ¿en qué consiste ésta? Lo bueno no reside en una forma que transciende a nuestro conocimiento. Tampoco en una vida dedicada al conocimiento o henchida de buenas intenciones. La felicidad surge con el *placer* y el rechazo del *dolor*. Ése y no otro es nuestro verdadero «interés»: en vano pretende definirlo el jurista con sus argumentos. Eso es propio, en cambio, de la demostración del filósofo moral, que sólo deberá escuchar, por su parte, la razón de que siempre y en todo lugar el placer es, por naturaleza, lo *deseable* (*ib.*, § 61). Por consiguiente, las únicas consecuencias que verdaderamente nos interesan en relación con una norma o los actos sujetos a ella son, simplemente, las que tengan que ver con el grado de placer obtenido y de dolor evitado en aquéllos (*ib.*, § 62). Lo bueno, pues, es sólo el *placer*. Éste se mide estrictamente por las *consecuencias* de la acción. Y a ellas debe servir, en definitiva, la única y general norma de la *utilidad*.

Esta doctrina es retomada en la *Introducción a los principios de la moral y la legislación* (1788), donde se fundamenta la norma de la utilidad en la mencionada ley del «interés» por el que todos buscan satisfacer el objeto de su deseo. No hay más principio originario, ni en la ética ni en la legislación. De modo que el sujeto de ambas está determinado por los dos intereses fundamentales de la búsqueda del placer y del rechazo del dolor: «La naturaleza ha colocado a la humanidad bajo el gobierno de dos señores soberanos, *el dolor y el placer*... Ambos nos gobiernan en todo lo que hacemos, en todo lo que decimos, en todo lo que pensamos: cualquier esfuerzo que hagamos para librarnos de nuestra sujeción a ellos, no hará sino demostrarla y confirmarla» (*ib.*, I, 1). Cuando se habla de la utilidad como norma general, y de la felicidad o «bien» que la justifica, todo lo que está en cuestión es, según lo dicho, nuestro manifiesto e indeleble *interés* por servir a uno de aquellos dos «señores soberanos» y huir lo más lejos que se pueda del otro (*loc. cit.*). Ahora bien, el solo interés por la búsqueda del placer, con el que Bentham quiere trasladar a lo práctico la misma simplicidad de principios que caracterizaba a Newton, es algo que reconocidamente lleva al conflicto de los hombres entre sí, en disputa por su individual provecho. El fin de la felicidad, o, lo que es lo mismo, el aumento de las consecuencias agradables por nuestras leyes y actos, está reñido evidentemente con aquella desagradable experiencia. Luego por causa de la propia felicidad conviene armonizar el interés individual con el interés colectivo, si bien éste, en el utilitarismo inicial, no pasa de ser la mera suma de los intereses individuales preexistentes y, por lo demás, de los individuos de una determinada clase social. Admitida esta caución del hedonismo, pues, *comunitario*, se dice que una norma y los actos que contempla son buenos —contribuyen a la felicidad— si logran maximizar sus consecuencias agradables según el interés del grupo implicado (*ib.*, I, 7). Algo es moralmente bueno, en otras palabras, si resulta de aplicar calculadamente el principio práctico de la *utilidad* para una determinada comunidad de intereses. Existían ya elementos de esta doctrina en autores anteriores a Bentham: Helvétius, Beccaria y el mismo Hume, quien escribió que «la utilidad pública es el único origen de la justicia» (*Investigación sobre los principios de la moral*). Pero fue Bentham quien consiguió definirla de forma más sistemática y fehaciente, a través de su propia acción política.

John Stuart Mill, por no citar sino a otro memorable teorizador del *utilitarismo*, amplía los criterios relativos al principio de utilidad, pero sin salirse del marco del liberalismo burgués desde el que antes habían sido establecidos. La utilidad, añade Mill, debe servir para la satisfacción de los deseos de toda índole, no sólo de los ligados con la sensibilidad o los apetitos propios de una clase social. En este punto rinde hasta homenaje a Epicuro: el placer intelectual es superior al físico para la medida de nuestra felicidad. Por eso: «Es del todo compatible con el principio de utilidad el reconocer el hecho de que algunos tipos de placer son más deseables y valiosos que otros» (Mill, *El utilitarismo*, cap. 2, 48). Por donde: «Es mejor —dice poco después, en célebres palabras— ser un ser humano insatisfecho que un cerdo satisfecho; mejor ser un Sócrates insatisfecho que un necio satisfecho» (*ib.*, 51). Otro nuevo elemento es aquí la insistencia en el carácter universal de la norma utilitarista, de manera que el bien que ésta procura —la felicidad— debe tener un alcance irrenunciablemente colectivo. Es preferible la felicidad general a la particular.

En fin, el criterio utilitarista «no lo constituye la mayor felicidad del propio agente, sino la mayor cantidad total de felicidad» *(ib.,* 53). Se ha producido un cambio desde aquel anterior individualismo de Bentham. Con todo, la felicidad sigue siendo el único justificante de la ética, y el placer —declarado, decididamente, *lo deseable—* continúa como el único elemento definidor de la felicidad.

Todavía hoy el utilitarismo identifica lo bueno con el placer y, subsidiariamente, con todo lo útil que nos lleve a él. Con Bentham y Mill el prototipo moral del *Coriolano* de Shakespeare parece ya pertenecer a otro mundo. Más próximos al nuevo eudemonismo van a resultar la *Pamela* de Richardson o el Gradgrind de Dickens, en *Tiempos difíciles,* personajes resueltamente prácticos y conformados a su propio orden social. Al establecer la equivalencia entre lo bueno y lo útil no ha dejado de verse, en este recuperado hedonismo, la moral característica, en efecto, de la nueva sociedad burguesa, interesada ante todo por su propio bienestar. Sea o no el utilitarismo un ideario meramente expresivo de una ideología de clase, lo cierto es que desde el mismo plano ético del que pretende formar parte se le pueden lanzar no pocos reproches. Al conectar lo bueno y todo lo moral con lo *útil* impide calificar como buenos o morales los actos en sí mismos *inútiles,* incluso aquellos pensados en aras de lo útil, como el capitán que se hunde con su barco o el combatiente por la libertad que sucumbe mucho antes de alcanzarla. ¿Pertenecen estas acciones al orden de lo indiferente moral (*adiaphora*)? Luego, también, ¿qué es mejor a la hora de decidir una acción? ¿El acto que reporta más felicidad para menos gente (p. ej., una política maximizadora de beneficios empresariales), o aquel otro que conlleva menos felicidad, pero para más gente (p. ej., una política de redistribución de la renta)? Particularmente en una sociedad dividida en clases la quimérica aplicación de la norma utilitarista desmiente su pretendida universalidad: unos ponen antes su «interés» en el placer de comer y otros en poder siquiera aplacar el hambre.

Lo que determina la crítica al utilitarismo es ante todo el «hedonismo psicológico», como se ha dado en llamar, que está presente en su concepto de lo bueno moral. Éste presupone que todos deseamos el placer como fin y por eso, por ser lo *deseado,* es identificado sin más con el bien. Desde la perspectiva de una ética del desinterés el utilitarismo puede contemplarse, a este respecto, como la derivación inmediata de un egoísmo psicológico, por el cual nuestro psiquismo giraría alrededor siempre de la satisfacción del yo. El hecho es que los utilitaristas mantienen abiertamente, para empezar, que *todo placer es intrínsecamente bueno*. Sin embargo, no es lo mismo el placer de la venganza que el de ayudar a la instrucción del que no sabe. Para preferir éste sobre aquél, aunque reporten cantidades iguales de satisfacción, el utilitarista deberá contradecirse y tomar el placer en un sentido «extrínseco», no en su realidad psicológica: por sus consecuencias educativas o sociales, en nuestro ejemplo. Al mismo tiempo se admite que *sólo el placer es intrínsecamente bueno*: no puede serlo ningún acto que implique un sacrificio por nuestra parte (Mill, *ib.*, 61). Sin embargo, eso es ignorar que, de hecho —los hechos que tanto dice respetar el utilitarista—, consideramos buenas no pocas acciones desligadas del placer. Más aún: son éstas las que consideramos *mejores*, se entiende desde un punto de vista moral.

Por último, y como colofón de las tesis anteriores, dice el utilitarista que *la bondad de un acto es proporcional al placer que contiene*. Así lo reconocen Bentham y los llamados ora «hedonistas cuantitativos», ora «utilitaristas del acto». No obstante, Mill y los «hedonistas cualitativos», también «utilitaristas de la norma», afirman que lo bueno no depende de la «cantidad» de placer recogida en las consecuencias de un *acto*, sino de su «calidad», algo que viene determinado específicamente por la clase de *norma* elegida para llegar a las mejores consecuencias (*ib.*, 48-49). El problema sigue residiendo, empero, en saber qué placer merece ser promovido por la norma y cuál no: ¿por qué apoyar menos, por ejemplo, lo bueno religioso que lo bueno artístico, o viceversa? Al introducir el criterio de la *calidad* del placer nos vemos obligados, pues, a apartarnos del utilitarismo o a retornar a su origen cuantitativista (Frankena, *Ética*, 122-123; Smart, «Extreme and Restricted Utilitarianism», en P. Foot, *Teorías*, 248 ss.).

Pese a todo, el bien que concibe el hedonismo no es totalmente desdeñable. En primer lugar, por nuestra naturaleza y legítima aspiración a una felicidad no necesariamente reñida con el placer. Después, porque incluso para una ética «del deber», como la kantiana, los hechos mismos, y todas sus ventajas para nosotros, están involucrados en la prueba de consistencia de la norma a la que nos habremos de obligar. Por lo demás, si un *exceso* de hedonismo, como reconoció Freud, detiene la voluntad de esfuerzo y superación que nos hace mejores, su *defecto* no nos coloca en una situación mejor. Posiblemente retrocederíamos aún más de prisa hacia la ruina.

3. Lo bueno desde la perspectiva de la autonomía

Según el utilitarismo, no es moralmente «bueno» el acto que no reporta felicidad, de modo que aquel valor iría ligado sólo a las *consecuencias* del obrar. Pero ¿cómo juzgar «bueno» el sacrificio de un médico en favor de su enfermo, cuando éste, sin haberlo podido evitar, fallece al cabo de poco tiempo?

Si evaluamos la acción por sus estrictas consecuencias, como quiere casi toda ética «material» (determinación de la voluntad por su objeto o «materia» de las máximas de aquélla), tampoco podríamos conceder valor de bondad al esfuerzo de un autor no recompensado por el éxito (Stephen Daedalus, en *Retrato del artista adolescente*), al buen corazón de un hombre marginado por los suyos (el cura de Ambricourt, en el *Diario de un cura de pueblo*) o a la lucha abnegada que, por causa de un accidente, no alcanza a dar fruto (Kyo Gisors, en *La condición humana*).

Si en algunas éticas materiales el bien se identifica con una entidad —la idea platónica de Bien o el Reino de Dios—, para la mayoría de ellas, desde Aristóteles hasta el neoutilitarismo actual, el bien se reduce a una cualidad personal —sabiduría, goce, bienestar— que encontramos justamente en las consecuencias de nuestra acción. En cambio, en las éticas formales o de la *autonomía moral* (determinación de la voluntad por la «forma» de sus preceptos, es decir, *por sí misma*), el bien no es reducible a ningún *Bien* en sí ni a ninguna *experiencia buena*. Así, para el formalismo kantiano lo bueno moral pertenece a una forma del querer (en eso muestra su nexo al menos con el rigorismo estoico y el ascetismo cristiano), mientras que según el formalismo de la ética de Sartre lo bueno se corresponde con la forma del elegir. Seguidamente se resumirán ambas concepciones, con lo que tendremos ocasión de notar, también, su considerable papel en el refuerzo del *individuo* como el único responsable de su acción moral, un rasgo de la cultura occidental.

EL FORMALISMO KANTIANO DE LO BUENO MORAL

Kant invierte la preeminencia del bien metafísico (eudemonismo antiguo) y del bien psicológico (eudemonismo moderno) sobre el concepto de un bien rigurosamente *ético*. Lo bueno es sólo la *buena voluntad* (*der gute Wille*): «No es posible pensar nada en el mundo, ni tampoco en general fuera de él, que pueda ser tenido sin restricción por bueno, excepto únicamente una *buena voluntad*» (*Grundlegung*, Ak. IV, 393). Tal clase de querer o voluntad es aquel que no se ha dejado determinar de antemano por su objeto —por una «apetencia»—, sino que lo ha hecho mediante razonamiento sobre su propia consistencia como tal voluntad. También para Platón no hay cosa alguna que merezca llamarse por sí misma buena o mala: no es la posesión de algo, sino su *uso* lo que lo hace bueno o malo. Luego sólo la ciencia (*sophía*) que hace posible un «recto uso» (*orthós chresthai*) de las cosas debe ser llamada buena por sí misma. Todos, en consecuencia, deben esforzarse en ser tan sabios como sea posible (*Eutidemo*, 278 e-282 a; *Menón*, 87 e-89 a). Pero en Kant se trata específicamente de una rectitud del querer, que es un *saber práctico* independiente de la sabiduría teórica concitada por Platón.

Fuera de una buena voluntad, el resto de bienes son sólo relativos, puesto que sin aquélla pueden incluso llegar a ser malos: el autodominio del malvado, la prudencia del egoísta, la fortuna del impostor. Todo lo ligado con el talento y la felicidad («dones del espíritu» y «dones de la fortuna») pertenece a esta clase de bienes secundarios que incumben al mero «temperamento» del individuo. De otro lado, una voluntad buena es plenamente, como único bien moral, una cualidad del «carácter» (*Charakter*), cuyo ejercicio es inseparable, así, de un actuar por deber —cual dispone una voluntad buena— y no de hacerlo por inclinación (*Grundlegung, loc. cit.*). Es claro, por lo dicho, que la buena voluntad no puede predicarse de los efectos y las consecuencias del querer. Una voluntad es buena en relación sólo con el querer, que ha de ser apreciado, sin comparación, por encima de lo que se consiga o evite mediante él (material o psíquicamente). Incluso en el caso de que un querer por deber permaneciera, por circunstancias desfavorables, inefectivo, o su acción, por un traspié inevitable, surtiera efectos contrarios a los previstos, aun en ambos casos la buena voluntad sería, dice Kant, «... como una joya brillante por sí misma, como algo que en sí mismo posee su pleno valor» (*ib.*, 394).

Lo bueno es, para Kant, independiente de lo útil. Sin embargo, eso no supone menospreciar la utilidad en su función de bien contributivo a la moralidad. Es cierto que nos encontramos ahora con una doctrina emparentada con el rigorismo ético de los estoicos, para quienes *utile* y *honestum* eran términos poco menos que opuestos. En todo caso, más allá de la virtud y el vicio, su contrario, todo era para ellos indiferente, sin valor (*Nihil bonum nisi quod honestum, nihil malum nisi quod turpe*. Cicerón, *Tusculanae*, II, 13, 30). Pero no es menos cierto que Kant no se ve en la necesidad de expresar nada parecido a la caricaturesca oposición entre una ética de la «intención» y una ética de los «resultados». Aunque en el principio de la ética no actúe la previsión de los resultados, nada priva a la voluntad buena para que ponga, sin contradicción consigo misma, todos los medios posibles a fin de entrar con buen pie en el terreno de los actos. El éxito o el fracaso en sus efectos no le va a quitar valor a la voluntad buena o racional, que constituye el único criterio —no lo son los resultados— para juzgar la moralidad de una acción. Pero, como decíamos, facilitar todos los medios para el despliegue de una buena voluntad no es inconsistente con la postulación de ésta como único criterio de bondad. De lo contrario, identificaríamos lo bueno con un inoperante «simple deseo» (*ein blosser Wunsch*) (*Grundlegung, loc. cit.*). La única contraposición en una ética de la autonomía de la voluntad seguirá siendo la existente entre una decisión determinada por inclinaciones y una decisión guiada por la razón. La buena voluntad sólo es posible con ésta, que no es, por otra parte, ni una ética de la pura intención ni una ética abocada al fracaso. Puede, no pocas veces, que un obrar racional no disponga de medios o fortuna a su favor, pero nunca se habrá tratado de una voluntad quimérica: ¿cómo iba la *razón*, precisamente, a mandarnos hacer lo imposible?

La razón es el fundamento de la buena voluntad o, lo que es lo mismo, de un querer desinteresado, el único con que podemos identificar, a la postre, un obrar por deber, que presupone, pues, la ocasión indispensable de una voluntad buena o racional (IV, 1). Llegamos, así, a distinguir lo bueno como «agradable» o dichoso (*Wohl*) de lo bueno como «honrado» o correcto (*Gut*), una diferencia hecha posible por la disposición de ambos términos en la lengua alemana. En la nuestra no hay dos palabras para respetar esta linde con parecida claridad (eso ocurre ya con el latino *bonum*). «Bueno», en el primer caso, es aquello que influye en la voluntad de un modo subjetivo (p. ej., al desear por un principio sensible), sin que, por consiguiente, haya adoptado ésta necesariamente una máxima válida sólo por su forma (máxima como *ley*). «Bueno», en el segundo caso, es aquello que determina la voluntad objetivamente, lo que ya hemos dicho que sólo puede ser una voluntad racional, o «buena voluntad», en la que se ha tenido que rechazar toda máxima que no valga a su vez como ley (IV, 3). Éste es el único sentido de lo bueno *moral*, que no es coextensivo con lo bueno como «agradable» (*Grundlegung, op. cit.*, 413).

A la pregunta de cómo ha de ser una voluntad para que podamos llamarla «buena» sólo cabe contestar, en último término, que el querer ha de estar determinado por un *imperativo categórico*, la ley fundamental de la razón práctica (IV, 4). El enunciado de esta ley guarda incluso una «fórmula» o versión final —la *fórmula de la autonomía*— para promover y preservar el valor de una buena voluntad, sólo posible bajo esta ley, como lo único bueno en sí mismo. Según dicha ley y fórmula, han de ser rechazadas todas aquellas reglas que no puedan concordar con una legislación universal, como algo propio, esto, de la *voluntad autolegisladora* de todo ser racional. Si la voluntad puede y debe someterse a una ley es *ante todo* por ser —en los sujetos racionales— una voluntad autolegisladora (*selbstgesetzgebend*). Es decir, por ser ella misma la única autora de su propia ley. De modo, al final, que toda regla acorde con una ley de esta especie tiene que ser una regla conducente a mantener, bajo su jurisdicción, la buena voluntad en el mundo (*ib.*, 431). El imperativo categórico, sin el cual esta clase de voluntad hemos dicho que no existiría, nos descubre así el carácter «autolegislador» o *autónomo* de la voluntad racional. Esta *autonomía* va a ser de suyo el «principio supremo» (*oberstes Prinzip*) de la moralidad, principio, así, de la buena voluntad que nos ocupa (*ib.*, 440).

El planteamiento precedente nos permite afirmar que lo bueno moral pertenece, según Kant, a la perspectiva de una *autonomía* de la ética. Pues una «buena voluntad» es incompatible con la perspectiva, antes vista, de poner lo bueno en la *perfección* y la *felicidad*. Ambas, según el planteamiento kantiano, situarían todo lo bueno, a *contrario sensu*, en la heteronomía de la ética (la voluntad definida por su «objeto»), a la que no puede acogerse una buena voluntad. La *Crítica de la razón práctica* pone de manifiesto esta esencial incompatibilidad en varios momentos. Veámoslos.

(I) Al desarrollar, en el cuarto teorema de la razón práctica (el principio único de la moralidad es la autonomía de la voluntad), la idea de la autonomía como *independencia* del querer respecto de sus objetos, y a su vez como *autolegislación* de esa facultad de querer. Se observa aquí que una voluntad no autónoma propicia toda suerte de «éticas materiales» en las que es el objeto del que la voluntad depende, y no la mera forma del querer, lo que da a la voluntad todo su fundamento. No puede haber buena voluntad ética si está previamente plegada a su objeto (*K.p.V.*, Ak. V, 35 ss.).

(II) Al desarrollar, al final de la misma *Analítica* de la razón práctica, el concepto del bien como un *objeto* de la moralidad. Si éste se impusiera como fundamento del obrar seguiría constituyendo, como ocurre en toda ética material, un «objeto patológico» (*pathologisches Objekt*) desde el punto de vista de una moral consecuente. Para evitar ser un objeto en estas condiciones el bien no debe, por consiguiente, preceder a la determinación de la voluntad, sino seguirse de ella. Un querer determinado por la idea de uno u otro bien —la sabiduría, el placer, el Reino de Dios, etc.— no puede hacer de éste un objeto propiamente «moral», pues ha condicionado nuestra decisión y ya no es ésta, contrariamente, la que lo condiciona. Ni siquiera, por lo demás, sería este mismo querer algo «moral».

Que el concepto de lo bueno tenga que ser determinado, no antes de la ley moral, sino sólo *después* de la misma y *por* la misma, es otra de las paradojas en que nos habrá sumido la ética kantiana, empezando por la paradoja de una moral no deducida de nada, sino deductora ella misma, y nada menos que de la idea de libertad. Pero es algo por lo que hay que pasar (lo mismo que para fundar la moralidad en la libertad) si queremos ser consecuentes con la identificación, según vimos, entre la moralidad —la razón práctica— y la voluntad autónoma. En todo caso, el *formalismo* del bien, planteado por Kant, viene a representar una «revolución copernicana» ahora para la ética. Porque no es ya el bien el que define a la moral, sino la moral —o una «buena voluntad»— la que define al bien: «... no es el concepto del bien como objeto el que determina y hace posible la ley moral, sino al revés, la ley moral la que determina y hace posible el concepto del bien, en cuanto éste merece absolutamente tal nombre» (*ib.*, 64). No hay, de nuevo, ningún bien al margen de esta *buena voluntad*. Si nada, excepto ella, posee *valor absoluto,* ningún bien que no suponga una buena voluntad puede ser puesto como *fin* para una voluntad moral. La «buena voluntad» es inconcebible, pues, en cualquier ética de corte teleologista o de *fines*. Al ser ella, por otra parte, lo único bueno en sí, es a su vez lo único que va a hacer de cada uno una *persona*, o, en otras palabras, que le conceda a cada uno dignidad de *fin*.

(III) La esencial incompatibilidad entre el concepto de bueno como «buena voluntad» y el resto de ideas sobre el bien se pone finalmente de relieve en la misma *Crítica de la razón práctica* al tratar el tema de un «bien supremo» (*höchstes Gut*) por todo *objeto* de la moralidad. La *Dialéctica*, en efecto, tiene encomendada, al final de aquella obra, terciar críticamente en las *ilusiones* (apariencias) que la razón práctica pueda estar tentada de obedecer en torno a aquel «objeto». Consiguientemente, lo mismo que en la *dialéctica* de la razón teórica, habrá que desvincular la idea de un objeto de la razón, ahora la idea de un «bien supremo», respecto de cualquier experiencia fenoménica como supuesto fundamento de tal clase de idea. Contrariamente caeríamos en una contradicción de la razón consigo misma: aplicar a lo condicionado (de la experiencia) lo incondicionado de las ideas de la razón, en este caso la idea de un bien supremo. O, en otros términos: usaríamos todavía, acríticamente, la pura razón como efectivo conocimiento («entendimiento», en términos kantianos) (*K.p.V.*, *op. cit.*, 107-108).

Pero una vez admitida la función de la *dialéctica* en la determinación del concepto de un bien supremo, u objeto «total» de la razón práctica, se describe a continuación este objeto, y a eso vamos, como un compuesto simultáneo y armónico de la *felicidad* (*Glückseligkeit*) unida a la *virtud* (*Tugend*), esta última equivalente también a la «dignidad de ser feliz» (*als die Würdigkeit glücklich zu sein*) (*ib.*, 110). Vemos, pues, que no hay según ello felicidad —ni hay bien «acabado» que valga— si no se hace compatible igualmente con una *buena voluntad*, cuya posesión es todo lo que viene a significar la expresión «hacerse digno de la felicidad» y la idea, en fin, de *virtud*. De suerte que en el bien acabado o «total» que busca, legítimamente, la razón práctica, «... es la virtud siempre, como condición, el bien más elevado, porque no tiene ninguna condición sobre sí, y la felicidad siempre algo que para el que la posee es agradable, pero sin ser por sí sola absolutamente buena en todos los respectos, sino presuponiendo siempre, como condición, la conducta moral conforme a la ley» (*ib.*, 111). En el conjunto del bien más acabado posible, la *buena voluntad* donde convergen las virtudes es superior al *disfrute de la vida*, en tanto que es la única *condición* existente para este posible disfrute —a no ser que faltemos a nuestro ser racional.

Por lo dicho hasta aquí, el *sentido* de las normas morales para una buena voluntad se declara independiente de toda experiencia o de cualquier convención. Apunta, en una palabra, a nuestra interioridad. Pero no a lo puramente subjetivo de ésta, sino a aquella tangente del psiquismo en que se tocan nuestra naturaleza deseante y nuestra condición pensante o razonable. Por otra parte, las reglas de semejante ética poseen un *valor* que les permite poder imponerse a todo ser razonable. Nadie sabría negarlas sin negarse él al mismo tiempo. En eso consiste la in-moralidad de un acto: en ser, y sentirlo así, como una descalificación de uno mismo por renuncia expresa de sí mismo.

La moralidad de un acto es el respeto a nuestra condición racional. Este respeto se manifiesta en una buena voluntad y es lo que crea al mismo tiempo nuestra *dignidad*. Sabernos dueños de este respeto tranquiliza nuestra conciencia y nos infunde, por demás, un sentimiento de contento con nosotros mismos que hace ambas cosas juntas comparables con la propia felicidad: «Verdaderamente —dice Kant en su último libro dedicado a la ética—, el hombre pensante (*denkende Mensch*), cuando ha vencido las incitaciones del vicio y es consciente de haber cumplido un deber a menudo penoso, se encuentra en un estado de tranquilidad de ánimo y de contento (*Seelenruhe und Zufriedenheit*), al que muy bien se puede llamar felicidad, y en el cual la virtud es su propia recompensa» (*Tugendlehre*, Ak. VI, 377).

EL FORMALISMO DE LA «MORAL DE LA SITUACIÓN»

La ética existencialista, en la versión atea de Jean-Paul Sartre («moral de la situación»), nos muestra otra forma de pensar lo bueno moral desde la perspectiva, igualmente, de una *autonomía* del sujeto de la acción. Para Sartre importa también, en este particular, considerar la buena manera del querer, la «libre elección» de cada acto, antes que el objeto o contenido preciso de la voluntad. Por su *forma* descubriremos su valor y el valor —«bueno» o no— de toda conducta que se asocie con ella. Aunque merezca más de una precisión, se puede hablar, así, de un *formalismo* inherente a la moral de la situación.

Sartre suministra los elementos para una ética —sin pretender llegar a sistematizarla— sobre la base de su ontología existencialista, en *El ser y la nada* (1943), obra coronada con una teoría de la acción, y peculiarmente en su sugestiva conferencia «El existencialismo es un humanismo» (1946). Pero por estas mismas fechas escribe una obra teatral, *Las moscas* —inspirada en el *Orestes* de Eurípides—, que por el valor de síntesis expositiva de sus ideas al respecto nos servirá para introducirnos en la moral de la situación. Clitemnestra ha dado muerte a su esposo Agamenón, rey de Argos. La ciudad se ve envuelta en una plaga de moscas como castigo por este crimen impune. Orestes, ayudado por Electra, mata a Clitemnestra, madre de ambos. No lo hace para vengarse, complacer a su pueblo o plegarse a un designio fatal, sino para ejecutar una acción libre que le haga sentirse existir. Ante ello (acto III), Júpiter, dios de la muerte y de las moscas, riñe a Orestes por haberse salido de la ley natural donde él ha inscrito el bien. El joven repele tal acusación: tú eres el rey de los dioses y de las estrellas, de las piedras y del mar, «... pero no eres el rey de los hombres». El dios exige a los dos hermanos que se arrepientan de su delito; si así lo hacen, se sentarán muy cerca de él y ante la vista de su difunto padre. Electra parece acceder a ello, pero Orestes contesta a Júpiter que éste le ha hecho libre y que por eso mismo ha podido escapar a su ordenación. La libertad se ha impuesto en él a la naturaleza creada «... y no ha habido nada más en el cielo, ni bien ni mal, ni nadie para darme órdenes». La naturaleza del dios tiene muchos caminos, pero Orestes sólo quiere volver al suyo propio: «Porque yo soy un hombre, Júpiter, y cada hombre tiene que inventar su camino».

Mientras tanto, Electra se ha arrepentido y pide al dios que la defienda tanto de su hermano como de sí misma, en la tentación de elegir también su camino. El pueblo quiere ahora atentar contra Orestes, quien dice ante todos que se siente en el día de su «coronación». El crimen que uno no es capaz de soportar se admite casi como un accidente; pero el joven héroe siente *suyo* su crimen y cree, además, haber matado *por todos los suyos*: «Me miráis, gente de Argos; habéis comprendido que mi crimen mío es; lo reivindico a la luz del sol, es mi razón de vivir y mi orgullo; no podéis ni castigarme ni compadecerme, y es por eso que os doy miedo. Sin embargo, gente mía, os amo, y es por vosotros que he matado. Por vosotros». El pueblo, a continuación, cede el paso a Orestes y éste se retira llevándose la plaga de moscas tras sus espaldas.

La actitud moral del autor en esta pieza, como en el resto de su obra existencialista, nos remite en primer lugar a Nietzsche: no hay valores dados, ni un Bien ni un Mal. Luego pensar la moral es pensar la forma en que aceptamos esta carencia esencial. Nietzsche, no obstante, acaba abrazando los valores vitales que acompañan a una voluntad de poder, y por lo tanto admite una ética «material». Sartre, en cambio, dice querer sacar todas las consecuencias de una posición atea coherente. Si por encima del hombre no hay un Dios ni valores trascendentes, es él mismo quien dará vida a los valores desde el momento en que elija libremente sus actos y se comprometa con ellos. No hay ocasión, tampoco, para una «moral general», en el sentido de un conjunto de nociones y reglas preexistentes a la libertad, del mismo modo que para la ontología no hay una «esencia» que preceda a la existencia (Sartre, *El existencialismo*, 47-48).

En lugar de seguir una ética dada, cabe sostener una moral de la situación. La *situation* es lo característico de la existencia humana. Ésta no sólo ocupa un «lugar» en el mundo de la facticidad, sino que lo vive desde la condición primera de la acción, la libertad; es decir, desde la perspectiva de una «situación» (*El ser*, IV, 1, 2). Dicha noción, utilizada ya antes por otros pensadores de la existencia humana (Kierkegaard, Jaspers, Heidegger: *cf.*, en este último, *Ser y tiempo*, § 60), se refiere también al sujeto moral para indicar que éste no parte, en su acción, de ningún dato previo al *factum* de encontrarse inmerso en una situación. Este hecho condiciona, ciertamente, su elección de conducta, pero a su vez le imprime todo su sentido, porque contiene el modo de abrirse paso la libertad hacia un fin de la conducta. Siguiendo la metáfora de la «paloma» kantiana, en el arranque de la *Crítica de la razón pura*, que piensa que sin resistencia del aire podría batir mejor sus alas (cuando el aire es lo que le ayuda a volar), podríamos pensar ahora que el hombre elegiría mejor si estuviera desligado de su propia «situación». O, en otras palabras, que sería moralmente mejor si estuviera liberado de su humanidad. Sin embargo, no nos daríamos cuenta de que con la humanidad desaparecería la moralidad también. Pues la situación es justamente la causa de caer en la cuenta de que hemos de inventar una solución; una salida, por la libertad, para nuestra acción.

Hay, así, una correlación entre la situación y la libertad. Ya al comienzo de la novela de Sartre *L'âge de raison* Mathieu se nos presenta como el hombre que ha faltado a su libertad por haber querido escapar de su situación. El hecho es que antes de la elección moral sólo está nuestra situación; pero, a su vez, sólo tenemos noción de ésta, de que hay tal «situación», por nuestra libertad para transformarla: «De suerte que las resistencias que la libertad descubre en el existente, lejos de constituir para ella un peligro, no hacen sino permitirle surgir como libertad» (*El ser, ib.*). No puede haber conciencia libre (un ser *pour-soi*, para sí) sino en cuanto «comprometida» (*engagée*) en un mundo de contingentes que le opone resistencia (el ser compacto y opaco, *en soi*, en sí). Más aún, la situación nos brinda el *motivo* mismo del obrar, pues ella no deja de ser el producto común de esos contingentes con la propia *libertad* que se abre paso «a pesar» y «a causa» de ellos. Ante este juego de mutuas relaciones en nuestra humanidad deberemos reconocer que toda «situación» es, inevitablemente, un fenómeno *ambiguo* en el cual nos es imposible distinguir entre el flujo de la libertad y la carga de lo existente en bruto. En su situación, la realidad humana no puede evitar el obstáculo de la contingencia. Pero si hay algo que se le «resiste» se debe, precisamente, a la *libre elección* que la realidad humana *es*. Tal es, en suma, la «paradoja de la libertad» (*ib.*).

Hay muy diferentes estructuras de la situación: la del propio lugar en el espacio, la relación con nuestro cuerpo, con los demás o nuestros antepasados, por ejemplo. Una situación, en todo caso, es lo único que *no* se puede elegir. Además, es única e intransferible, de manera que no puede haber normas para *cada* situación, ni la norma seguida en una situación servirá para una ocasión similar *futura*. En cada nueva situación nos corresponde una nueva invención de conducta, una nueva «elección» (*choix*). Sin embargo, toda invención de este tipo no vendría a ser, como hubiera querido Gide, un simple y azaroso «acto gratuito»: pues al elegir me comprometo, y comprometo asimismo a la humanidad entera (*El existencialismo*). Elegimos sin ningún *a priori*, pero no elegimos «por capricho», como llevados de un episodio mental o sentimental. Nos obligamos a una determinada decisión moral de la misma forma que el artista se obliga a una determinada obra: nadie le reprocha la «gratuidad» de su elección. Puede, con todo, ser acusada esta moral de «casuista». A lo que se avanza Sartre recordando que la casuística se limita a *aplicar* preceptos mecánicamente dentro de una variedad de situaciones posibles. En la moral de la situación cada caso vale por sí mismo y exige, *creativamente*, su propia solución. Ni es una «moral general» ni una moral «casuista»: se pretende, más bien, una ética concreta con validez, empero, universal. Nuestra elección conforme a la libertad es única entre las acciones posibles dentro de cada situación. Hubiera podido elegir otra cosa, mas no hubiera podido comprometerme con ella, porque la elección no habría sido libre. Pero incluso en tal caso habría «elegido» también: podemos elegir, pero no dejar de elegir. Cuando no elijo, elijo igualmente: «La elección es posible en un sentido, pero lo que no es posible es no elegir» (*ibíd.*). Resuena aquí, evidentemente, la atención prestada antes por Kierkegaard al acto de elegir y como lo que importa en él es la seriedad, el *páthos* con que se elige, más que su estricto contenido. Pero el pensador danés se mueve todavía sobre un trasfondo religioso que nuestro autor rehúye expresamente.

Lo *bueno* viene puesto en cada situación por nuestra libre elección. Una elección que haya querido eludir nuestra ineludible libertad irá acompañada también de sus propios «valores», si bien éstos poco tendrán que ver ya, al haberlas burlado, con la libertad y la moralidad. De ahí que en cada elección se vuelque todo el peso de la vida ética y se proceda a definir nuestro propio universo moral. La elección, como Jano bifronte, mira al *pasado*, reasintiéndolo, y a la vez al *futuro* —proyectándolo— de nuestra vida comprometida con la libertad: es «elección total de uno mismo». Tamaña responsabilidad (la que elude Electra al volver al camino trazado por Júpiter) no ha de provocar por menos que una grave angustia en cada uno de nosotros ante la propia elección. Así lo expresará Sartre para el público general: «Si el hombre no es, sino que se hace a sí mismo, y al hacerse a sí mismo asume la responsabilidad de toda la especie; si no hay valores ni moral que estén establecidos *a priori*, sino que en cada caso debemos decidir solos, sin ninguna base, sin guía, y, aun así, por todos, ¿cómo no vamos a sentir ansiedad cuando tenemos que actuar?» (*Action*, 27.XII.1944). Pero este tema, en fin, como el del «fracaso» y la «desesperación» (simbolizadas en el Roquentin de su novela *La náusea*), escapa ya del asunto de la ética.

La adopción de cualquier sistema objetivo de valores, y lo *bueno* moral como máximo exponente de todos ellos, sería, pues, para Sartre, un autoengaño. Sin embargo, ésta es la muy común actitud del que actúa con *esprit de sérieux*: con hipócrita gravedad o «seriedad» concedemos a los valores de *honestidad* o *castidad*, por ejemplo, una validez esencial e inmutable. Pero pretendiendo hacerlos independientes de nuestra elección, lo que hacemos en realidad es ceder la libertad al mundo de los objetos. Habremos pensado los valores como datos que transcienden a nuestra decisión; mas entonces ya no son «valores», sino *cosas*, como los adornos que cuelgan del árbol de Navidad. Propiamente *ya no son valores*. Surge de ahí, en consecuencia, la mala fe (*mauvaise foi*), el mal disimulado empeño en evitar la angustia y el fracaso que acompañaría, en cambio, a una elección responsable y fundadora ella misma de valores. Cuando la moral quiere regirse por valores preexistentes puede, en efecto, haber sorteado en uno mismo las consecuencias que se siguen de la responsabilidad. Pero sin duda habrá tenido que desentenderse en el fondo de la libertad y, con ello, de una «actitud de estricta coherencia» (*El existencialismo*).

La pregunta por lo bueno nos ha conducido, desde esta perspectiva existencialista, a la afirmación conclusiva de que nuestra conducta debe ser *auténtica* (como el *Dasein* para Heidegger, en *Ser y tiempo*, § 9, 27), aunque la acción en libertad nos exponga al fracaso. Con todo, la ética de la situación ha sido criticada, como no es de extrañar, por suministrar una moral insuficiente, porque prescinde de todo valor previo (Aranguren, *Ética*, 194), o incluso *ambigua*, en su continuo esfuerzo por adaptarse a lo «objetivo» sin despegarse para nada de la subjetividad que la mueve. Anticipándose ya a ello dijo Sartre que «nada puede ser bueno para nosotros si no lo es para todos» (*El existencialismo*). Se trata de asegurar la responsabilidad moral ante el reto lanzado por Dostoievsky: si Dios no existiera, todo estaría permitido. Sartre quiere acercarse a una moral *universalista* en la que lo «permitido» sea sólo aquel acto del que pueda yo decir que he elegido *por todos*, porque he elegido de una forma *libre*. El acto individual compromete, pues, a toda la humanidad. Para ilustrarlo con palabras del mismo autor: «Si soy un obrero y elijo adherirme a un sindicato cristiano en lugar de hacerme comunista, si, por esta adhesión, quiero indicar que la resignación está en el fondo de la solución que conviene al hombre, que el reino del hombre no está en la tierra, yo no comprometo sólo mi caso: quiero ser un resignado por todos, en consecuencia mi decisión ha comprometido a la humanidad entera» (*ibíd.*). Tampoco, en este sentido, le han faltado críticas al planteamiento sartreano, por parecer más próximo a un cierto mesianismo que al razonamiento filosófico.

La concepción del bien coincide en las éticas autónomas de Sartre y Kant ante todo en no tener que precisar, para su fundamentación, de una ontología del *ser*, como ha venido siendo habitual en las éticas de tipo material. Ambos autores coinciden también al tener que prestar, en contrapartida, y a fin de escapar de la arbitrariedad, un carácter de suma *incondicionalidad* a la decisión que hará posible lo bueno. Para ello la ética ha tenido que hacer abstracción de toda «materia» implicada en esta decisión y quedarse con su pura forma. Sin embargo, la pauta por la que una decisión deviene incondicional u objetiva (categórica para Kant; «comprometida» para Sartre) es muy distinta en el formalismo compartido por ambos pensadores. Si en Kant este criterio es el de la argumentante *racionalidad* (por demás, apriorística), para Sartre se corresponde con la subjetiva *libertad*, que tampoco puede ocupar, por otra parte, el lugar *a priori* que en la moral se reserva la «situación».

«No podemos decidir *a priori* lo que hay que hacer», sostiene Sartre en *El existencialismo*. Ésta es la terminante frontera que separa la ética de Sartre de la de Kant y lo que la hace más discutible acaso que la de éste. Pues en seguida se echa de ver que si no hay otras características de lo humano que la de su *libertad* —en Kant se afirmaba también su *racionalidad*—, la moral toda se expone a los cuatro vientos del relativismo. Y con eso entramos ya en el último apartado de este libro.

4. El relativismo ético

Tomemos el siguiente ejemplo. Un magnate proclama que es justo explotar las riquezas naturales de los países subdesarrollados. Conviene, al mismo tiempo, que no es justo expropiar a los magnates, como pretenden algunos líderes de estos países. Frente a nuestro personaje otro individuo declara que no es justa la explotación colonialista y sí lo es la expropiación de los más ricos que se aprovechan de este acto.

Parece, en suma, que el concepto de justicia *depende* de quien lo utiliza y del propósito con que se maneja. Pese a todo, no podemos decir que su uso, en este ejemplo, sea totalmente «relativo», pues cada personaje tiene muy claro cuándo una apropiación es justa y cuándo no lo es. Se utilizaría una noción *relativista* de justicia si apareciera una tercera persona y concluyese que es «justo» expropiar al colonialista y «justo», también, apurar los recursos naturales de las colonias.

El *relativismo* es un problema descrito desde antiguo. En la *Odisea* se escribe: «Los pensamientos de los hombres cambian según la luz fecundante con que el mismo Zeus, su padre, ha iluminado la tierra» (XVIII, 136-137). El relativismo ha sido debatido tanto en la filosofía moral como desde la propia moral vivida. Actualmente es, a partir de esta última, uno de los principales temas de discusión ética, en pie de igualdad con el cinismo y sin dejar demasiado atrás los problemas del nihilismo y de la indiferencia moral. El tratamiento de estas cuestiones forma parte de un análisis de los valores al que no se dedica el presente libro. Con todo, vamos a finalizarlo atendiendo al tema del relativismo, por ser el que está más unido a nuestro último capítulo sobre lo *bueno* moral. Una actitud relativista es aquella que de cualquier modo renuncia a decir que algo es «bueno» o «malo», en sentido moral, de una manera invariablemente cierta y segura. Sostendría, por ejemplo, que el soborno es deshonroso cuando una administración funciona bien, pero que no debe ser tenido por tal cuando contribuye benéficamente a recuperarla. Un mismo acto es declarado bueno y malo a la vez. La bondad o la maldad del soborno, ahora, serían sólo «relativas».

El hecho es que para afirmar que una acción o su norma son correctas el relativista habrá tenido que hacer entrar en juego generalmente los intereses de los *sujetos particulares* que así lo juzgan. Pero también suele apelar al *número* de éstos y a su ocasional *situación:* la pendiente de las «justificaciones» no tiene fondo. Mientras tanto, lo que queda en entredicho no es el absolutismo moral —el gigante imaginario que el relativista cree haber vencido—, sino el *universalismo* ético, que hace que lo bueno, lo honrado o lo justo pueda y deba valer lo mismo para todos y en cada ocasión. Con el relativismo es imposible llegar a un acuerdo sobre lo que es «cierto», «objetivo» o, en una palabra, *válido* desde un punto de vista moral, porque impide la universalidad de los juicios éticos.

Apuntes históricos

Ya en los antiguos sofistas aparece una clara defensa de lo que modernamente hemos dado en llamar «relativismo ético». El enclave corresponde al *Protágoras* de Platón, donde entran en colisión el método sofístico de la retórica y el método filosófico de la dialéctica, representados, respectivamente, por Protágoras y Sócrates.

El primero utiliza todos los recursos de la persuasión para concluir en la pluralidad de especies de la virtud y en sus muy acusadas diferencias. Éstas, en cambio, son secundarias para el maestro de Platón, pues en realidad, dice, hay un solo género de virtudes; aun cuando Protágoras mismo admite que la virtud es algo que se puede *enseñar*. Si la virtud es enseñable, añade Sócrates, es que es ciencia. Como ciencia es una: luego la virtud es una (333 a-333 d). Pero a pesar de la consistencia del tipo de «discurso breve» ofrecido por el filósofo, su contrincante se obstina en defender con todo alarde de figuras la relatividad de lo bueno en general. Lo que es útil para un individuo no lo es para otro. Lo que nos sirve en unas ocasiones no nos sirve en otras (334 a-335 a). Perplejo tras el «discurso largo», retórico, de Protágoras, Sócrates le requiere para que siga otro procedimiento que no le haga perderse en el borboteo de palabras. Ante la negativa del sofista, el filósofo le da la espalda y se retira. El relativismo, pues, ha sido lo único que ha provocado semejante respuesta en un filósofo.

En el escepticismo antiguo (Sexto el Empírico y seguidores de Pirrón) se alienta asimismo lo que hoy llamaríamos una ética relativista. Distante de la cosmología estoica, el escepticismo propugna, como es sabido, la *epokhé* o suspensión del juicio: el estado de reposo mental por el cual ni afirmamos ni negamos. Nada más lejos del activismo de la ética iniciado por Sócrates. Lo cierto es que esta posición, de claras consecuencias relativistas, vuelve a tener auge en Europa a partir del humanismo de escritores como Montaigne. El desafío de sus *Essais* (1580) hace palidecer la aguda pero piadosa ironía de Erasmo —fallecido apenas hacía medio siglo— contra los teólogos dogmáticos de su tiempo. Montaigne hará suyo el legado de Protágoras y especialmente el del pirronismo que hemos citado antes. Su obra mayor es quizás el más contundente alegato que se haya escrito en favor del relativismo. En particular en el capítulo titulado «Apología de Ramón Sibiuda» (libro II, cap. XII), donde toma pie en la filosofía de Pirrón. Hace bien éste, dice, en dudar que el hombre sea capaz de una ciencia tan grande y extrema como aquella que establece la medida de nuestras facultades de conocimiento y juicio. El escepticismo no avanza más que para impedir que avancen otras opiniones. Aun así, si tomamos la suya, tomará gustosamente la contraria para sostenerla: «Todo les es lo mismo; no hacen ninguna elección». Nuestro autor confiesa luego su adhesión a este modo de pensar que no se deja doblegar por ninguna apariencia de verdad. ¿Cómo, además, contentarnos con la apariencia de aquello cuya esencia desconocemos? Así que: «O podemos juzgar absolutamente, o no podemos en absoluto juzgar». Si nuestras facultades en general carecen de fundamento, siendo todas fluctuantes en su actividad, el asiento más seguro —y feliz— de nuestro entendimiento será aquel en que se mantenga reposado y firme, sin movimiento ni agitación (*loc. cit.*).

También el escéptico antiguo no hallaba otra salida, para después de la *epokhé*, que la de una *metriopátheia* («metripatía») o moderación, parecidamente, de los sentimientos. Pero lo que nos interesa destacar aquí es que la profesión de escepticismo de los *Essais* de Montaigne abre inmediatamente paso a la de relativismo. El entendimiento actúa sin ningún apoyadero en el que poder sostenerse. Lo mismo que creemos un día lo desmentimos otro día. Luego uno no puede abrazar la verdad con fuerza: ni siquiera *esta* verdad. ¿Qué papel tiene entonces la razón? La respuesta es diametralmente opuesta a la que darán más tarde Kant y el racionalismo ilustrado. La razón, según Montaigne, sirve para preguntarse y debatir, *pero no para decidirse y elegir*. No es la capacidad intelectual de pensar con arreglo a principios, sean del conocimiento o de la acción. Contrariamente, y nada mejor que una cita de nuevo: «Siempre llamo razón a esta apariencia de discurso que cada uno forja en sí mismo; esta razón, de cuya condición pueden existir cien contrarias acerca de un mismo tema, es un instrumento de plomo y de cera, alargable, plegable y acomodable a todos los sesgos y a todas las medidas; sólo hay que tener la capacidad de saber contornearlo» (*ib.*). Cuando elegimos no nos servimos de la razón. Lo hacemos más bien según «instinto fortuito». Lo bueno moral, pues, no dispone de un tablado sobre el cual todos puedan ponerse de acuerdo con él. El bien es *relativo*, porque depende del dictamen del instinto de cada cual, más o menos clarividente. De modo que no es absurdo terminar diciendo, tras los pasos de Erasmo: *«Noz songes vallent mieux que noz discours»* («Nuestros sueños valen más que nuestras razones»).

Lo mismo que Erasmo tiene Montaigne que aceptar que la mayor parte de nuestras acciones deben ser guiadas por el *ejemplo* de otras personas o personajes. Ya que la razón no da firmeza a una elección, lo mejor para la ética es no fiarse tampoco sólo de nuestro instinto y tomar buena nota de los que han actuado ejemplarmente antes que nosotros. Es la moral de los «buenos ejemplos» que Kant rechazará decididamente como *heterónoma* (V, 1). Pero el escéptico avanza frontalmente hacia ella. Él no dice que las reglas o los conceptos morales no poseen significado, sino que carecemos de un criterio racional para justificarlos. Eso y pisar el terreno del relativismo ético son la misma cosa. De ahí que Montaigne, como luego Hume y el emotivismo ético moderno, tengan que moderar el relativismo a que su posición escéptica les conduce apelando a un enjambre de factores sentimentales y de «autoridades» pertenecientes a la tradición o al «sentido común». Otra alternativa habría podido ser la del puro indiferentismo moral, si no fuera ésta, además de muy tentadora, la ciertamente más impracticable de las doctrinas.

Hay un momento, por otra parte, en que el propio Descartes, falto aún del *Método* para la Ética, sostiene una opinión muy próxima al relativismo, pese a ser ella el resultado de haber querido justamente evitarlo. En efecto, para no incurrir en esto último, lo que nos haría indecisos en nuestras acciones, el *Discurso del método* (parte III) se propone una «moral a la espera» (*morale par provision*) dotada con simplemente tres máximas. Pero la primera de ellas dicta nada menos que «obedecer las leyes y las costumbres de mi país, conservando constantemente la religión en que Dios me ha hecho la gracia de ser instruido desde mi infancia...». Lo bueno moral, si bien «provisionalmente», viene determinado, pues, por una fe concreta, unos hábitos y unas leyes locales. El problema está entonces en saber si todo eso es válido también para los que no se encuentran dentro de unas mismas coordenadas. De otra parte, es una definición que difícilmente puede decirse que esté exenta de relativismo.

Aunque no se trata aquí de hacer un balance exhaustivo, otro de los momentos más proclives a este modo de ver la ética es sin duda el significado por el *pragmatismo* de William James y autores afines. El filósofo americano acusa al espíritu racionalista de un cierto pecado original: el «abstraccionismo vicioso». Así, cuando la filosofía neokantiana acusaba al propio sistema de James de *relativismo* —ahora sí haciendo uso de este término—, él repetía una vez más que lo verdadero es simplemente lo que encontramos ventajoso en el orden de nuestros pensamientos. La verdad no es lo que se declara cierto de un modo absoluto y, por tanto, desarraigado del hombre. Con todo, el filósofo pragmatista no desdeña el reproche de relativismo, mientras que eso quiera decir exactamente que la prueba última de lo que significa una verdad es la conducta que al fin y al cabo ella nos procura.

Por eso, según el pragmatismo, la verdad coincide siempre con una opinión. De hecho, no consiste en otra cosa, sin que ninguna opinión sea la verdad. En el terreno moral, y al igual aquí que Descartes o Montaigne, James reconoce que lo que cumple mejor es «seguir la opinión de los mejores hombres que tenemos» (*El significado de la verdad*, cap. XIII).

Tipología del relativismo moral

Actualmente podemos distinguir tres tipos, al menos, de actitud relativista en lo concerniente a la ética (Brandt, *Teoría ética*). En cualquiera de ellos se afirma que la bondad o rectitud de los diferentes principios morales no puede aspirar a tener una validez universal, puesto que depende de unas determinadas variables que hacen de lo *bueno* sólo vigente para un subconjunto de individuos, y aún —desde una posición más extrema, como veremos— «vigente» de modo condicional, también, dentro de este mismo grupo.

Se trata de tres clases de relativismo que no están implicadas entre sí, porque pertenecen a niveles lógicos muy diferentes. La primera de ellas es el llamado *relativismo descriptivo*. Desde este punto de vista podría decirse: «La eutanasia es vigente en Holanda, pero en España está en vigor la muerte a término». Esta forma de pensar es aquella que sostiene que las ideas y reglas morales de un individuo, grupo o sociedad son diferentes de las de otros individuos, grupos o sociedades. En esta afirmación se abarcan a la vez los principios morales básicos y los preceptos secundarios derivados de éstos. Por lo demás, el relativista de este signo admite que en la diferencia pueden hasta coexistir ideas y reglas morales contrapuestas entre sí. En unas partes es lícita la poligamia, en otras no. La pena de muerte es admisible para ciertas comunidades, para otras no. Ahora bien, cabe observar que ése no es propiamente un relativismo ético, sino de tipo *cultural*. El juicio moral ha tomado en préstamo de la antropología cultural el aserto de que *existe* una multiplicidad de variadas culturas (Herskovits, *El hombre*, V). De hecho, todos los antropólogos lo juzgan así. Bien es verdad, sin embargo, que no todos ellos piensan, a este respecto, con la misma seguridad. Pues en el caso de las pautas morales, muy particularmente, se han descrito enormes similitudes entre culturas distintas y distantes, en el tiempo y en el espacio. Éste es el caso de la condena universal de la mentira, el robo y el asesinato, sin entrar en otras consideraciones. De modo que por más de una razón, según vemos, habríamos de concluir que el «relativismo descriptivo» o *cultural* no es ni implica necesariamente un relativismo *moral*. Contrariamente, cometeríamos una «falacia naturalista» (III, 4). Es, en fin, un punto de vista que se limita a constatar «lo que hay», sin llegar a conclusiones de alcance normativo.

El *relativismo normativo*, por otra parte, entra de lleno en el plano del pronunciamiento moral. Siguiendo el ejemplo, diríase ahora: «La eutanasia es buena en Holanda, pero no en España». O en otras palabras, lo que es bueno para un individuo, grupo o sociedad no lo es para otros individuos, grupos o sociedades. Ello sería así incluso cuando las situaciones implicadas fueran análogas entre sí. El relativista normativo puede declarar legítima la norma de convivencia de blancos y negros en las universidades americanas al mismo tiempo que sostiene que no debe ser legítima en las universidades de otro lugar (Hospers, *La conducta*, I, 2; Williams, *Introducción*, 3). Pero esta concepción tampoco está libre de críticas. Para empezar, el relativismo normativo no es todavía, como se pretende, un relativismo moral absoluto. Lo veremos con un ejemplo. Supongamos que alguien nos dice: «Puesto que eres católica, no debes abortar; pero te estaría permitido hacerlo si no fueras católica». Advertimos aquí que la norma de no abortar se acepta con validez *relativa*, sin duda. No obstante, se ha utilizado aún una idea *normativa* de bondad: lo que no es «bueno», en este caso, es interrumpir el embarazo. En el relativismo normativo al que nos referimos está pues todavía vigente la idea de un canon moral. Uno tiene muy claro lo que debe hacer, aunque no pueda esperar que los otros, por la relatividad de nuestro deber, se sientan obligados también a él. Es un relativismo, si se quiere, parcial. Lo único que es relativo, desde este punto de vista, es el modo de aplicar la norma, no la norma misma. La norma es no abortar, pese a que *aplicada* sobre otro individuo, grupo o sociedad deja de tener sentido. Aceptar que un mismo canon tenga sentidos diferentes, según su aplicación, no es todavía plenamente «relativista»: lo importante es que la norma subsiste. Por lo tanto, podemos decir ya que los que se creen relativistas normativos —o «moralmente» relativistas— en buena ley no son verdaderos relativistas éticos. La referencia moral cuenta aún para ellos.

Finalmente puede hablarse de un *relativismo metaético*. Éste afirmará que las ideas y reglas morales de un individuo, grupo o sociedad no pueden confrontarse con las de otros individuos, grupos o sociedades (Brandt, *op. cit.*, XI). Desde este punto de vista se diría, por ejemplo: «La eutanasia es buena en Holanda, mientras que en España está bien la muerte a término». Cada norma sería buena por sí misma. No hay una mejor que otra *porque ambas son incomparables entre sí*. Como puede notarse, esta convicción no se formula propiamente con un enunciado ético, sino con un enunciado *sobre* normas o enunciados éticos. Es un relativismo, pues, de principio metaético o, si se quiere, «metanormativo». Su tesis no tiene un carácter moral; pretende tener un tono «neutro» o «científico». Eso, al menos, es lo que se sugiere al proclamar que no hay un canon de lo bueno por el hecho de que no se percibe criterio racional alguno que permita comparar y contrastar entre sí los enunciados sobre lo bueno. Preguntado el que así piensa, contesta que él no pretende juzgar sobre lo bueno y lo malo, sino sobre lo que habla de lo bueno y lo malo. Discurre en el plano de la metaética.

Según esta clase de relativismo, todas las opiniones morales tenidas en su caso por válidas serían realmente válidas, aun siendo contrarias entre sí. Es tan válido el *apartheid* en Sudáfrica como, independientemente, el respeto racial en la añeja y liberal Inglaterra. El relativista «normativo», descrito anteriormente, todavía alcanzaba a poner en liza las interpretaciones de lo bueno y concluir, por ejemplo, que la integración racial admitida en el Soho londinense *no debía* ser admitida en el distante Soweto. Para el relativista «metanormativo» o metaético, en cambio, eso sería continuar pensando en un canon de la moral. Por otro lado, desde esta forma de concebir el relativismo todas las muy diversas opiniones sobre lo bueno son válidas, también, aunque pertenezcan a individuos, grupos o sociedades que ostentan una comunidad de condiciones y caracteres prácticamente suficientes para poder llegar, de otro modo, a tener una opinión compartida sobre lo bueno. Por ejemplo, poseer los mismos derechos y bienes fundamentales, disfrutar de parecido nivel de inteligencia e información o participar de un común modelo básico de vida y convivencia. Así, admitiría que entre dos sudafricanos blancos, con similitud de caracteres y condiciones esenciales, existiera una total discrepancia en torno al racismo. En conclusión, para el relativista metaético lo bueno dependería siempre del concreto ámbito de pensamiento y acción —desde el individual hasta el más colectivo— en el que se alberga una formulación de lo bueno. Es una posición similar a la del ya mencionado «relativista descriptivo», excepto en que ahora se añade nada menos la creencia de que las diferentes formulaciones de lo bueno *excluyen la posibilidad* de una comparación entre sí. Todas las opiniones sobre lo bueno serían *necesariamente* válidas y en idéntico grado. Los relativistas de cualquier otro signo no han llegado a tanto.

Este relativismo metaético viene, por consiguiente, a significar el máximo relativismo ético. Según él, lo que difiere entre un ámbito y otro de la norma no es ni la formulación *cultural* de la norma ni su modo de *aplicación*, sino el canon, la *validez* misma de la norma, que permanece encapsulada, sin comunicación al exterior, en su ámbito particular. Sin embargo, y para abrir otra vez el turno de la crítica, tal relativismo empieza por ser una posición indefendible empíricamente: hasta hoy ninguna colección de datos ha avalado dicha incomunicación entre culturas. Tampoco es sostenible racionalmente: un principio general en favor de la misma tesis no podría menos que ser un principio dogmático. Si, de todas maneras, conviniéramos en dar por buena la teoría del relativismo metaético, ello plantearía no pocos ni leves problemas prácticos. ¿Qué ocurriría cuando en una sociedad no se llegase a un acuerdo más o menos amplio sobre lo correcto en las relaciones entre adultos y niños, por ejemplo? ¿Cuál debería ser entonces el criterio para determinarlo? ¿Podría, en este caso, ser declarado lícito el criterio fijado por la mayoría estadística? ¿Y no es eso artificioso y ridículo para los acuerdos éticos? Parece, en efecto, poco serio establecer la licitud moral del matrimonio entre homosexuales, en otro ejemplo, cuando la avala el 51 % de la población y proscribirla si sólo la apoya el 49 %. A la imprecisión de los conceptos éticos le añadiríamos ahora la marca de su precariedad.

El relativismo ético sostiene, en general, que las ideas y las reglas morales básicas difieren de un lugar y de un tiempo a otro, y de ello concluye un principio. No cree en una ética universal. En este sentido habría más actitud moral al decir «no hay validez moral» (nihilismo) que al decir «la validez moral difiere constantemente». Un total relativismo desacredita la concepción racional de la ética, mientras que dispone el surco para que pueda crecer tranquila una concepción dogmática de la misma. Pero frente al relativismo del bien, varias concepciones de la ética han procurado ofrecernos una base universal para el discurso sobre lo bueno: desde el eudemonismo griego hasta la moderna «ética discursiva». A tal objeto, han tenido que suponer alguna forma universal de lo humano (su «naturaleza», «alma», «conciencia», «condición», «entendimiento», etc.) que sirva de apoyo veraz y tenaz a la idea de un discurso práctico también *para todos.*

Ha sido propósito central de este libro explicar que la forma universal de lo humano suficiente para la ética es la que identificamos con la *razón,* es decir, con un juicio consecuente consigo mismo. Todas las acciones que pudieran tener, en su determinación, la patente de esta racionalidad, nos darían reglas válidas igualmente para todos, sin los riesgos de un relativismo extremo. Esto no presupone ignorar la pluralidad de los intereses y de las mentalidades. Justamente porque los conocemos, y sabemos bien de las nefastas consecuencias de algunos y de sus conflictos, nos habremos determinado a seguir en la acción un *mínimo principio común.*

Entre todas las conductas sujetas a razón es, pues, en la ética, donde más tiene la persona que cuidar su ser intermediario, por así decir, entre el ángel y la bestia. O, en otras palabras, donde más ocasiones tiene de mostrar su humanidad.

BIBLIOGRAFÍA

1. Fuentes principales de la Ética occidental

ABELARDO, P.: *Conócete a ti mismo* (Madrid: Tecnos, 1990).

ADORNO, T. W.: *Minima moralia* (Madrid: Taurus, 1987).

AGUSTÍN DE HIPONA: *La Ciudad de Dios* (Barcelona: Plaza y Janés, 1985).

—: *Las confesiones* (Madrid: Tecnos; 2007).

D'ALEMBERT, J.: *Discurso preliminar de la Enciclopedia* (Madrid: Aguilar, 1965).

APEL, K. O.: *La transformación de la filosofía* (Madrid: Taurus, 1985).

—: *Estudios éticos* (Barcelona: Alfa, 1986).

ARENDT, H.: *La condición humana* (Barcelona: Paidós, 1993).

—: *La vida del espíritu* (Barcelona: Paidós, 2002).

ARISTÓTELES: *Ética nicomáquea. Ética eudemia* (Madrid: Gredos, 1985).

—: *Acerca del alma* (Barcelona: Planeta, 1995).

—: *Política* (Madrid: Alianza, 1991).

AUSTIN, J. L.: *Cómo hacer cosas con palabras* (Barcelona: Paidós, 1998).

AYER, A. J.: *Lenguaje, verdad y lógica* (Barcelona: Martínez Roca, 1986).

BAKUNIN, M.: *La libertad* (Madrid: Júcar, 1979).

BENTHAM, J.: *An Introduction to the Principles of Morals and Legislation* (Oxford: Clarendon, 1996).

BERGSON, H.: *Las dos fuentes de la moral y la religión* (Madrid: Tecnos, 1996).

BERLIN, I.: *Cuatro ensayos sobre la libertad* (Madrid: Alianza, 1988).

BLOCH, E.: *Derecho natural y dignidad humana* (Madrid: Aguilar, 1980).

BONHOEFFER, D.: *Ética* (Madrid: Trotta, 2000).

BRENTANO, F.: *El origen del conocimiento moral* (Madrid: Amigos del País, 1990).

BUTLER, J.: *Five Sermons* (Indianápolis: Hackett, 1983).

CAMUS, A.: *Moral y política* (Madrid: Alianza, 1984).

CICERÓN, M. T.: *Sobre los deberes* (Madrid: Tecnos, 1989).

—: *De Amicitia* (Madrid: Gredos, 1999).

DARWIN, Ch.: *El origen del hombre* (Barcelona: Crítica, 2009).

DESCARTES, R.: *Discurso del método. Meditaciones metafísicas* (Madrid: Espasa, 1993).

—: *Tratado de las pasiones* (Barcelona: Iberia, 1985).

DEWEY, J.: *Naturaleza humana y conducta* (México: F.C.E., 1964).

—: *Teoría de la vida moral* (México: Herrero, 1965).

—: *Ethics* (Carbondale: Southern Illinois UP, 1983).

—: *Teoría de la valoración* (Madrid: Siruela, 2008).

DIÓGENES LAERCIO: *Vidas de los filósofos ilustres* (Barcelona: Iberia, 1986).

DURKHEIM, E.: *La educación moral* (Madrid: Trotta, 2002).

—: *Sociologie et philosophie* (París: P.U.F., 2002).

EPICTETO: *Enquiridión* (Barcelona: Anthropos, 1991).

—: *Pláticas* (Barcelona: Alma Mater, 1957).

EPICURO: *Obras* (Madrid: Tecnos, 1994).

ERASMO DE ROTTERDAM: *Elogio de la locura* (Esplugues: Orbis, 1984).

FICHTE, J. G.: *Ética* (Madrid: Akal, 2005).

FOUCAULT, M.: *El orden del discurso* (Barcelona: Tusquets, 1987).

—: *Historia de la sexualidad* (México: Siglo XXI, 1987)

FREUD, S.: *El yo y el ello* (Madrid: Alianza, 1973).

—: *El malestar en la cultura* (Madrid: Alianza, 2001)

—: *Introducción al psicoanálisis* (Barcelona: Altaya, 1998)

HABERMAS, J.: *Conciencia moral y acción comunicativa* (Barcelona: Península, 1985).

—: *Facticidad y validez* (Madrid: Trotta, 1998)

—: *Aclaraciones a la ética del discurso* (Madrid: Trotta, 2000)

HARE, R. M.: *El lenguaje de la moral* (México: UNAM, 1975).

HARTMANN, N.: *Etica* (Madrid: Encuentro, 2011).

HEGEL, G. W. F.: *Fundamentos de la filosofía del derecho* (Buenos Aires: Siglo Veinte, 1987).

—: *El sistema de la eticidad* (Buenos Aires: Quadrata, 2006).

HEIDEGGER, M.: *Ser y tiempo* (Madrid: Trotta, 2003).

HOBBES, TH.: *Leviatán* (Madrid: Alianza, 1989).

HOLBACH, P. H.: *Sistema de la naturaleza* (Madrid: Editora Nacional, 1982).

HORKHEIMER, M., ADORNO, T. W.: *Dialéctica de la Ilustración* (Madrid: Trotta, 1994).

—: *Crítica de la razón instrumental* (Madrid: Trotta, 2002).

HUME, D.: *Investigación sobre el conocimiento humano* (Madrid: Alianza, 1980).

—: *Investigación sobre los principios de la moral* (Madrid: Alianza, 1993).

—: *Tratado de la naturaleza humana* (Madrid: Tecnos, 1988).

HUTCHESON, F.: *Illustrations on the Moral Sense* (Cambridge: Harvard UP, 1971).

JAMES, W.: *El pragmatismo* (Esplugues: Orbis, 1985).

JASPERS, K.: *Filosofía de la existencia* (Barcelona: Planeta, 1993).

JONAS, H.: *El principio de responsabilidad* (Barcelona: Herder, 1995).

KANT, I.: *Crítica de la razón práctica* (Madrid: Alianza, 2000).
—: *Teoría y práctica* (Madrid: Tecnos, 1986).
—: *Metafísica de las costumbres* (Madrid: Tecnos, 1989).
—: *Fundamentación para una metafísica de las costumbres* (Madrid: Alianza, 2006).
KELSEN, H.: *¿Qué es justicia?* (Barcelona: Ariel, 1982).
KIERKEGAARD, S.: *Temor y temblor* (Madrid: Tecnos, 1987).
KROPOTKIN, P.: *La moral anarquista* (Madrid: Júcar, 1978).
LA BRUYÈRE, J.: *Les caractères* (París: Gallimard, 1978).
LEIBNIZ, G. W. L.: *Escritos en torno a la libertad, el azar y el destino* (Madrid: Tecnos, 1990).
LÉVINAS, E.: *Ética e infinito* (Madrid: Visor, 1991).
—: *Totalidad e infinito* (Salamanca: Sígueme, 2006).
LOCKE, J.: *Ensayo sobre el entendimiento humano* (Madrid: Aguilar, 1987).
LYOTARD, F.: *La condición postmoderna* (Madrid: Cátedra, 1986).
MANDEVILLE, B.: *La fábula de las abejas, o los vicios privados hacen la prosperidad pública* (México: FCE, 1982).
MAQUIAVELO, N.: *El príncipe* (Madrid: Tecnos, 1988).
MARCO AURELIO: *Reflexiones* (Madrid: Gredos, 1994).
MARX, K.: *La ideología alemana* (Barcelona: Grijalbo, 1974).
—: *Manuscritos: economía y filosofía* (Madrid: Alianza, 1974).
—: *Antología* (Barcelona: Península, 2002).
MILL, J. S.: *El utilitarismo* (Madrid: Alianza, 1984).
—: *Sobre la libertad* (Madrid: Alianza, 1984).
—: *Tres ensayos sobre la religión* (Buenos Aires: Aguilar, 1975)
MONTAIGNE, M.: *Ensayos* (Madrid: Cátedra, 1987).
MONTESQUIEU: *Del espíritu de las leyes* (Madrid: Tecnos, 1995).
MOORE, G. E.: *Principia Ethica* (México: UNAM, 1959).
—: *Ética* (Barcelona: Labor, 1989).
—: *Ensayos éticos* (Barcelona: Paidós, 1993).
MOUNIER, E.: *Manifiesto al servicio del personalismo* (Madrid: Taurus, 1976).
NIETZSCHE, F.: *La genealogía de la moral* (Madrid: Alianza, 1984).
—: *Más allá del bien y del mal* (Madrid: Alianza, 1986).
PAINE, TH.: *Derechos del hombre* (Madrid: Alianza, 1984).
PICO DELLA MIRANDOLA, G.: *Discurso sobre la dignidad del hombre* (Bellaterra: ICE de la Universitat Autónoma de Barcelona, 1986).
PLATÓN: *Apología de Sócrates* (Barcelona: Edicomunicación, 1999).
—: *Gorgias* (Madrid: Aguilar, 1980).
—: *La república* (Madrid: Alianza, 1990).
PROUDHON, P. J.: *¿Qué es la propiedad?* (Madrid: Júcar, 1984).
RAWLS, J.: *Teoría de la justicia* (México: FCE, 1980).
—: *Justicia como equidad* (Madrid: Tecnos, 1986)
ROSS, W. D.: *Lo correcto y lo bueno* (Salamanca: Sígueme, 1994).

Rousseau, J.-J.: *Contrato social* (Madrid: Espasa-Calpe, 1981).

—: *Discurso sobre la desigualdad humana* (Madrid: Tecnos, 1990).

Sartre, J.-P.: *El existencialismo es un humanismo* (Barcelona: Edhasa, 1999).

—: *El ser y la nada* (Madrid: Alianza, 1989).

Scheler, M.: *Ética* (Madrid: Caparrós, 2001).

—: *Ordo amoris* (Madrid: Caparrós, 1996).

—: *Esencia y formas de la simpatía* (Buenos Aires: Losada, 1957).

Schelling, F. W. J.: *Investigaciones filosóficas sobre la esencia de la libertad humana* (Barcelona: Anthropos, 2004).

Schlick, M.: *Problems of Ethics* (Nueva York: Dover, 1962).

Schopenhauer, A.: *Los dos problemas fundamentales de la ética* (Buenos Aires: Aguilar, 1965).

Séneca, L. A.: *Cartas morales a Lucilio* (Esplugues: Orbis, 1985).

—: *Sobre la felicidad. Sobre la brevedad de la vida* (Madrid: Edaf, 1998).

Shaftesbury: *Characteristics of Man* (Hildesheim: Olms, 1978).

Sidgwick, H.: *The Methods of Ethics* (Indianapolis: Hacket, 1982).

Smith, A.: *Teoría de los sentimientos morales* (México: FCE, 1979).

Spencer, H.: *El individuo contra el Estado* (Esplugues: Orbis, 1985).

—: *The principles of Ethics* (Indianapolis: Liberty Fund, 1978)

Spinoza, B.: *Ética* (Madrid: Trotta, 2000).

—: *Correspondencia* (Madrid: Alianza, 1988).

Stevenson, Ch.: *Ética y lenguaje* (Barcelona: Paidós, 1984).

Stirner, M.: *El único y su propiedad* (Esplugues: Orbis, 1985).

Tomás de Aquino: *Suma teológica* (Madrid: BAC, 1947 ss.).

Vattimo, G.: *Ética de la interpretación* (Barcelona: Paidós, 1991).

Voltaire: *Tratado de la tolerancia* (Barcelona: Crítica, 1984).

Wittgenstein, L.: *Conferencia sobre Ética* (Barcelona: Paidós, 1989).

2. Diccionarios y enciclopedias

Becker, L. C.: *Encyclopedia of Ethics* (Nueva York: Garland, 1992).

Canto-Sperber, M. ed.: *Diccionario de Ética y Filosofía Moral* (Madrid: FCE, 2001).

Chadwick, R.: *Encyclopedia of Applied Ethics* (San Diego: Academic Press, 1998).

Höffe, O. (ed.): *Diccionario de Ética* (Barcelona: Crítica, 1994).

Kuhse, H., Singer, P.: *A Companion to Bioethics* (Oxford: Blackwell, 1998).

Singer, P. (ed.): *A Companion to Ethics* (Oxford: Blackwell, 1999).

3. Historias

BAUMAN, Z.: *Postmodern Ethics* (Oxford: Blackwell, 2002).

BILBENY, N. (ed.): *Grans fites del pensament ètic* (Barcelona: Cruïlla, 2000).

—: ed.: *Textos clave de la ética* (Madrid: Tecnos, 2012).

BRINTON, C.: *A History of Western Morals* (Nueva York: Paragon House, 1990).

CAILLÉ, A., *et al.*: *Histoire raisonnée de la philosophie morale et politique* (París: La Découverte, 2001).

CAMPS, V. (ed.): *Historia de la Ética* (Barcelona: Crítica, 1987-1999).

COOPER, D. E. (ed.): *Ethics. The Classic Readings* (Oxford: Blackwell, 1998).

GENSLER, H. J., *et al.*: *Ethics. Contemporary Readings* (Londres: Routledge, 2004).

GÓMEZ, C., ed.: *Doce textos fundamentales de la Ética del siglo XX* (Madrid: Alianza, 2002).

HUDSON, W. D.: *La filosofía moral contemporánea* (Madrid: Alianza, 1988).

MacINTYRE, A.: *Historia de la Ética* (Barcelona: Paidós, 1982).

MARGOLIS, J.: *Contemporary Ethical Theoly* (Nueva York: Random House, 1966).

NORMAN, R.: *The Moral Philosophers* (Oxford: Clarendon Press, 1983).

SCHNEEWIND, J. B.: *The invention of Autonomy. A History of Modern Moral Philosophy* (Cambridge: Cambridge U.P., 1998).

SIDGWICK, H.: *Outlines of the History of Ethics* (Londres: Macmillan, 1967).

SNEATH, E. H.: *The Evolution of Ethics as Revealed in the Great Religions* (New Haven: Yale U.P., 1927).

WARNOCK, G. J.: *Contemporary Moral Philosophy* (Londres: Macmillan, 1983).

WARNOCK, M.: *Ethics since 1900* (Londres: Home University, 1960).

4. Manuales

ARANGUREN, J. L. L.: *Ética* (Madrid: Trotta, 1995).

BAIER, K.: *The Moral Point of View* (Nueva York: Ithaca, 1965).

BRANDT, R.: *Teoría ética* (Madrid: Alianza, 1989).

CAHN, S. M., MARKIE, P.: *Ethics. History, Theory, and Contemporary Issues* (Oxford: Oxford U.P., 2002).

CAMPS, V., GUARIGLIA, O., SALMERÓN, E. (eds.): *Concepciones de la Ética* (Madrid: Trotta, 1992).

CORTINA, A., Martínez, E.: *Ética* (Madrid: Akal, 1996).

FOOT, PH.: *Teorías sobre la Ética* (México: FCE, 1974).

FRANKENA, W. K.: *Ética* (México: UTEHA, 1965).

GÓMEZ, C., MUGUERZA, J.: *La aventura de la moralidad (Paradigmas, fronteras y problemas de la ética)* (Madrid: Alianza, 2007).

GRACIA, D.: *Fundamentos de Bioética* (Madrid: Eudema, 1989).

HARE, R. M.: *Ordenando la Ética* (Barcelona: Ariel, 1999).

HELLER, A.: *General Ethics* (Londres Blackwell, 1990).

KUTSCHERA, F.: *Fundamentos de Ética* (Madrid: Cátedra, 1989).

LA FOLLETTE, H.: *Ethics in Practice. An Anthology* (Oxford: Blackwell, 2002).

MACKIE, J. L.: *Ética. La invención de lo bueno y lo malo* (Barcelona: Gedisa, 2000).

MARITAIN, J.: *Filosofía moral* (Madrid: Morata, 1962).

NOWELL-SMITH, P. H.: *Ethics* (Londres: Penguin, 1954).

RACHELS, J.: *Introducción a la Filosofía Moral* (México: F.C.E., 2007).

RICKEN, F.: *Ética general* (Barcelona: Herder, 1987).

ROSS, D.: *Fundamentos de Ética* (Buenos Aires: Eudeba, 1972).

SÁNCHEZ VÁZQUEZ, A.: *Ética* (Barcelona: Crítica, 1984).

SINGER, P.: *Ética práctica* (Barcelona: Ariel, 1995).

STERBA, J., ed.: *Ethics: The Big Questions* (Oxford: Blackwell, 1998).

THIROUX, J. P.: *Ethics. Theory and Practice* (Nueva York: Macmillan, 1986).

THOMPSON, M.: *Ethics* (Londres: Teach Yourself, 2003).

VIANO, C. A., ed.: *Teorie etiche contemporanee* (Turín: B. Boringhieri, 1990).

VON WRIGHT, H.: *La diversidad de lo bueno* (Madrid: Marcial Pons, 2010).

WARNOCK, M.: *An Intelligent Person's Guide to Ethics* (Londres: Duckworth, 1998).

WELLMAN, C.: *Morales y éticas* (Madrid: Tecnos, 1982).

WILLIAMS, B.: *Introducción a la Ética* (Madrid: Cátedra, 1982).

5. Estudios complementarios

ALBERT, H.: *Ética y metaética* (Valencia: Teorema, 1978).

—: *Razón crítica y práctica social* (Barcelona: Paidós, 2002).

ALEXANDER, R.: *Darwinismo y asuntos humanos* (Barcelona: Salvat, 1989).

ANSCOMBE, G. E.: *Intención* (Barcelona: Paidós, 1991).

APPIAH, A.: *La ética de la identidad* (Madrid: Katz, 2007).

ARANGUREN, J. L. L.: *Propuestas morales* (Madrid: Tecnos, 1994).

BENHABIB, S.: *El Ser y el Otro en la ética contemporánea* (Barcelona; Gedisa, 2006)

BILBENY, N.: *Kant y el tribunal de la conciencia* (Barcelona: Gedisa, 1994).

—: *El idiota moral. La banalidad del mal en el siglo XX* (Barcelona: Anagrama, 1993).

—: *La revolución en la Ética. Hábitos y creencias en la sociedad digital* (Barcelona: Anagrama, 1997).

—: *El discurso de la ética. Historicidad y lingüisticidad de la ética* (Barcelona: PPU, 1990).

—: *Sócrates. El saber como Ética* (Barcelona: Península, 1998).

—: *Por una causa común. Ética para la diversidad* (Barcelona: Gedisa, 2002).

—: *Ética para la vida. Razones y pasiones* (Barcelona: Península, 2003).

—: *Ecoética. Ética del medio ambiente* (Barcelona: Aresta, 2010).

—: *Etica intercultural* (Madrid: Plaza y Valdés, 2012).

BROAD, C. D.: *Five Types of Ethical Theory* (Londres: Routledge, 1985).

CAMPS, V.: *Virtudes públicas* (Madrid: Espasa, 1990).

CAVALLI-SFORZA, L. L. y E: *Quiénes somos. Historia de la diversidad humana* (Barcelona: Crítica, 1994).

—: *La ciencia de la felicidad* (Barcelona: Grijalbo, 1998).

CHOMSKY, N.: *Conocimiento y libertad* (Barcelona: Planeta, 1986).

COHEN, M.: *101 Dilemas éticos* (Madrid: Alianza, 2005).

COOK, J. W.: *Morality and Cultural Differences* (Oxford: Oxford U.P., 1999).

CORTINA, A.: *Ética mínima. Introducción a la Ética práctica* (Madrid: Tecnos, 1986).

—: *Neuroética y neuropolítica* (Madrid: Tecnos, 2011)

DUGATKIN, L. A.: *Qué es el altruismo* (Madrid: Katz, 2007).

DWORKIN, R.: *El dominio de la vida* (Barcelona: Ariel, 1994).

—: *Ética privada e igualitarismo político* (Barcelona: Paidós, 1993).

EIBL-EIBESFELDT, I.: *Biología del comportamiento humano* (Madrid: Alianza, 1993).

ELIAS, N.: *El proceso de civilización* (México: FCE, 1988).

ENGELS, F.: *El origen de la familia, la propiedad privada y el Estado* (Madrid: Ayuso, 1972).

FERRY, J. M.: *Habermas. L'éthique de la communication* (París: P.U.F., 1987).

FOOT, Ph.: *Virtues and Vices* (Oxford: Oxford U.P., 2002).

—: *Bondad natural* (Barcelona: Paidós, 2002).

FROMM, E.: *Ética y psicoanálisis* (México: FCE, 1990).

FRONDIZI, R.: *¿Qué son los valores?* (México: FCE, 1968).

GAUTHIER, *La moral por acuerdo* (Barcelona: Gedisa, 1994).

GAZZANIGA, M.: *El cerebro ético* (Barcelona: Paidós, 2006).

GEHLEN, A.: *El hombre. Su naturaleza y su lugar en el mundo* (Salamanca: Sígueme, 1987).

GILLIGAN, C.: *In a Different Voice. Psychological Theory and Women's Development* (Cambridge: Harvard University Press, 1996).

GOFFMAN, E.: *La presentación de la persona en la vida cotidiana* (Buenos Aires: Amorrortu, 1971).

—: *Ritual de la interacción* (Buenos Aires: Tiempo Contemporáneo, 1971).

GOYARD-FABRE, S.: *John Locke et la raison raisonnable* (París: Vrin, 1986).

GURVITCH, G.: *Morale théorigue et sciences des moeurs* (París: PUF, 1961).

HERSKOVITS, M. J.: *El hombre y sus obras* (México: FCE, 1969).

HIERRO SÁNCHEZ-PESCADOR, J.: *Problemas del análisis del lenguaje moral* (Madrid: Tecnos, 1970).

HOSPERS, J.: *La conducta humana* (Madrid: Tecnos, 1979).

HUDSON, W. D.: *The Is-Ought Question* (London: Macmillan, 1969).

JASPERS, K.: *El problema de la culpa* (Barcelona: Paidós, 1998).

KOHLBERG, L.: *Psicología del desarrollo moral* (Bilbao: Desclée, 1992).

KÜNG, H.: *Proyecto de una Ética Mundial* (Madrid: Trotta, 2006).

LACAN, J.: *Le Séminaire VII. L'Éthique de la Psychoanalyse* (París: Seuil, 1986).

LEVI-STRAUSS, C.: *El pensamiento salvaje* (México: F.C.E., 1970)

LÉVY-BRUHL, L.: *La morale et la science des moeurs* (París: Alcan, 1927).

LUKES, S.: *Relativismo moral* (Barcelona: Paidós, 2011).

LYONS, D.: *Ética y derecho* (Barcelona: Ariel, 1989).

MACINTYRE, A.: *Tras la virtud* (Barcelona: Crítica, 1987).

MALINOWSKI, B.: *Crimen y costumbre en la sociedad salvaje* (Barcelona: Ariel, 1971).

MARÍAS, J.: *Tratado de lo mejor. La moral y las formas de vida* (Madrid: Alianza, 1995).

MAURI, M.: *El conocimiento moral* (Madrid: Rialp, 2005).

McCARTHY, T.: *La teoría crítica de Jürgen Habermas* (Madrid: Tecnos, 1987).

MEAD, G. H.: *Espíritu, persona y sociedad* (Buenos Aires: Paidós, 1982).

—: *La filosofía del presente* (Madrid: Centro Investigaciones Sociológicas, 2008).

MERLEAU-PONTY, M.: *La estructura del comportamiento humano* (Buenos Aires: Hachette, 1976).

MOSER, P. K., CARSON, T. L.: *Moral Relativism. A reader* (Oxford: Oxford U.P., 2001).

MUGUERZA, J. *et al.*: *El fundamento de los derechos humanos* (Madrid: Debate, 1989).

—: *Desde la perplejidad* (México: F.C.E., 1990).

MURDOCH, I.: *Metaphysics as a Guide to Morals* (Oxford: Oxford U.P., 1992).

NAGEL, TH.: *Una visión de ninguna parte* (México: F.C.E., 1996).

NINO, C. S.: *Ética y derechos humanos* (Barcelona: Ariel, 1989).

NOZICK, R.: *La naturaleza de la racionalidad* (Barcelona: Paidós, 1995).

OGDEN, C. K., RICHARDS, I. A.: *El significado del significado* (Barcelona: Paidós, 1984).

ORTEGA Y GASSET, J.: *El hombre y la gente* (Madrid: Alianza, 1994).

PARFIT, D.: *Reasons and Persons* (Oxford: Clarendon, 1984).

PATZIG, G.: *Hechos, normas, proposiciones* (Barcelona: Alfa, 1986).

PETERS, R. S.: *Desarrollo moral y educación moral* (México: FCE, 1984).

PIAGET, J.: *El criterio moral en el niño* (Barcelona: Martínez Roca, 1984).

PRICHARD, H. A.: *Moral Obligation* (Oxford: Clarendon Press, 1949).

PUTNAM, H.: *El significado y las ciencias morales* (México: UNAM, 1991).

—: *Ethics without Ontology* (Cambridge: Harvard U.P., 2004).

—: *El pragmatismo* (Barcelona: Gedisa, 2006).

REINER, R. H.: *Vieja y nueva ética* (Madrid: Revista de Occidente, 1964).

RICOEUR, P.: *El discurso de la acción* (Madrid: Cátedra, 1981).

—: *Sí mismo como otro* (Madrid: Siglo XXI, 1996).

ROSS, A.: *Lógica de las normas* (Madrid: Tecnos, 1971).

RUBERT DE VENTÓS, X.: *Ética sin atributos* (Barcelona: Anagrama, 1996).

RUBIO CARRACEDO, J.: *El hombre y la ética* (Barcelona: Anthropos, 1987).

—: *Ética del siglo xxi* (Barcelona: Proteus, 2009).

SANDERMANN, E.: *Die Moral der Vermunft* (Munich: Alber, 1989).

SCANLON, T. M.: *Lo que nos debemos unos a otros. ¿Qué significa ser moral?* (Barcelona: Paidós, 2003).

SCHNOOR, C.: *Kants Kategorischer Imperativ als Kriterium der Richtigkeit des Handeln* (Tubinga: Mohr, 1989).

SEARLE, J.: *Actos de habla* (Madrid: Cátedra, 1990).

SEN, A.: *La idea de la justicia* (Madrid: Taurus, 2010).

—: *Sobre ética y economía* (Madrid: Alianza, 1989).

SICHÈRE, B.: *Historias del mal* (Barcelona: Gedisa, 1996).

SIMMEL, G.: *El individuo y la libertad* (Barcelona: Península, 1986).

SKINNER, B. F.: *Ciencia y conducta humana* (Barcelona: Fontanella, 1974).

—: *Beyond Freedom and Dignity* (Nueva York: Vintage, 1972).

SMART, J. J. C., WILLIAMS, B.: *Utilitarismo: pro y contra* (Madrid: Tecnos, 1981).

STERBA, J.: *Three Challenges to Ethics. Environmentalism, Feminism, and Multiculturalism* (Oxford: Oxford U.P., 2001).

TAYLOR, CH.: *Fuentes del yo. La construcción de la identidad moderna* (Barcelona: Paidós, 1996).

—: *La ética de la autenticidad* (Barcelona: Paidós, 1994).

THOREAU, H.: *Desobediencia civil y otros escritos* (Madrid: Tecnos, 1987).

TÖNNIES, F.: *Comunidad y sociedad* (Buenos Aires: Avellaneda, 1947).

TOULMIN, S.: *El puesto de la razón en la Ética* (Madrid: Alianza, 1979).

—: *Regreso a la razón* (Barcelona: Península, 2003)

TUGENDHAT, E.: *Problemas de la Ética* (Barcelona: Crítica, 1988).

—: *Lecciones de Ética* (Barcelona: Gedisa, 1997).

VILLACAÑAS, J. L.: *Racionalidad crítica* (Madrid: Tecnos, 1987).

VOLTAIRE: *Ensayo sobre las costumbres y el espíritu de las naciones* (Buenos Aires: Hachette, 1959).

VON WRIGHT, H.: *Norma y acción* (Madrid: Tecnos, 1970).

WALZER, M.: *Esferas de la justicia* (México: FCE, 1993).

—: *Tratado sobre la tolerancia* (Barcelona: Paidós, 1998).

WARNOCK, G. J.: *The Object of Morality* (Londres: Methuen, 1971).

WEBER, M.: *La ética protestante y el espíritu del capitalismo* (Barcelona: Península, 1977).

—: *Economía y sociedad* (México: F.C.E., 1984).

—: *La acción social: ensayos metodológicos* (Barcelona: Península, 1984).

WELLMER, A.: *Ética y diálogo* (Barcelona: Anthropos, 1994).

WILLIAMS, B.: *Ethics and the limits of Philosophy* (Londres: Fontana Press, 1985).

—: *Verdad y veracidad* (Barcelona: Tusquets, 2006).

WILSON, E. O.: *Sociobiología* (Barcelona: Omega, 1980).

—: *On Human Nature* (Cambridge: Harvard U.P., 1978).

WRIGHT, D.: *La psicología de la conducta moral* (Barcelona: Fontanella, 1974).

ZUBIRI, X.: *Sobre el hombre* (Madrid: Alianza, 1986).

—: *Cinco lecciones de filosofía* (Madrid: Alianza, 1982).

—: «*El hombre, realidad personal*», Revista de Occidente, 1: 5-29, 1963.

ÍNDICE DE AUTORES

ÍNDICE DE CONCEPTOS